周蓓 主编

專題史叢書

(日)陸奥宗光 著 龔德柏 譯 河南人民出版社

日本侵略中國外交秘史

叙述1894—1895年期间的中日交涉，重在解释甲午战争发生前后在日本外交方面的背景，并非是事实之详尽记载

圖書在版編目(CIP)數據

日本侵略中國外交秘史 / (日)陸奥宗光著;龔德柏譯. —鄭州 :河南人民出版社,2016. 4(2017. 7 重印)
(專題史叢書 / 周蓓主編)
ISBN 978-7-215-10103-6

Ⅰ. ①日… Ⅱ. ①陸… ②龔… Ⅲ. ①中日關係-國際關係史-1894~1895 Ⅳ. ①D829. 313

中國版本圖書館 CIP 數據核字(2016)第 080561 號

河南人民出版社出版發行
(地址:鄭州市經五路 66 號 郵政編碼:450002 電話:65788063)
新華書店經銷 河南新華印刷集團有限公司印刷
開本 710 毫米×1000 毫米 1/16 印張 18.75
字數 270 千字
2016 年 4 月第 1 版 2017 年 7 月第 4 次印刷

定價 :121.00 圓

出版前言

中國現代學術體系是在晚清西學東漸的大潮中逐步形成的。至民國初建，中央政治權威進一步分散和削弱，加之新文化運動帶給國人思想上的空前解放，新學的啓蒙，新知識分子的産生，民國學術如草長鶯飛，進入一個自由而蓬勃的時代。中國傳統學科乃中國學術之根基與菁華所在，民國學人采用『取今復古，别立新宗』之方法，引入西方的學術觀念，積極改造，使史學、文學等學科向現代學術方向轉型。此外，大力推介西方社會科學的新學科和自然科學，在學習、借鑒乃至移植西方現代學術話語和研究範式的過程中，逐漸建立中國現代學科，使中國的學科門類迅速擴展。一時間，新舊更迭，中西交流，百花齊放，萬壑争流，開創了中國現代學術的源頭。

伴隨知識轉型和研究範式轉换而來的，還有學術著作撰寫方式的創新。中國古代的著作向來以單篇流傳，經後人整理匯編後，方以成册成集的面目出現并持續傳播。直到十九世紀末，東西方的歷史編撰體裁不外乎多卷本的編年體、紀傳體和紀事本末體等，章節體的出現標志着近代西方學術規範的産生和新史學的興起。章節體具有依時間順序，按章節編排；因事立題，分篇綜論；既分門别類，又綜合通貫的特點。以章、節搭建起論述之框架，結構分明，邏輯清晰，較傳統的撰寫體裁容量大、系統性强。它的傳入，使中國現代學術體系從内容到形式被納入了全球化的軌道。民國時期專題史的研究、譯介、編纂、出版恰恰是在這樣的背景下欣欣而發，是學術的實驗場，也是歷史的記録儀。編選『民國專題史』叢書的初衷正是爲了從一個側面展示中國學術從傳統向現代過渡的歷史進程。

專題史是對一個學科歷史的總結，是學科入門的必備和學科研究的基礎，也是對一個時代艱深新鋭問題的解答，是學術研究的高點。民國專題史著作中，既包含通論某一學科全部或一時代（區域、國别）的變化過程的，又囊括對一時代或一問題作特殊研究的，還有少部分是對某一專題的史料進行收集的。原創與翻譯并重，翻譯的底本大多選擇該學科的代表著作或歐美大學普及教本，兼顧權威性和流行性，其中日本學者的論著占據了相當比重。日本與中國同屬東亞儒家文化圈，他們在接納西方學術思想和研究模式時，已作了某種消化與調適，從思維轉换的角度看，更便于中國借鑒和利用，他們的著作因而被時人廣泛引進。

與當代學術研究日趨專業化、專門化、專家化的『窄化』道路迥乎不同的是，中國傳統學術崇尚『學問主通不主專，貴通人不尚專家』的通識型治學門徑，處于過渡轉型期的民國學術在不同程度上保留了這種特徵。民國學術大師諸學科貫通一脉，上千年縱横捭闔之功力自不待冗言，外交家著倫理政治史、文學家著哲學史、化學家著戰争史等亦不乏其人，民國專題史研究呈現出開放、融通、跨界撰述的特點。與此同時必須看到，自晚清以來，中國的命運就在外侮屢犯、内亂頻仍的窘境中跌宕彷徨，民族存亡仿若命懸一綫。這股以創建學科、總結經驗、解决問題爲指歸的專題史出版風潮背後，包裹着民國學人企望以西學爲工具拯民族于衰微的探索精神，及以學術救亡的愛國之心。梁任公曾言：『史學者，學問之最博大而最切要者也，國民之明鏡也，愛國心之源泉也。』這種位卑未敢忘憂國的歷史使命感和國民意識是今人無法漠視和遺忘的。

『民國專題史』叢書收録的範圍包括現代各個學科，不僅限于人文社會科學，學科分類以《民國總書目》的分科爲標準，計有哲學、宗教、社會、政治、法律、軍事、經濟、文化、藝術、教育、語言文字、中國文學、外國文學、中國歷史、西方史、自然科學、醫學、工業、交通共19個學科門類。本叢書分輯整理出版，内不分科，單本發行，方便讀者按需索驥。既可作爲大專院校圖書館、學術研究機構館藏之必備資源，也可滿足個人研讀或興趣之收藏。

與目前市場已有的一些專題史叢書相比，『民國專題史』叢書具有規模大、學科全、選本精、原版影印的特點。本叢書選目首重作者的首創、權威和著作影響力，尤其注重選本的稀見性。所謂稀見，即建國後没有再版，且多數圖書館没有收藏，或即便有收藏，也是歸于非公開的珍本之列予以保存，普通讀者難以借閲。部分圖書雖有電子版，但作爲學術研究的經典原著讀本，紙質版本更利于記憶和研究之用。本叢書精揀版本最早、品相最佳的原版圖書作爲底本，因而還具有很高的版本收藏價值。

『民國專題史』的著作是民國學者對于那個時代諸問題之探究，往往有獨到之處，無論其資料、觀點短長得失如何，要之在中國現代學術史的構建與發展進程中，自有其開宗立論之地位。

日本前總理大臣大隈重信

日本前外務大臣加藤高明

日本前外務大臣小村壽太郎

日本前總理大臣桂太郎

日本前外務大臣本書著者陸奧宗光

日本前總理大臣伊藤博文

日本前總理大臣寺內正毅

日本前駐華公使林權助

日本總理大臣田中義一

日本陆军中将佐藤安之助

左為日軍第六師團長福田彥助右為其參謀黑田周一

小引

本書係一八九四—五年中日戰爭之外交史。由日本藉東學黨之亂。用種種陰謀詭計。挑起中日戰爭起。迄馬關媾和條約批准。三國干涉。退還遼東止。首尾畢具。著者係當事者之日本外務大臣陸奧宗光。蓋因三國干涉還遼。日本全國人民。攻擊外務當局不能事先豫防。致日本外交失敗。故陸奧將當時情形。完全寫出。以證外務當局事前並未怠忽。該書係祕密發行。絕對不公開。故其內容。除著者有欺騙其國人之必要數點外。其他大概完全眞確。譯者十餘年前留學東京時。即搜求得之。未暇翻譯。至六年前。始抽暇譯出。惟因文字應斟酌之點尙多。故藏之箱篋。未敢問世。須俟暇時全部改譯。惟始終因俗務羈身。未暇執筆。去年五月。濟南慘案發生。舉國悲憤。然國人對於日本情形。儼若隔九重雲霧。故多語焉不詳。殊不足以塞日人之口。乃取前譯稿略加整理。付書肆出版。因排版需時。匆匆又已八閱月矣。國人如熟讀此書。不特日本挑起中日戰爭之種種陰謀詭計。可以一目瞭然。即三十餘年來日本對華侵略政策。以迄近日濟南慘案。干涉東省統一諸問題。皆可於本書中求其原因。誠中國國民不可不讀之書也。此書一出。可以糾正數十年來外交史之謬誤。是則國家之大幸也。惟因倉卒付印。致當時極有關係之我方當事者李鴻章之電稿。未得於書中適當處所註入。以資參證。祇得附錄於後。讀者兩兩參照。則當時之情事。愈明若觀火矣。

中華民國十八年一月十日 龔德柏識

弁言

中日甲午一戰。不特爲中國數百年來之大變局。亦世界之大變局。蓋有中日之戰爭。然後有三國之干涉還遼。有三國之干涉還遼。然後有列强之侵佔中國各海口。有列强之侵佔中國各海口。然後有庚子之排外。有庚子之排外。然後有俄國之佔領滿洲。有俄國之佔領滿洲。然後有俄日之戰。（三國干涉還遼爲其遠因。）有俄日之戰。然後東方有日本代俄强佔南滿。西方有歐洲大戰。有歐洲大戰。然後有青島之役、二十一條、以及中日軍事協約、西原借款、中國內亂等等。有以上等等。然後有濟南慘案。又因有日本强佔南滿。然後有干涉東省及炸斃張作霖等等。有濟南慘案等等。然後有今日中日兩國之反目。以及將來歐亞諸洲無盡數之重大事件。皆將由此發生。而推其原因。則無非發源於中日甲午之役。是故謂甲午一役爲過去數十年及以後數十百年歷史之發動機。不論何人。恐不能抱異議也。然甲午一役。原因如何。經過如何。西人遠在數萬里外。且不習東方事情。其不明瞭。固不足怪。而被害者之中國。一般醉生夢死之人民不論也。即當事者如李鴻章、袁世凱輩。亦至多祇知我方。而不知彼方。求其將此事原因、經過、結果首尾筆之於書者。實屬鳳毛麟角。而求其能差强人意者。則爲姚錫光氏『東方兵事始末』一書。惟僅記中國一方之實相。於日本蓄意挑釁之陰謀詭計。則毫無所知也。（姚書已成廣陵散。惟羅惇融氏根據姚書所著之『中日兵事始末』一篇。曾登載庸言報。現被左舜生氏搜輯於『中國近百年史資料』內。中華書局出版。）幸而陸奧宗光有『蹇蹇錄』一書。將當時日本挑釁及外交上種種陰謀詭計。完全吐出。陸奧爲當時之日本外務大臣。此種陰謀詭計。十九出於其方寸。本人做事。本人自述。故其書在世界歷史中。其眞而且確。當無有出其右者。（惟尙有數點。不能盡吐實情。後文當指摘之。）蓋畢士麥、微特（俄國財政總長。俄日戰爭講和代表。）林董（手造英日同盟之人）諸人之筆記。雖爲外交史中之重要材料。然其目的。在向世人公佈。故關於其本國不利之點。難免虛飾。決不能與陸奧之書完全祕密發行者相提並論。此外如各國政府所公布之藍皮、青皮、紅皮、白皮諸外交文書。則爲自噲以下矣。吾人由此書。得悉日本之全部祕密。對於此次戰爭。不禁有無限之感慨焉。

中日之戰。起於東學黨之亂。而東學黨之亂。則日本浪人內田良平等及軍人成之也。卽所謂『天佑俠團』者是。其後韓軍平亂。剿撫兼施。遣使至東學黨軍中議撫。日本浪人恐事不成。乃擅殺來使。使東學黨挺而走險。終至不可收拾。韓廷無法。乃請華出兵。華兵尙未出。日本恐華不上其圈套。一面由杉村駐韓代使。面晤袁世凱。請中朝出兵。聲明日政府決無異議。一面由駐天津荒川領事面晤李鴻章。爲同樣之請求與聲明。及華軍已出。日軍大部隊卽繼之而至。（見李鴻章電稿。參照附錄。）是日本故設陷阱使中國蹈之也。是卽陸奧所謂外交上處被動之地位者是也。降及今日。日本官民一面在中國多方煽亂。一面藉中國內亂以遂其大慾而三十餘年前之往昔。其所取手段既如是。中國受害亦如彼。此則吾人所得教訓之點一也。

中日既各出兵。日本大島駐韓公使奉日政府祕令赴韓。決計挑釁。然與袁世凱會議撤兵。訂定以後華不加兵。日軍到者即撤回。其後日兵屢加。華兵迄開戰止。祇最初赴韓之葉志超部二千五百人。經袁世凱詰責。大島屢允向政府電阻。並謂『我年逾六旬。詎願生事。即電阻後來各船兵。……我二人即約定。我除八百外盡阻之。你亦電止華加兵。我二人在此。必可推誠商辦。』（見李鴻章電稿。參照附錄。）其後日兵仍屢加。大島仍屢允阻止。故至開戰時止。日軍已達萬二千以上。故能一舉擊敗華軍。是即陸奧所謂軍事上處主動之地位者是也。然而日本外交官之兩副舌頭。吾人於此得最確之證明。故此後吾人對於日本外交官之口頭聲明。與保障。應否置信。殊費躊躇。此則吾人所得教訓之點二也。

日本既決心挑釁。不論如何。決無中止之理。各國既照例提出調停。日本能將各國利害之深淺。決心之有無。觀察明瞭。一絲不錯。然後因之或硬拒。或婉拒。務使各國自行收手。使中國絕對孤立。任其屠宰而後已。至中國則不明各國情勢。一味恃其調停成功。毫不做不成功時之準備。俄使加壽尼（李鴻章電稿中作喀）之大言壯語。（加係自告奮勇。陸奧斷其係受李鴻章屬託不確。）因俄國軍備未整。概歸畫餅。終致誤我自誤。可為徒恃外力不作準備者之當頭棒。此後吾國人苟遇外交上難境。應內測自己力量。外察國際形勢。以立大計。決不可徒恃一兩國公使口頭上之好意。而不察其政府是否有用武決心。徒自誤誤人。此則吾人所得教訓之點三也。

國力未充。力主和議。不使破裂固善。然必須熟察對手國有無和意而定可否如該次事件。日本自始卽決心挑釁。而李鴻章則始終無戰意。最初駐日公使汪鳳藻報告日本有戰意。不聽。駐韓公使袁世凱報告日本有戰意。不聽。駐英法公使龔照瑗報告日本有戰意。不聽。客卿赫德、德璀琳報告日本有戰意。亦不聽。最初丁汝昌請戰。不許。葉志超請戰。不許。諸將領請戰。亦不許。迄至日軍已雲集韓地。去小村致挑戰通牒之前二日。葉志超調陳三策。上策增兵。中策撤兵。下策坐守死地。而仍不能卽決。終蹈下策。甚至深信陸奧對駐日俄使『非有特別事故不先開釁』之語。在日本向韓廷下最後通牒之日。卽日兵圍韓宮之前三日。尙覆葉志超云。『日雖竭力豫備戰守。我不先與開仗。彼諒不動。此萬國公例。誰先開戰。卽誰理詘。切記勿忘。……』眞可謂癡人說夢。其後日竟先開戰。所謂理詘理直。果有何效力。西人謂外交家眼光應看透紙底。日本一意挑釁。李鴻章竟似毫無感覺。豈眞昏庸至於如此耶。或亦始終主和之成見誤之也。由此觀之。我之主和主戰。要視對手方之決心而定。若李鴻章於日軍大擧赴韓之時。卽料定日決挑釁。亦派大兵繼往。則開戰之時。兩方兵力若能相當。則勝負之數。尙未可知。若能相持。則外交上不難轉圜。乃毫不爲計。棄葉軍於死地。使其以一敵五。尙能大部分衝出重圍。撤至平壤。則華軍之善戰。遠在日軍之上。平壤之役。亦屬以一敵五。（華軍萬五千。除各路防守外。臨戰者祇八千人。日軍則近四萬。）尙能苦戰數日始敗。惟一敗再敗之後。士氣已墮。雖陸續增兵。已陷於被敵人各個擊破之絕境。然開戰九月。直隸省尚未有一敵兵侵入。而奉天省城亦甚安全。在今日吾人視之。寧可稱爲奇跡。使李鴻章早作準備。（陸奧謂李曾主張增兵。實誤。）則戰事結果斷不如是。其後李赴馬關議和。忠心耿耿。身負重傷。倘不惜爲國力爭。能使後人感泣。然最初一意主和。貽誤大局。吾人亦不能爲李恕。古人謂能戰而後能守。能守而後能和。誠千古不磨之論。此吾人所得教訓之點四也。

兄弟鬩牆。外禦其侮。古訓照彰。然當日本挑釁正急之時。北京政府之頑固派李鴻藻、翁同龢輩。乘勢奏參李鴻章三大罪狀。終致被付査辦。雖不如陸奧所謂李之增兵計畫。被其阻止。然李之不敢主張增兵。大半爲此。致陷國家於萬刦不復之境。陸奧斷爲『清政府自殺其國家。』誠爲吾人當頭巨棒。以視日本上下一心。君臣一體。同赴國難者。殆有天淵之別。惟外侮正逼。而兄弟鬩牆。似爲吾民族之最大劣根性之一。希望此後遇國家危難之際。全國上下。應同心共濟。勿再如李鴻藻翁同龢諸人。演鬩牆之醜態。爲外人所非笑。終以自殺其國家。此吾人所得教訓之點五也。

電報祕密。國命所關。然在開戰前。汪鳳藻與李鴻章間之往返祕電。及馬關議約時李鴻章與北京政府間之往返祕電。陸奧一一引出。如數家珍。吾人今日參證李鴻章死後所出版之電稿。確無絲毫錯誤。是吾之祕電。在彼視之。與明電無異。吾之祕密。既一一爲其知悉。則交涉焉有不失敗之理。如馬關談判之最後一日。北京政府致李鴻章允許割地賠款之電。已爲日人知悉。故李鴻章雖極力爭減償金一二千萬兩。亦不見許。

卽此故也。由此觀之。吾人與其責日本之無國際道德。寧責吾人自己之疏忽。蓋吾之四碼電本。苟以算學研究之。無不能得其祕密者。而況無心肝之徒。少許金錢。卽可出賣國家祕密。日人或以此種手段獲得祕本。亦未可知。至出賣密電之事。遠之如甲午之役。日人已下哀的美敦書中國始倉皇出師。而操江高陞兩船之出師期。爲電局生所賣。致兩船皆遭日人毒手。近之如吳佩孚甲子山海關之役。外交部電駐美公使施肇基囑告美政府。日人在榆關援助張作霖。該電爲日人所得。日政府卽開臨時閣議。決定以北京政府誣蔑日本爲理由。俟吳佩孚出關。卽公然向吳開戰。幸馮玉祥聞信。提早班師回京。致此事未得實現。此外如郭松齡倒戈之役。郭託王正廷向日本辦交涉之電。竟爲電局人員賣予世界日報。公然在該報發表。其他類此者頗多，故欲防祕密落入外人之手。非嚴祕其密碼。及整頓電局不可。中日戰爭時被害之慘。卽其一例。此吾人所得教訓之點六也。

戰爭勝負之決。在最後之五分鐘。此千古不易之理。最近如歐洲大戰。在最初之一二年內若卽講和。則德國當割取比利時領土大部。及法國領土一部。可無疑義。卽在一九一八年（卽休戰之年）夏間講和。亦當歸德奧勝利。惟英法諸國始終堅忍。故德國雖勝於戰場。而因後防物資之缺乏。終不能不降於英法之軍門。中日之軍。亦何獨不然。蓋自開戰迄講和止。爲時九閱月。日本雖常勝。然已精疲力竭。而直隸省內尚未有一騎之侵入。若欲攻取北京。尚非大增援兵。及費時數月不可。此後戰線愈長。需兵愈多。而中國四路援兵。皆將齊集。新練之兵亦可使用。則日人決難得志。縱不能轉敗爲勝。若陷於一進一退之境則當時俄國大軍已雲集海參崴一帶。軍艦亦已陸續東來。外交上之大變化。將立卽發現如此日本雖只得『兩國確認朝鮮獨立』之條件亦可議和安有割地賠償之辱乎。惜乎李鴻章始終主和。淸廷亦不敢以北京爲孤注。故勢可戰而甘乞和矣。自今以後吾人固不願與任何國以干戈相見。若萬不得已而戰則非有委棄十省以上供敵蹂躪至少支持三年之決心不可吾敢斷言第一年吾敗。第二年相持。第三年敵人全敗乞和。謂余不信。請觀中日戰爭講和時之形勢。及歐洲大戰之結果。此吾人所得教訓之點七也。

駐外各使。爲政府之耳目。耳目不靈。則肢體未有能活動之理。中日戰爭時。日本駐外各使努力活動。不惜電費。雖一電長至數千百字。亦所不顧。故日本政府於各國形勢瞭若觀火。乃能操縱自如。然反觀中國。各使或數月不來一電。卽有之亦不過寥寥數十字耳。於任何國情形。斷難敘述明瞭。以致每事隔閡。安得收指臂之效。中國外交始終貽誤者。卽緣於此。故吾以爲不欲競爭於外交場中。寧甘割地賠款則已。否則駐使人物。不能不精選。決非報功酬庸之具。而外交費用亦決不能省。近日中國駐外各使。因經費無着。固無交際可言。而電報竟有以快郵代者。滑稽情形。殊堪噴飯。臺灣澎湖及賠款二萬萬三千萬兩。豈電報費用之比耶。前事不忘。後事之師。此吾人所得教訓之點八也。

不平等條約爲害之巨。陸奧書中已深切言之。日本對於廢除此項條約之努力。陸奧亦已深切言之。然自己所受之不平等條約則努力廢除之而對於中國則欲於各國不平等條約之上再訂一更不平等之條約此眞可謂『己所不欲強施於人』矣今者時變境遷他國皆撤廢其不平等條約全部或一部矣而日本尚在躊躇甚且有不願絲毫撤廢之表示其心事之毒狠可謂極矣乃反以同文同種共存共榮之說日喋喋於吾人之耳鼓眞可謂不識人間有羞恥事此亦吾人應深切注意之又一事也

中日兩國同種同文土地相連本宜如歐洲之德奧永為唇齒而中日甲午之役亦猶一八六六年普奧之役使日本政治家稍有唇齒之觀念則當如普之對奧務保持其光榮決不宜割取其土地使有忍氣吞聲將來力圖復仇之念以為將來提攜之基乃日本不此之圖對於中國割地惟欲其大賠款惟欲其多務使其無再起之機而後已是非普之對奧乃前日普之對法今日法之對德也故中國三十餘年來之難境及一切之禍亂皆由此而起而日本三十餘年來之政策亦一仍伊藤陸奧之舊而變本加厲焉試觀陸奧書中割取遼東之理由云『遼東半島撫朝鮮之背扼北京之咽喉國家將來之長計上不論如何不可不領有之』云云（見第十五章日清媾和之發端）非欲以該半島為根據地而侵吞全中國之謂乎日本今日之滿蒙政策非較陸奧之言再進一步者乎吾人由陸奧之書足以窺知日本侵略政策之根如此之深決非少數人之野心實最大多數國民之主義非吾人有切實之能力足以使之不能實行其主義時則一切手段皆屬無效故在中國屈辱原因尚未除去日本侵略野心尚未放棄之前若有主張『共存共榮』之說者在日人為欺

人在吾人爲自欺蓋非吾人不願與日本共存實日人不容吾人共存故也是又吾人所應抱之覺悟者也。

最後吾人對於從來流行之外交史不能不爲一言之指摘。以喚醒國人。蓋外交史係敍述從前外交上之事實。不特影響本國國民且影響國際關係。故對於事實之眞確。不能不特別留意研究。非如小說之可任意書寫也。如劉彥氏之『帝國主義侵略中國史』（原名中國近時外交史）實爲應指摘者。查劉書之前卷。係譯自日籍。未經深切研究。故其錯誤甚多。誤國甚鉅。祇就其關於中日開戰之一段言之。劉書謂『東學黨之起也。李鴻章與袁世凱交馳電報。彼此皆以韓國請中國政府出援兵爲得策。又李鴻章詢駐日公使汪鳳藻探日本情實。汪鳳藻告「日本衆議院與內閣大衝突。無外顧之暇。」李袁大喜政略一決』云云。（中國近時外交史一九五頁。帝國主義壓迫中國史一五四頁。）觀劉書之語義。是中國自始決定乘日本不暇外顧。以便在朝鮮逞其野心。則此次戰爭挑戰者實爲中國。然吾人觀陸奧之書。則挑戰者確爲日本。而中國則完全爲被動。再觀李鴻章電稿。（參觀附錄。）則李鴻章自始卽毫無開戰之意。迄被日本攻擊時止。一意主和。已如吾人前文所指摘。劉書所謂『李袁大喜政略一決』者。卽屬完全錯誤。又關於開戰責任問題。劉書云。『二十三日我國軍艦濟遠廣乙二艘。向半島前進。遇日本軍艦吉野、浪速、秋津洲三艘。濟遠先向日艦發砲。日艦應戰』云云。（中國近時外交史二〇六頁。帝國主義侵略中國史一五七頁。）是中國完全應負開戰之責也。然觀陸奧之書。及李鴻章電稿。日本一意挑釁。中國一意退避。李鴻章且嚴誡陸海諸將。切勿開釁。苟以常識推之。則先開砲者。必為日本無疑。日人雖評中國。（陸奧亦然。）決不能信。又李鴻章光緒二十年六月二十五日（西曆七月二十七日）電譯署云『……頃據濟遠管駕方伯謙回報。二十一二日。英輪愛仁、飛鯨裝兵抵牙。均陸續上岸。二十三晨。突有日兵船多隻。在牙口外攔截我兵船。彼先開砲聚攻濟遠。等竭力拒敵。鏖戰四點鐘之久。……英輪高陞號。裝兵續至。在近小牙島西南。亦被日船擊中三砲。遂停車而沈等語。鴻查日現未宣戰。日船小隊遽來攻撲我巡獲之船。彼先開砲。實違公法……』云云。又李二十四日致駐日汪使電。二十五日致駐英龔使電。亦指日艦先開砲。是則日艦先開砲已有確實之證據。此等重大處所。戰爭全責攸歸。劉氏竟輕信日籍。遽下與事實完全相反之斷語。殊非所宜。查劉書出版於民國前一年。當是時。李鴻章全集業已出版。劉氏對於此種重要材料。卽應注意。而書出十餘年後。劉氏去年重行排印時。亦未有一字之訂正。尤屬不當。以上所述。不過舉劉書謬誤之大者言之。其他謬誤之點尚多。殊無暇一一舉出。吾人因覺其誤國太甚。故略為之附帶一言。

中華民國十八年一月十日　龔德柏識

日本侵略中國外交祕史目錄

日本侵略中國外交祕史（原名蹇蹇錄）

第一章　東學黨之亂

東學黨之名稱

朝鮮東學黨者。內外人士對之。曾下種種之解釋。或謂為混合儒教道教之一種宗教的團結。或謂為朝鮮國內希望改革政治者之團體。或只認為好亂者之所嘯集。今無研究其性質之必要。姑從略焉。有此種名稱之亂民。自明治二十七年（按即光緒二十年西曆一八九四年）四五月之交。蜂起於朝鮮國全羅忠清兩道之各地。刦掠民舍。驅逐地方官。其先鋒本部。漸向京畿道進發。全羅道之首府。即全州府。一時亦落其手中。

東學黨勢盛

勢頗猖獗。誠事實也。中日兩國各為其所主張之權利及理由。互派軍隊至朝鮮。其後形勢。幾經變轉。而成為中日兩國之海陸戰爭。我軍（日人自稱。以後悉仍原書。凡稱我國之處。皆係指日本）連戰連捷之後。中國政府兩次派使臣向我乞和。竟由馬關條約。一變從來中日兩國之外交關係。致世界認日本為東洋優等國。

中韓兩國內治外交皆誤

其近因無非原為中韓兩國政府對於東學黨之亂。誤其內治外交之道。他日若有著中日兩國間當時之外交史者。當必以東學黨之亂爲開宗明義第一章也。

日人有主張援助東學黨者

東學黨之勢。日盛月大。朝鮮官軍。到處敗走。亂民竟陷全羅道之首府。此報一達我國(日本)。我國報紙。爭相傳布。物議爲之騷然。或謂朝鮮政府之力。決不能鎭壓。我國應以鄰邦之誼。派兵平定。或謂東學黨爲眞實之改革黨。欲拯救在韓廷暴政下之人民於塗炭之中。宜助之。使達其改革弊政之目的。尤以平日反對政府之政黨政客。乘此機會。使當局困難。故認爲有利政略。屢努力煽動輿論。以擴張戰爭的氣勢。當時駐韓公使大島圭介請假歸國。不在任地。臨時代理公使杉村濬。曾充駐韓日本外交官數年。通曉其國情。故政府信賴其報告。據杉村五月間之諸報告。東學黨之亂。爲朝鮮近來稀有之事件。然此種亂民。不能認爲有顚覆現政府之勢力。又以亂民進行方向如何。或爲保護我公使館、領事館、及僑民起見。我國有派遣多數軍隊之必要。亦未可知。惟目下漢城(卽京城)固不待言。卽釜山仁川。亦無此種憂慮云云。故我政府於此時而議出兵

日本出兵尚早

問題。未免太早。然深信對於亂雜之朝鮮內治。及易出軌道外之淸國外交。不能不豫先有所籌備。故余(著者陸奥宗光自稱下倣此)密令杉村對於東學黨之舉動。充分注意。同時並令觀察韓廷對東學黨之處分如何。及韓廷與淸國使臣之關係如何。

著者注意中韓關係

當是時。我邦正在議會開會期中。衆議院因反對政府者占多數。生出種種紛爭。政府極力寬容。以避衝突。至六月一日。衆議院乃議決攻擊內閣行動之奏摺。政府不得已取最後手段。奏請解散議會。翌日。在內閣

總理大臣官舍。開內閣會議。適値杉村來電。報告朝鮮政府向清國乞援。情勢岌岌。若默視不顧。將使已不平等之中日兩國在朝鮮之權力。更有所軒輊。我邦此後對於朝鮮。唯有聽清國任意行動而已。日韓條約之精神。將被蹂躪。故余赴是日閣議時。於開會之先。卽以杉村之電報示閣僚。又述余個人意見。謂不問中國以何等名義。若有派遣軍隊於朝鮮之事實。我國亦不能不派遣相當之軍隊。以備不虞。而維持中日兩國對於朝鮮之均勢云云。閣僚皆贊同此議。伊藤內閣總理大臣。卽時派人求參謀總長熾仁親王殿下。及參謀次長川上陸軍中將臨席。二人到後。乃密議此後派遣軍隊於朝鮮之事。卽時內閣總理大臣攜此閣議及解散議會之閣議。入宮仰請聖裁。竟得裁可而執行矣。

日本決意派兵

派兵經日皇裁可

派遣軍隊於朝鮮之議既決。余卽令大島特命全權公使準備隨時皆能出發赴任。又與海軍大臣密議。使該公使搭入軍艦八重山號。該艦特增載海兵若干。且使發出該艦及海兵概聽該公使指揮之訓令。又由參謀本部密令第五師團長預備由該師團中派遣若干軍隊至朝鮮。爲至急出師之準備。又密令郵船會社等調集船隻。運輸軍隊及軍需品。急遽之間。諸事皆敏捷施行矣。此種大計。因屬於外交及軍事之機密。世人未能揣測。而政府之反對黨。不悟廟議進行之旨。屢使其機關報或遊說委員痛論派遣軍隊於朝鮮之非。嚴責政府之怠慢。以暗洩其解散議會之餘憤。廟議既決定矣。然至實地執行時。務必臨機應變。無誤國家之大計。故政府於愼重審議後。更確定其方針。卽中日兩國。既各派遣軍隊。何時衝突開戰。亦難逆料。若果發生事

至急出師準備

日本軍事準備敏捷

日本決心挑釁

日本務取被動地位

不使第三國參加

中國政府無決心

中日冰炭不相容

日政府與議會衝突

變之際。我國宜盡全力以期貫徹當初之目的。固不待言。然我國務取被動者之地位。而使清國爲主動者。且此種大事發生。依外交之常習。第三國之歐美各國中。當互生向背。若非事勢萬不得已外。當嚴限事局於中日兩國之間。務避去發生第三國之關係爲最要着。此項廟算。始成於伊藤總理與余之熟議。就中尤以伊藤之意見居多。當時閣僚皆贊襄之。故中日交戰中。我政府殆始終以貫徹前述之主義爲務。

我政府之決心既如此。然對手之中國政府。是否與我有同一之決心乎。則甚爲可疑。抑中日兩國在朝鮮權力之爭。由來甚久。茲無詳述之必要。至中日兩國在朝鮮各欲維持其權力。則有冰炭不相容之勢。日本自始即認朝鮮爲一獨立國。欲斷絕從來存在於中韓兩國間之曖昧宗屬關係。反之。中國以疇昔之關係爲根據。欲表白朝鮮爲自己之屬邦。實際上中韓之關係。雖缺乏普通公法上宗國與屬邦所必要之原素。然中國至少名義上亦欲認朝鮮爲屬邦。尤以明治十七年漢城之變後。中國在朝鮮之勢力。確已大增。大凡人類既得權力。決不知足。務求擴張。此常情也。而中國之於朝鮮。雖稱有宗屬關係。然尚以朝鮮不能爲完全無缺之屬邦。且因東鄰強國之存在爲至大之妨礙。故欲除去之。此事在中國政府。亦屬自然。故當時如漢城駐紮官袁世凱齡年壯氣銳。尤具此種熱望。誠不能謂爲無理也。

袁世凱見明治十七年以來。日本在朝鮮之勢力微弱。且見自二十三年憲法實行後。日本政府與其議會間常相衝突之故。以爲我政府不能有向他國派遣軍隊之大決斷。希望乘此機會。發展中國在朝鮮之勢

汪鳳藻誤測日本實力

力。而駐紮我邦之中國公使汪鳳藻。亦見我官民之爭執。逐日劇烈。妄斷日本決無對他國生事之餘力。故各以此種意見報告中國政府。兩者之意不期而合。是爲中國政府自始卽誤認彼我形勢之一原因也。

朝鮮閔族專擅朋黨相爭

又回顧當時韓廷之狀況。專制朝政者爲王妃一族。卽所謂閔族。其中尚有朋黨相爭之事實。殆不能掩。閔泳駿以王室外戚而居要職。其權力雖甚熾。然當東學黨之亂起。官軍屢敗。內外攻擊集於一身。於此困苦艱難之際。欲求一活路。乃結託中國使臣袁世凱。請中國派遣軍隊。以爲彌縫之策。據聞當時朝鮮政府大臣中。亦有人特向國王進言。謂中國軍隊入朝鮮。日本對之亦當出兵。故求中國之外援。實危道也云云。以此非難閔泳駿之議。然他方無人進而負責以當此難局。而閔泳駿終使國王向中國稱臣。乞其出兵矣。

請中國派兵

日本有最後決心中國則無

以上係關於東學黨之亂。淸廷外交謬誤。韓廷內治不得其方之第一段。約言之。日本政府最初雖立於被動者之位置。若不得已時。亦有不惜施最後手段之決心。中國徒知於形勢上威嚇日本及朝鮮。而缺乏之中日兩國間紛擾不解時不得不訴諸干戈之決斷。韓廷亦以其事大之觀念。不論如何。決不夢想日本能勝中國。始終惟中國是賴。此淸韓兩廷自始卽陷於謬誤之重要原因。然至平壤黃海之戰終了。尚毫無覺悟。是誠不可救藥也。

第二章　中日兩國軍隊向朝鮮派遣

中國出兵朝鮮

日本積極進行

日本欲知中國尊重天津條約否

日本決派兵

日本窺探中國行動

其後政府據六月四日杉村臨時代理公使由漢城來電。知該公使面會袁世凱。確聞朝鮮政府。已乞援兵於中國。中國政府容其請求。當送若干軍隊至朝鮮。又從六月五日起。駐天津荒川領事向外務省。及駐北京公使館武官神尾陸軍少佐向參謀本部。各報告中國政府在天津出師準備之情狀。又或謂中國軍隊若干。以某日為期。由大沽向仁川直航。或謂即經過山海關陸行。或謂裝載軍需若干之運送船。現從大沽出航云云。凡此類電報。一日數至。尤以自駐北京臨時代理公使小村壽太郎報告中國政府決議出兵朝鮮之狀況之電達到後。於是關於朝鮮政府不能鎮壓內亂、乞援中國。中國政府亦乘機準備出師、或已派出軍隊若干、亦未可知等情形。已無絲毫可疑。故對於此事的外交及軍事上之運動。不容須臾緩矣。但中國政府果據天津條約。將派兵朝鮮之事照會我國乎。抑以此次出兵全出朝鮮國王請求之故。將不遵守該條約。任意出兵乎。此種事實。誠不可不確知其詳者。然不論中國政府根據天津條約。將派兵朝鮮之事照會我政府與否。苟中國政府派兵朝鮮之事若屬確實。日本為保持中日在朝鮮之均勢起見。亦當派出相當之軍隊於該國。此廟算之已定者也。同時我國欲立於被動者之地位。且必須確知中國政府對於天津條約取如何方針。故日夕以窺探中國之舉動為必要之事矣。

雖然。我政府何以對於中國政府派遣軍隊於朝鮮果實行天津條約與否一事尚懷疑乎。蓋中日兩國在朝鮮之關係。從來即建築於冰炭不相容之主義之上。當明治六年時。外務卿副島種臣為特派全權大使。

副島承認朝鮮爲我屬邦

日本認朝鮮爲獨立國

中日天津條約

至中國北京。其時關於中韓宗屬關係。與總理衙門王大臣等。曾交換一二次之談話。然無中日兩國政府間有效力之公文明約。（譯者按。是時副島種臣承認朝鮮爲中國屬邦。中國政府不知乘此機會與日本訂立條約。以確定此關係。而預防日本將來之陰謀。此是中國外交上之怠慢。爲失朝鮮之第一原因。庸臣誤國。可勝嘆哉。）又明治九年。派遣黑田全權辦理大臣、井上副大臣至朝鮮。當訂結現在之日韓修好條約時。我國即確認朝鮮爲一獨立國。朝鮮亦自以爲獨立國而訂結該條約。然日本因感覺中國與朝鮮間所存在之曖昧宗屬關係。有使明確之必要。故當前此派遣特命全權公使森有禮往北京時。曾訓令該公使。就任後。關於此事與總理衙門商議。其間彼此往復之公文。積至成卷。然其結果。中國政府一面謂朝鮮內治外交。悉任其自主。故對於朝鮮所發生之事件。不能直接任其責。他方面又謂朝鮮尙爲中國之屬邦。決不能認爲一獨立王國。其所主張。殆前後矛盾之屬邦論而已。當時我政府不願即時因此與中國生轇轕。唯說明國際公法上普通見解所謂宗國與屬邦之關係。並云中國雖稱朝鮮爲屬邦。又不能干預其內治外交。不過擁屬邦之空名。而避宗國之責任而已。故我國確認朝鮮爲獨立國。一切責任。不能不使該國政府負之。然與中國政府商議事件。恰如英國公使巴克斯所比喻。猶如以無底之桶。而汲井水。不論何時。皆無效果。該案之商議。遂未得結局。而仍爲懸案。徒留公文於雙方而已。明治十八年。即漢城變亂之翌年。現在之伊藤內閣總理大臣。由當時參謀兼宮內卿。派爲特派全權大使。往中國訂結所謂天津條約。在此約以前。關於在朝鮮中日兩國之權利。彼我之間。無何等約定。我國主張根據明治九年之日韓修好條約。朝鮮爲一獨立國。中國依然固執朝鮮爲中國之屬邦之說。互不相下。

中日同時撤兵將來派兵互相照會爲日本干預韓事之唯一根據

天津條約。係籌當時駐朝鮮中日兩國軍隊衝突之善後者。故無確定中韓宗屬關係之明白條款。該條約約定中日兩國同時撤回其駐在朝鮮之軍隊。又規定將來朝鮮有事變。中日兩國中任何一國派軍隊於朝鮮時。須互相照會。該約確爲表示兩國在朝鮮權力均等之唯一明文。除此則中日兩國間並無何等保障存在。但對於天津條約。我國非無攻擊之者。中國政府不能不撤回其朝鮮之駐軍。且將來不論如何。欲派遣軍隊於該國時。不能不以公文照會日本。該政府訂結有如此條款之約。殆受一大打擊。而從來中國所唱屬邦論之理由。亦因之大減殺其效力。則已無絲毫可疑之點矣。

中國因天津條約受打擊

英國之調停

英國痛責日本違反天津條約

當朝鮮事件發展時。英國政府最初欲居中調停。其後又勸告再開中日兩國間已經破裂之共同委員謂。我政府答稱俟之將來。但今日只關於日本單獨勸告朝鮮政府。該政府已表同意之改革事項。已無與中國協議之必要云云。然英國政府關於朝鮮事件。爲保持中日兩國間均勢之故。似承認天津條約之精神。而對於日本政府此種回答。則痛責其蔑視天津條約之精神。其後英國又勸告在韓之中日兩國軍隊。共同占領韓國之南北部。以徐圖中日兩國間之調和。亦似出於同一根據。此蓋誤解天津條約者。然亦足以觀察該條約關於中日兩國在朝鮮之均勢、諸外國政府重視之程度也。余對於此次事件。關於派兵須互相照會之規定外、其他無直接關係之天津條約如此詳加解釋者。亦因該條約訂結後。中日兩國政府出兵朝鮮。實以此次事件為始。而欲確知中國政府果依據此天津條約照會我政府與否。亦現在及將來我國對中國外交上尤為緊迫而當思考者也。

中國照會日本

我國政府。如上所述。一方面急為出師之準備。務使不論何時。皆可向朝鮮派遣軍隊。他方面窺探中國政府如何實行天津條約。而駐東京中國特命全權公使汪鳳藻。於明治二十七年六月七日以公文照會我政府。謂奉本國政府訓令。中國因朝鮮國王之請求。為鎮壓東學黨。派出若干軍隊於朝鮮云云。該出兵照會。頗費無益之議論。其間稍有傲慢之語。但該照會中。除『我朝保護屬邦之例』一句外。因現在非在文句上爭議之時。故我政府即照覆中國。謂中國政府依據天津條約第三款。照會派兵朝鮮。帝國政府已知悉矣。但在該照會中。附以抗議。謂照會中有『保護屬邦』之語。但帝國政府未嘗承認朝鮮國為中國之屬邦云云。

日本始公開動作

今我政府已得悉中國政府遵行天津條約矣。即無稍待片刻之必要。余當晚即電訓駐北京臨時代理公使小村壽太郎。使照會中國政府。謂朝鮮國現有變亂重大事件。我國當派出若干軍隊於該國。依據天津條約。特此照會云云。我政府之照會。唯依據天津條約之規定。知會派兵之事而已。故比較中國政府致我政府之照會。頗為簡明。然總理衙門對於該照會。謂中國因朝鮮之請。派援兵戡定其內亂。係照保護屬邦之舊例。內亂平定之後。即行撤兵。若日本派兵之理由。僅係保護公使館、領事館、及商民。無派出多數軍隊之必要。

中國謂日本無派兵理由

且非出於朝鮮政府之請求。故斷不可使日本軍隊深入朝鮮內地。以驚駭人民。又萬一與中國軍隊相遇時。恐因言語不通發生事變。所以要求小村代理公使將此意電達日本政府云云。小村當卽來電稟告我政府除依據天津條約之規定照會出兵朝鮮外。無應中國任何要求之理。且使小村回答總理衙門謂遣派軍隊於朝鮮。雖云係保護屬邦。但我政府未嘗認朝鮮爲中國之屬邦。且我國此次派出軍隊於朝鮮。係根據濟物浦條約上之權利。又關於出兵事件。除依據天津條約照會外。我政府唯行其所好而已。故關於其軍隊之多少。及進退動止。毫無受中國政府掣肘之理。又假使中日兩國軍隊在朝鮮國內彼此相逢。言語不通。我國軍隊皆依紀律節制而行。決無妄行衝突之虞。此我政府所信而不疑者也。希望中國政府亦訓令其軍隊勿生事端。

日本決心挑釁

此不過中日兩國依據既定之條約。照會出兵朝鮮而已。然對於彼國照會中之保護屬邦之文字。我既不能默爾而息。而對於我之照會。彼亦提出幾多之詰問。其時和平未破。干戈未交。僅於一篇之簡牘中。彼我意見已不相同。而表現甲爭乙抗之狀態。彷如陰陽兩電正相接觸之時。將一轉而爲電擊雷轟。形勢已甚明瞭。然我國政府尙於此危機一髮之間。講求不破壞和平、保全國家名譽之道也。

中日衝突因日本決心已不可免

第三章　大島特命全權公使之歸任及其就任後朝鮮之形勢

日本在軍事上先發制人

大島帶軍艦赴朝鮮

大島有臨機處置權

我政府在外交上常欲居被動者之地位。然一旦有事。在軍事上。一切皆欲先發制人。中國派遣軍隊於朝鮮。事實既已明確。若更待彼國形式上依據天津條約來文照會。事情殊頗困難。反之中國軍隊之進退。較我更爲自由。單就彼我對朝鮮之距離言之。從山海關或大沽以相當速力之蒸汽船直航仁川。僅十二三時可達其目的地。然從我國廣島縣下宇品港直航仁川。須費四十時間。其間有如此之差。總之。當時朝鮮之形勢。已不能許大島公使歸任之一日猶預。故余於接收中國公然出兵之通知前二日。即六月五日。使大島公使搭入軍艦八重山號。由橫須賀出航矣。但該軍艦八重山此次有新增加將近百名之海兵。幸巡視中國海及南洋之我國軍艦數隻。恰於數日前航歸釜山港。故余與海軍大臣協議。使該軍艦中數隻速航歸仁川。以充該港之軍備。同時大島公使到仁川後。當入漢城時。若有率領多少兵員之必要時。即當使八重山號所載之海兵。及由其他各艦添加若干海兵。以應其需要。因之至少有三百乃之四百之海兵。任何時間皆隨伴大島公使。以幫助該公使赴漢城任地。是即我政府於大島公使蒞任朝鮮之瞬間。對於已來駐該國之中國軍隊。務使不失其平等勢力也。然我政府苟不毀損國家之名譽。尙期以和平手段了結此局。故余當大島公使由東京出發時。於授與該公使最精細之訓令數件。其中尙有下之一件。即關於此後朝鮮之情狀。政府雖當派出相當之軍隊。然非至極不得已時。總以和平手段了結事局爲第一義云。當時形勢已告迫切。故該訓令中。尙加有若時局急促。無請本國政府訓令之餘暇時。該公使得施認爲適當之臨機處分一項。此訓令中實

大島率兵入漢城　日軍一混成旅入漢城　漢城仁川平穩　韓人驚愕日本出兵　中國使袁世凱與大島談撤兵　外人認朝鮮爲中國屬邦　日軍使外人驚疑

含有表裏二主義。蓋當如斯形勢。對於派出外國之使臣。付與非常之權力。實亦不得已也。大島公使於七月九日到仁川。卽率領諸艦之海兵三百餘名。歸漢城任地。旋從第五師派出一少佐(少校)。率陸兵一營。不久卽到漢城。而我政府所預定之混成旅全數。亦逐次派往該國矣。然大島公使歸漢城時。中國軍隊已來駐朝鮮國內。列陣於忠淸道之牙山。其時朝鮮官軍。亦有稍回復其勇氣之情狀。因之東學黨之勢大挫。殆停止其進行。而漢城仁川等處。固已平穩。因此中韓兩政府。見大島公使率大兵歸任。與其預想相反。頗爲驚愕。卽設種種口實。欲拒大島公使之帶兵入京。然中日兩國之間。已依據天津條約互相照會矣。又日韓兩國之間。我國據濟物浦條約第五款。有得派出軍隊於朝鮮國之條約上權利。故彼等從表面上。不能提出何等抗議。欲以種種奸計陰謀。使我軍隊早日由朝鮮撤回。其眞意如何。雖不能料。然中國政府訓令袁世凱。使其與大島公使祕密談判中日兩國軍隊互由朝鮮撤退事件。反之。觀駐在朝鮮之外國官吏及商民之情況。其表面暫不必論。而內心則默認朝鮮爲中國之屬邦。信此次中國出兵。由朝鮮國王之請求。同時知日韓兩國有濟物浦條約存在者甚少。又彼等預想。若中日兩國卽至交戰。其勝敗之數。最初之一二戰。固不可知。最後之勝利。當然歸於中國。但我國軍隊在彼地能守紀律節制。顯出秋毫無犯之美風。則頗博外人等之驚嘆。然軍人不論如何和平行動。仍係軍人。漢城仁川之間。既有七千餘之軍隊列陣。彼等之眼中。固以爲怪。且懷危疑矣。彼等於仁川漢城之間。旦夕目擊多數日本軍隊之徘徊。而在牙山中國軍隊之舉動如何。毫未觸其視聽。槪言

外人深悉日本野心

惹動歐美感情

日本非挑釁不可

日本仍繼續派兵

日本軍事上先發制人

之。彼等不問我政府出兵之名義。及其眞意如何。斷定日本政府爲平地起風波。有乘機侵略朝鮮之意。因之彼等對於中國。較對日本多表同情。且駐在朝鮮之歐美外交官、領事官等。常以其所斷定者報告其本國政府。至商人輩更逞謬猜妄斷。以通信於其本國之報紙。是殆無可疑者。是中日事件發生之初。確已惹動歐美各强國之感情。此在大島公使歸任後。卽觀察此情況。實毫無所誤也。該公使入漢城時。已與從本國出發時所預想者不同。朝鮮國意外平穩。中國派出之軍隊。尙駐紮牙山。未進入內地。並知第三者外國人之情狀。已如上述。故該公使屢電我政府。勸告暫時不必派多數軍隊入朝鮮。使朝鮮政府及人民或第三者之外國人抱無謂之疑問。非外交上之得策。然反觀我國內情。已成騎虎之勢。中途不特不能變更既定之兵數。且觀察從來中國政府之外交。不知將逞如何之譎詐權變。以欺騙我國。又據最近天津、北京之電報。中國尙爲派多數軍隊於朝鮮之至急準備。故政府一面以大島之請求爲至當。他方面又難料何時發生不測之變化。若危機一髮之時。成敗之數。全在兵力之優劣。則以速派廟算所預定之混成旅往朝鮮爲萬全之策。故余卽訓令該公使。謂卽使外交上有多少紛議。亦可使大島少將所率之本隊(卽混成旅)悉列陣漢城。並說朝鮮政府速借我兵力鎭壓其內亂爲得策。如上所述。我政府之廟算在外交上取被動者之地位。在軍事上常能先發制人。於此間不容髮之時機。爲聯絡外交與軍事之步武。各當局者頗費慘澹之苦心。至今思之。猶不勝悚然者。當時中日兩國之軍隊。雖同駐朝鮮國內。然其屯地相隔。似無瞬間衝突之患。又彼東學黨表面雖似鎭靜。

日本苦於無口實開釁

然中日兩國之軍隊。尙睥睨對峙。互抱猜疑及希望。故欲於樽俎之間。彼我釋然。同時由朝鮮國撤退其派遣之軍隊。殆屬無望。然亦無急迫之原由。並外觀上亦無至當之口實使其互相交戰。故對此內外之情形。欲盡其措置。除施一種外交政略使局面轉換外無他法也。

第四章　爲改革朝鮮國內政中日兩國派出共同委員之提案

中日兩國政府互相照會派兵往朝鮮後。僅經過旬日間。而兩國在朝鮮之關係。已瀕於危殆。而常隨此事所生之自然結果。即彼我互相自是而排他。猜疑嫉妬。愈加增長。浮說流言。百出不已。恰如亂射於凹凸鏡面之幾道光線。互爲曲折反映。呈出千態萬狀。不僅互相對峙之兩者間如此。即無直接關係之第三者之論評。一是一非。往往刺激當局者之頭腦。使事局益加煩雜。即如彼歐美各强國。將以何時及何種口實而來干涉。亦所難料。但中日兩國之軍隊。駐在互相隔離之地。故無瞬間衝突之模樣。雖中韓政府互相結託。運種種陰謀。有喑求歐美强國援助之狀。然亦未顯何等痕跡。實可謂密雲不雨之天氣也。

日本以外交手段挑釁

余此時甚思非以一種外交手段不能解決此糾紛之事局。故屢以此意與伊藤總理協商。伊藤亦完全首肯余之意見。

伊藤擬提共同委員案

某日就內閣會議之便。伊藤總理親書一紙。謂朝鮮內亂。中日兩國軍隊應共同努力。速行鎭壓。亂民平定後。爲改革該國內政起見。由中日兩國派出常設委員若干名於朝鮮。調查該國之財政。淘汰中央政府及地方官吏。且設置必

日本不能維持被動地位

伊藤已有大決心

日本已達挑戰之時機

日本決不撤兵

單獨擔任朝鮮改革

日本百尺竿頭進一步

日本決行最後決心

要之警備兵。以保持國內之安寧。並整頓該國財政。募集能募之公債。以使用於啓發國家公益之目的等項。當以此案密示閣僚。諮詢可否。閣僚以此案爲我政府之提案。須與中國政府商議。故全體贊同。余亦無異議。然以爲此事之結果。將生出使我國外交上之位置。一時由被動者變爲主動者。又以爲今日之時勢。中國政府尙不容易對我國提案表示同意。若該政府不同意時。我國將來外交政略將如何繼續進行乎。且伊藤總理在閣議席上。雖未公然言明。但總理草此提案時。已可察知其胸中必大有決心。故余爲應答可否。尙乞一日考慮之時間。退朝後。終宵熟慮。蓋帝國政府已達到外交上不能不出於權變行動之時機。又中國政府十中八九。不能同意於我國提案。然中國政府雖不同意。我政府亦決不能將我國提案投入破紙簍中。已可斷言。余非謂除聽從該總理之提案外。別有良圖。然思料中國政府若不同意於我之提案時。我國若無單獨擔當改革韓國內政之決心。則他日彼我意見衝突時。將有阻格我外交上進路之虞。故余於翌日內閣會議時。於伊藤總理之提案外。更加入下之兩項。即「不問與中國政府之商議成否。非觀其結果如何。決不撤回目下在韓國之我國軍隊。又若中國政府不贊同我之提案時。帝國政府須以獨力擔任。使朝鮮政府行前述之改革」等是也。余將此案提出閣議決定後。由內閣總理大臣上奏。得蒙裁可。我國外交已百尺竿頭進一步矣。此後一縷之望。僅係於中國政府果贊同我提案與否。若中國政府不論出如何處置。苟拒絕我提案。我政府固不能默視。因之將來不免中日兩國之衝突。我國將實行最後之決心。然此決心。當最初帝國政府派遣

向中國提議共同改革案

軍隊於朝鮮時業已決定。至今毫無躊躇。余乃於六月十六日招駐本邦中國特命全權公使汪鳳藻。將閣議所決定條件中除余所增加之末段二項外。悉予說明。求該公使致電本國政府。使該政府速對我提案表示同意。於中日兩國間講朝鮮之善後策。彼此專心維持東洋全體之和平。汪公使聞余演說。似惹起意外之感。頗有難色。然亦不能正面抗議。故陳述種種枝葉之論。以圖避免通知我提案於本國政府。而彼所主張之唯一論點。爲當講求朝鮮善後策之前。中日兩國各由朝鮮國內撤退其軍隊。徐商定後圖云云。

汪鳳藻主張中日撤兵

余則主張余觀察朝鮮現在之形勢。確信禍亂潛伏。本源甚深。今非從根底改革其秕政。決不能求將來久遠之安寧。故目下僅施區區姑息之術。彌縫一時。我政府以領土接近之故。不能一日安堵。帝國政府非至確然安堵時。不論有如何事情。不能撤回駐紮朝鮮國之軍隊。

日本拒絕撤兵

若中國政府察我政府眞意之所在。果能贊同我提案。則雖可爲帝國政府安堵之一大幫助。然該提案與中日兩國從朝鮮國撤回其軍隊之問題。自可作爲另一問題。再行商議。故總望該公使將此提案通報其政府。並欲知該政府對此案之意見如何。此談判由是日午後八時起。繼續談至翌朝一時後。

汪鳳藻允轉達政府

汪鳳藻始漸肯將帝國政府之提案。通知本國政府。然余尙疑彼未必果能理會帝國政府之意味。又假定彼自身卽能理會。未必果如所理會者通報本國政府。故翌日（十七日）更作一公文。列記昨夜所談判之帝國政府提案。致於該公使。並同時訓電駐北京臨時代理公使小村壽太郎。提出該案於總理衙門。求速回答。又訓電駐天津我國領事荒川已次。命提示該案於直隸總督李鴻章。求李慫慂其政府速

中國不同意之三理由

一朝鮮內亂已平

二朝鮮改革應自行之

三事平應撤兵

中國理由充足

中國仍不知日本有最後決心

行同意。不料駐東京中國特命全權公使汪鳳藻。據其本國政府之訓令。於光緒二十年五月十八日。即我明治二十七年六月二十一日。以公文回答我提案。竟舉出不能同意我提案之理由三項。第一。朝鮮之內亂既已平定。目前中國軍隊已不須代朝鮮政府剿伐。更無中日兩國互相協力鎮壓之必要。第二。日本政府對朝鮮謀善後之策。其意雖美。但朝鮮之改革。應使朝鮮自行之。中國尚不干預其內政。日本素認朝鮮為自主國尤無干預其內政之權利。第三。事變平定各撤回軍隊為天津條約之所規定。此時應互相撤兵已無容議云云。以此拒絕我之提案。此回答之意旨。大約出於李鴻章之意見。經過總理衙門。而訓令汪鳳藻者。殆無可疑。但其第一項謂朝鮮內亂既已平定云者。此時單從表面觀之。朝鮮國內非無恢復靜謐之狀。彼等真以為如此。亦難料定。既認朝鮮之內亂平定。則第三。根據所謂天津條約之規定。中日兩國互由朝鮮國撤回其軍隊之意見。理論上雖無矛盾。但我政府之所見。則以朝鮮之內亂。非除去其蟠於根底之禍因。不能安堵。故對於以一時之假裝的和平斷定將來之形勢必無危殆之說。不能滿足。此即兩國政府各疑其見解之點。其中雖別無何等隔閡。然第二項所謂朝鮮之改革當使朝鮮自行之云者。是不僅假易入人耳之議論。以迴避其自己之責任。且有中國尚未干預其內政一句。以一『尚』字。高占自己之地步。而反詰日本認朝鮮為自主國。尤無干預其內政之權。以痛抑我國之權利。彼中國政府。尤其是李鴻章。不能脫其平素倨傲之常套。此時仍不覺悟日本政府已確定其最後之決心。尚耽於當初之妄想迷夢。欲以壯語虛聲。了此大事。其愚可知也。原

日本決不沈默

日本之詭辯

日本聲明決不撤兵

日本第一次絕交書

來彼等對於朝鮮之事。皆持所謂屬邦論。對於一切事件。自己須占頭等位置。常維持其使他國不能比肩併行之主義。今忽聞中日兩國聯合其軍隊。鎭定朝鮮內亂。或中日兩國派出共同委員。爲該國講善後之策等語。約言之。即中日兩國在朝鮮國內有平等權力之提案。不問此提案之可否。而欲使彼等願意聽從。則頗爲難事。此余自始即料中國政府十之八九不能同意我提案之所以也。雖然。我政府對此回答。斷無沈默之理。故翌日(二十二日)。余送一公文於汪公使。對於彼所列舉之條項。一一加以論駁。其意旨略謂。朝鮮目下之情勢。中日兩國所見相異。甚爲遺憾。然徵諸既往之事跡。朝鮮半島。常爲朋黨爭鬬、內訌暴動之淵藪。日本政府確信朝鮮事變之屢起。由於缺乏全成其獨立國責守之要素。而我國與彼國。祇隔一葦之海水。疆土殆相接近。彼我交易上之重要。暫置不論。而日本帝國對於朝鮮國之種種利害。甚爲緊要重大。今若袖手旁觀。視彼國之慘狀。而不施以匡救。不特有背鄰邦之友誼。且與我國自衞之道。實相背戾。因之。日本政府於擔任謀朝鮮國安寧靜謐之計畫。毫無遲疑。非俟將來足以保持該國之安寧靜謐、及保證其政治得宜之辦法確定。深信撤退現駐該國之帝國軍隊爲非得策。是不特依遵天津條約之精神。而於朝鮮國之善後策亦不得不然故也。其公文末段。並補足一段云。『本大臣既如斯披胸襟以相告。假令貴國政府所見相異。帝國政府斷不能命令撤退現駐朝鮮之軍隊。』是我政府已不能與中國政府同步武。換言之。彼不論如何希望中日兩國互相提攜。我國已早有不希望提攜之決心。斯可謂日本政府對於中國政府之第一次絕交書也。

第五章 朝鮮之改革與關於中韓宗屬問題之概說

日本也知受惠甚多

中國墨守古習

所謂朝鮮內政改革與中韓宗屬問題云者。若溯其本源。畢竟爲中日兩國在朝鮮權力競爭之結果。故於講究本問題如何進行之前。有說明中日兩國從來關係如何之必要。蓋中日兩國。以友鄰之邦。互相往來交際。年代甚爲久遠。政治典章、文學技藝、道德宗敎等凡百文明元素。殆同其淵源。且在往昔。我邦常受彼國文明誘導之惠甚多。彼自占先進國之地位。而我爲後進國。然近來歐美各國。漸展其勢力於東洋。所謂西歐文明之元素。亦流注於遠東。尤以我國維新以來二十七年於茲。政府努力採用西歐文明。因之百般改革。遂駸駸有長足之進步。殆一變古日本之面目。而見新日本之勃興。使當時之先進歐美各國發驚歎之聲矣。然在中國。依然墨守古習。毫不應付內外之形勢。改變其舊貫。故雖僅隔一衣帶水之兩國。竟現出一方代表西歐之文明。一方保守東亞舊習套之異觀矣。昔者我國漢儒。常稱彼國曰中華。或稱爲大國。其時頗有不顧屈辱自國。崇慕彼邦之風。今也我侮彼爲頑固愚昧之一大保守國。彼嘲我爲輕佻躁進。徒模仿歐洲文明皮相之一小島國。兩者之感情若冰炭之不相容。勢不得不起一大爭論。而外面之爭論。不論出於如何之形跡。其爭固必爲西歐的新文明與東亞的舊文明之衝突。此不待識者而後知也。加以兩方相互之功名心及猜忌心日積月累。釀成兩者之憎惡嫉妬。致彼此本不應怪異者。而互相怪異。不應輕侮者。而互相輕侮。表面雖未

朝鮮爲中日競爭焦點

露何等爭徵。然禍機四伏。不知發於何時何地。如彼琉球問題。及台灣問題。今已無詳述之必要。蓋自明治十五年後。中日兩國競爭之焦點。專集於朝鮮。爾來一言及朝鮮。彼我互以嫉妒之眼相睨視矣。即如此次事件。亦自始欲以朝鮮之內亂爲機會。彼我皆擴張其權力於該國。滿足自己之功名心。此事實之不可掩者。當帝國政府所提議之共同委員說爲中國所拒絕時。我政府不能不以獨力當改革朝鮮之任。是終不免爲衝突之端。此雖爲余所覺悟。然騎虎之勢。亦莫可如何也。抑中日兩國之爭點。第一在實行改革朝鮮內政之手段方法。第二在中韓宗屬之決定如何。而宗屬關係。自牙山戰捷後。朝鮮政府聽從我政府之勸告。自己言明爲獨立國。且公然宣言廢棄有妨害其獨立資格之中韓通商章程等條約。故該問題已現死滅之狀。更加馬關條約。中國政府自已確認朝鮮爲一獨立國。故關於此點。我政府完全達到當初之目的。確無絲毫疑議。然關於朝鮮內政之改革事件。從來有種種複雜事情存在。今尚不能得滿足之結果。蓋我國以獨力擔任改革朝鮮內政之議。既表白於世。我國朝野之議論。亦翕然一致。皆謂朝鮮爲我鄰邦。我國卽遇多少之艱難。亦當對於鄰邦之友誼而扶助之。此帝國所不能避者也。其後兩國當交戰之時。則又謂我國係抑强扶弱。興仁義之師者。成敗之數。視若度外。儼然視此種外交問題。與其謂出於政治的必要。無寧謂出於道義的必要。雖然。唱此種議論之人。試一推究其隱祕。則陰以朝鮮之改革爲名。企圖我版圖擴張之實。卽不然。亦企圖完全以朝鮮爲我保護國。使常屈服於我權力之下。又有企圖使朝鮮行適應之改革。略具一獨立國之體面。他日我國

日本達到目的

日人之卑劣心思種種

著者之利益主義

改革內政保口實

著者藉此促中日破裂

歐美注意日本行動

若與中國或俄國有事時。使爲中間之保障者。又有擬議此時由我國召集列國會議。以朝鮮爲列國保障之中立國。如歐洲大陸之比利時、瑞士者。然此不過個人間之閑談私話而已。其公然表白於世間者。不外所謂抑强扶弱之義俠論。余固以改革朝鮮內政除政治的必要外。無何等意味。亦毫不見有以義俠爲精神、與十字軍之必要。故朝鮮內政之改革。當以我國利益爲主眼而進行。無因此犧牲我利益之必要。且以此次事件論之。畢竟朝鮮內政之改革云者。不過爲調停中日兩國間難局所籌出之一政策。事局一變。竟不能不以我國之獨力擔當此事。故余自始對於朝鮮內政之改革。並不特別注重。且懷疑如朝鮮之國家。果能行滿足之改革否耶。然朝鮮內政之改革。今已爲外交上一種活問題。我國政府總不能不試行。故我國朝野之議論。對於事情原因如何。已不問矣。總之有此協同一致。故對於內外。頗爲便利。余假此好題目。非欲調和已破裂之中日兩國關係。乃欲因此以促其破裂之機。一變陰天使降暴雨。或得快晴耳。我政府曾以朝鮮爲一獨立國介紹於世界列國。而當此次事變。亦向各國宣言。決不傷害該國之獨立。故勸告其行內政之改革。表面上亦不能取强暴方法。固不待言。歐美各强國。亦注目環視我政府將來對於朝鮮施行如何計畫。我國若誤一步。不能不陷於四面皆敵之危險。故向朝鮮政府勸以內政之改革。亦宜顧內外之形勢。常使寬猛不失其宜。其手段自不免缺乏活潑敏速。而對於不悟其國積弊甚深、不能感有自行矯正必要之朝鮮。出他人勸告獎勵改革。無異以脆弱之廢堤。防滔天之洪水。僅修補其一隅。其忽由他方氾濫。自屬難免。故我政府所慫慂之改

朝鮮事情與列國關係

朝鮮內政仍不能改革

朝鮮改革之三時期

革案。其精神常同。其形狀自不能不時時變更。且此事業若單爲日韓兩國間之事。則毫不須顧慮他國之意向如何。卽有任何難事。亦容易了結。然凡關於朝鮮問題。由從來之因襲上其名義雖以朝鮮爲主題。然事事物物。常發生不能不斟酌第三者各强國意向之事情。此事情動輒爲本件之客題。因調和主題與客題間之關係。甚爲困難。又因主題與客題重要程度大相懸隔時。其主題之朝鮮問題。致不能不中途散漫。往往垂成之功。虧於一簣。約言之。自共同委員說破裂。我政府聲明獨力任朝鮮之改革後。至今日尚未見其事業終了之故。無非緣於上述之理由。又朝鮮改革之顛末。事端甚繁。記事亦長。到底不能包括於一章之內。故不得不暫分數期敍述也。卽中日兩國間共同委員說破裂後。至牙山戰捷時。爲朝鮮改革之第一期。牙山戰捷後。至井上伯爵爲特命全權公使代大島公使派往朝鮮時。爲第二期。井上公使赴任朝鮮後。至中日媾和條約成立。爲第三期。

第六章　朝鮮內政改革之第一期

中國知日本決心而狼狽

中國政府。尤其李鴻章。後來漸知我政府之決心。頗爲狼狽。曾設種種方法。妨害我國干預朝鮮內政。彼曾對我政府聲明朝鮮之變亂已平定。然尙恐不明。忽電訓袁世凱。使詰責朝鮮政府。謂該政府前雖報告賊匪平定。但尙有無數亂民遁逃無蹤。賊魁猶未擒獲。以云變亂鎭定。尙有不可信者。因與他國以駐兵之口實。

此時應速合中韓軍隊。進討殘賊。表明禍亂肅清之實。減省中國之憂懼。並防他人之藉口。又屯營牙山之華將葉志超。爲討伐殘賊。派一隊兵員入內地。然爲該國地方官百計阻攔。頗鳴不平。由陣中致電袁世凱。謂韓廷不患國內之賊匪。唯懼日本軍。不論與彼等協議何事皆無結果。若放任之。則良莠無別。剿撫之功難期。請向韓廷嚴重交涉云。而袁世凱卽以之照會韓廷矣。韓廷唯答以賊匪已平定。不願中國之援助。是蓋如華將所推察。韓廷今已不懼內亂。唯懼日本軍。若華軍進入內地。日本軍亦倣之。恐在其國內演出修羅場。計惟有首鼠兩端。此亦弱國不能免之常態。然彼等自始誤其國計。妄乞外援。遂不悟自貽伊慼也。又聞駐東京汪公使。此時致電李鴻章。謂日本欲干預朝鮮內政。起因於該國不能自行改革。今先由中國慫慂朝鮮。速整理其內政。則日本雖欲尋釁端。亦無其道云云。以上所述。若彼此參考。則足窺中國之內情。中國之內情旣如此。當是時若問我政府取如何進路乎。則中日兩國間共同委員說破裂後。我政府將來應取政策之概要。皆已訓示大鳥公使。又朝鮮內政之改革案。經閣議決定後。六月二十八日。以機密訓令送致於該公使。大略謂日本曾重日韓之舊交。顧東洋之大局。故率先訂結修好條約。以朝鮮爲一獨立國表彰於列國。然朝鮮徒墨守舊章。不除宿弊。內亂續起。自主獨立之根基。竟瀕於瓦解。貽累鄰邦。有擾及東洋大局和平之虞。故我國於鄰邦之誼。自衞之道。不能袖手旁觀。因勸告該國政府速改革秕政。以副自主獨立之實。樹永遠維持王國光榮之長計。而其改革之要領。則列舉『明官司之職守。矯正地方官吏之情弊。』『重外國交涉之事誼。職守須擇

朝鮮惟懼日軍

中國之內情

朝鮮內政改革案

改革綱要

人。』『裁判應公正。』『會計出納應嚴正。』『改良兵制。』『設警察之制。』『改定幣制。』『興交通之便』等數項。且為該公使便於理會。對於上述各條。逐一附加詳細之註解。然由大島公使之地位言之。該公使目擊韓國形勢日非。又屢接余之電訓時。已大略領會我政府將來應取之方針。故該公使恰於余發上述訓令之日(即六月二十八日)以長文之機密信稟報業已實行及將來應行之方策。其大略謂。朝鮮政府只望中日兩軍撤退。曾謀之於袁世凱。然察其力不足。即電請李鴻章。欲假其力。又依賴駐漢城之各國外交官。求其周旋。百方苦心。而袁世凱屢放大言。謂假令中日交戰。最後之勝利。當歸中國。又偽造種種電信。誣日本包藏侵略朝鮮之野心。威嚇韓廷。愈使彼等忌避日本。起依賴中國之心。惡計奸策。無所不至。故非中日兩國間起一衝突而打破之。則朝鮮之改革。亦不可望。已於二十六日謁見朝鮮國王。親說改革秕政之必要。又建言朝鮮政府。應任命特別委員。使調查應改軍條項。

大島之二問題

又該公使設甲乙二問題。為此後應施之方策。甲案為明中韓宗屬關係。摘舉汪公使之公文中『保護屬邦』及駐牙山之華將聶士成等檄文中『愛恤屬國』及『保護藩屬』等文字。詰問是否朝鮮政府所承認。以如此名義。所派來之華軍。侵害朝鮮之獨立。蔑視日韓條約之明文。故應嚴重交涉。速使由境內撤退。乙案在促朝鮮政府答復我政府之勸告提案。或不應我勸告時。則於條理所許之範圍內。施威嚇手段。責其實行。

日本之恐嚇手段

此余經閣議後所送致於該公使之訓令。比較其精神。幷無異處。唯外形稍似過激。然在形勢旦夕轉變之非常時機。駐外使臣。施其責任上應分之處置。誠非得已。故余對之。苟其大體之主義。與既定之廟議無異。則其手段方法。始由大島公使籌畫。觀此後進行如何。再施計策。大島公使依前述之方針。着着進行。當時韓廷事大黨之勢力甚盛。因之外憚中國之意志。內不喜改革。然

韓廷下詔罪己

日本公使背後負强大之兵力。且其勸告亦至當而有條理。無嚴拒之氣力。該國竟發布罪己之詔。悔積年之秕政。痛內亂之續起。且以其原因全在國王自己之不德。有司之失職。其詔文末段並謂。凡政府之得失。有司各上言勿隱。可言而不言。罪在有司。言而不聽。卽朕之過云云。又該政府由其重臣中。選任申正熙、金宗漢、曹寅承爲改革委員。與日本公使協議改革之事項。外假熱心改革之狀。其實不過彼事大黨竊與袁世凱協議。以避我銳鋒之一時的姑息政策而已。其後大島公使繼續向該委員及外務督辦懇切磋商。彼等遇事。無商定斷決之權力。每以曖昧之言。敷衍了事。優柔不斷。遷延日月而已。朝鮮政府。對於我政府之提議。外觀上唯一之辨疏。卽謂改革內政。已數年來感其必要。然現在日本政府屯集强大兵力於漢城。且嚴促改革實行之

日本欲奪漢釜電信

期限。有干涉內政之嫌。又我政府切言修復漢釜間(漢城釜山間)電信。爲條約上之義務。應歸韓廷擔當。若其力不足。不能急速處理。則日本政府姑代爲擔當。韓廷對此。則答以漢釜間電信。現爲天災所阻斷。然修復爲國家自主之權利。若許他國代爲修復。恐損國權。又竟向大島公使送稍爲强硬之回答。謂此時日本政府若先撤退其軍隊。且撤回關於內政改革之公然照會。則朝鮮必舉自行改革之實。以謝日本政府之好意。韓

各國開始干涉

京之事勢。既如上述。而東京方面。因中韓依託各國之結果。歐美各國以忠告調停。或仲裁之名。竟啓干涉之

日本決乘機開戰

日本提出最後通牒

袁世凱歸國

日本利用大院君

端。其中有含極嚴厲之言語者。然余依既定之廟議。務使事局不馳逸於中日兩國之外。常悉心盡力於樽俎之間。得使干涉不走於極端。其顚末當於次章詳論之。參照兩地之事勢。足證此時我政府如何費苦慮於外交上之操縱矣。此時駐北京英國代表之仲裁。爲中國政府所拒絕。其他諸國。暫呈旁觀之狀。故余思既不能始終繼續此不定之形勢。當以此時促成中日間衝突爲得策。故七月十二日。電訓大島公使。謂英國之非常仲裁已失敗。今有施斷然處置之必要。苟不招外間過甚之非難。則不妨用何等口實速開始實際之運動云云。該公使此時亦苦韓廷之優柔不斷。已覺有取某種高壓方策之必要。故卽於同月十九日向朝鮮政府用最後通牒。提出(一)漢釜間架設軍用電線。日本政府當自行着手。(二)朝鮮政府應遵照濟物浦條約。爲日本國軍隊速建築相當之兵營。(三)在牙山之華軍。原以不正名義派來者。應速使撤去。(四)中韓水陸貿易章程等。及其他抵觸朝鮮獨立之中韓間諸條約。應一概廢棄等項以迫之。且其回答以延至二十二日爲限。朝鮮政府對此重大問題。不能容易與諾否之回答。固不待言。大臣輩屢開會議。宮中徹夜會議。尙無所決定。此時袁世凱察時勢已不可爲。突然就途歸國。此報一達韓廷。諸大臣悉狼狽不知所處。大島公使表面對於韓廷雖有所運動。然裏面察知朝鮮一般之人望歸於大院君。且知其功名心旺盛。於是在朝鮮人方面。利用稱爲開化黨或日本黨之金嘉鎭、安駉壽輩。日本人方面則密諭岡本柳之助等。使陰說大院君。二十二日之期限已到。朝鮮政府之回答。照例漠然不得要領。大島公使覺已寸刻不能遲延。一面照會內務督辦趙秉稷。

日本以兵力圍王宮

大院君當政

日人使韓廢棄中韓條約

日軍與華軍開釁

日本宣戰

謂朝鮮政府對於日本之勸告。不能如期與以滿足之回答。日本政府除行其所當行者外。無他法。有時爲伸張權利。即使用兵力亦所不計云。一面與大島旅長協議。以二十三日清晨。使駐龍山之若干兵員。急速入漢城。時王宮近傍。突然由韓兵先發砲。故我軍追擊之。（譯者按。據以上著者所述。日本決心開釁。至此忽云韓兵先發砲。安有是理。是不過著者將開釁責任。嫁與韓國。欲以一手掩盡天下耳目耳。全書中欺人之處多矣。惟此等重大處所。斷不能使之騙過。故按數語於此。）遂攻入城而進抵闕內矣。朝鮮政府之狼狽。不可名狀。諸閔大黨。遁逃無所。所謂開化黨者。面有得色。大院君奉王勅入闕。尋朝鮮國王。以勅使求大島公使入宮。大院君代國王引見該公使。謂彼已奉總裁國政之勅命。並向大島公使聲約內政改革事件。必與該公使協議云。朝鮮改革之端緒。於茲開始。而朝鮮公然宣言廢棄中韓條約矣。又國王向該公使要求援助驅逐駐屯牙山之華軍。尋日本軍隊於牙山成歡。大破華軍。使之遁走。先是在牙山之外海豐島近傍。無端中日兩國之軍艦相遇。先由華艦開始戰鬪。（譯者按。此處亦與上文韓軍先開砲云云相同。爲著者欺人之語。閱者不可被其騙過。）勝利歸日本海軍。中日兩國之和平。已告破裂。八月一日。我皇上發布宣戰之大詔。從此朝鮮內政之改革。完全爲日韓兩國間之事業。而其第一期。於茲告終。今後之成績如何。俟於他章敍述之。

第七章　歐美各國之干涉

當朝鮮東學黨之起也。歐美各國政府對之。似未惹起特別之注意。大島公使歸任之頃。駐東京俄國公使彼得羅握。曾向余質問云。近頃屢聞日本派出軍隊。不知敵果在何方。是固欲假託一場戲言。暗探我政府之眞意。尚未視爲重大事件。然其後見中日兩國繼續派出較歐美各國所豫想更多之軍隊於韓地。又如前文所述。當時駐朝鮮之歐美官吏及商民等。非常驚愕。且彼等自始對日本不抱同情。報告種種虛實混合之意見於其政府及鄉土。此時已達彼地。歐美各國政府。漸轉其眼光於朝鮮之內亂。尤注重於中日兩國之爭議。此時中韓兩國政府。恰要求各國之援助。其結果從六月中旬以來。歐美各政府始向我國開其干涉之端矣。

俄使探消息

歐美開始干涉

俄國之勸告

俄國首先干涉

對於我國干涉之端緒。開自俄國。據聞此時駐北京之俄國公使加西尼伯爵。方得其政府之許可。就歸國之途。其至天津時。李鴻章託該公使求俄國政府調停中日兩國間現在之爭議。俄國公使以之報告於其政府。請示方略。俄國政府欲乘此機會得中國之歡心。卽一面使加西尼伯爵停留天津與李鴻章談判。一面訓令駐東京該國公使彼得羅握向我政府提出勸告矣。卽六月二十五日。彼得羅握求面會余。稱奉本國政府之訓令。謂中國政府關於中日事件。求俄國之調停。俄國政府。希望中日兩國間之爭議。速行了結。因之若中國政府撤退其派出朝鮮之軍隊。則日本政府亦同意由該國撤退其軍隊否。余答以大體雖無異議。然現

著者拒絕調停口實

日本保證朝鮮獨立

日本保證不挑戰

俄國嚴重警告

日本不撤兵

今兩國對峙。彼此互抱猜疑之念。欲渙然冰釋。頗屬難事。而如斯事情。不特中日兩國爲然。歐洲强國間。亦往往有之。加之中國向用陰險手段。干涉朝鮮之內治。以表裏反覆之術。欺瞞日韓兩國之事件甚多。故今日我政府不能容易信賴中國之言行。亦非全無根柢之猜疑。若中國政府(一)承諾朝鮮內政改革完結爲止。中日兩國共同負責。(二)若中國不拘有何等理由。關於朝鮮之改革。不欲與日本協同。則日本政府以獨力實行時。該政府直接間接皆不妨害。中國政府於此二者中保證任何一方。而撤退其軍隊。日本政府亦可撤退其軍隊云云。然余於茲向俄國公使保證下之二事。(甲)日本政府除希望確立朝鮮之獨立及和平外決無他意。(乙)將來中國政府雖有如何舉動。日本政府不作攻擊的挑戰。若不幸此後中日兩國間不得不交戰時。日本當在防禦的地位是也。然至同月三十日。俄國公使復稱奉其政府之訓令。擕來一公文。面交於余。其概要謂『朝鮮政府已通告內亂鎮定之意於駐該國之各國使臣。關於中日兩國同時撤兵事件。求該使臣等之援助。因之俄國政府勸告日本政府容朝鮮之請求。若日本政府拒絕與中國政府同時撤退其軍隊。則日本政府應自負重大責任。特此忠告』。俄國政府發來如斯嚴厲公文之用意。固不能測其深淺。而日本政府雖亦熟知。不問有何等理由。滋生事端於局外。決非得策。然退而內顧當時之事情。已大變化。假令中國由朝鮮撤退其軍隊。我國亦有不能無事撤兵之事情。余於排此兩難。頗費思量。胸中雖已略定最後之判斷。然不知伊藤總理果如何考量。故余與俄國公使別後。即訪伊藤總理於伊皿子私邸。默然不發一言。先示以俄

伊藤謂不能撤兵

國公使之公文。聽其意見如何。總理一讀之下。默然良久。徐云吾人安能聽俄國之指敎由朝鮮撤兵乎。余卽謂尊意正與鄙見符合。將來時局之難易。皆屬吾二人之責任。亦不須多言。遂匆匆辭出。卽夜急電駐俄國公使西德二郞。謂對於俄國之勸告如何回答。尙未經過閣議。然余與伊藤伯爵之意見。以爲今日非應俄國之指敎從朝鮮撤兵之時機。旋思欲使英國牽制俄國。則必須於彼國未注入先入爲主之說前。向英國政府密

日本以英制俄

示我意向。故對於駐英國公使靑木子爵。亦發送與致西公使同樣之訓電焉。嗚呼。至今追思當時之事情。猶

成敗之機決於頃刻

不能無悚然栗膚之感。蓋當時伊藤與余之晤談。實兩言而定。默諾之間。已見彼此意見之相同也。試思若當時余與伊藤之意見相異。或意見卽同。而彼此之判斷相反。則當時之時局。當如何變化乎。尙能得我國今日誇耀於世界之勳績與光榮乎。余與伊藤總理之意見已正相符合。不欲片時失去機會。旣給駐英俄兩國公使以相當之訓電。翌日。卽七月一日。草就對俄國政府之回答案。與閣僚協議。仰祈聖裁。二日。卽送致於俄國

日本拒絕俄國干涉

政府。其槪要謂『俄國特命全權公使所送致之公文。事勢頗爲緊要。帝國政府已經深悉。然該公文中有朝鮮政府曾通告該國內亂已鎭定之意於駐該國之各國使臣云云。然據帝國政府最近所接報告。釀成此次朝鮮事變之根本原因。不特尙未芟除。卽日本所以爲之派遣軍隊之內亂。亦尙未絕跡。蓋帝國政府派出軍隊於該國。實屬對於現在形勢不得已之舉。決無侵略疆土之意。若至該國內亂完全消滅、回復平穩狀態、將來無何等危懼時。當然由該國撤退其軍隊。此時不妨對貴全權公使明言。帝國政府對於俄國政府之友誼

的勸告。深表謝意。同時希望俄國政府本兩國政府間現存之信義及友誼。對此保證充分信賴。』此回答之外形。雖毫不露圭角。然畢竟以外交的筆法。婉曲拒絕俄國政府之勸告。故俄國政府果滿足與否。更不能不急待判明。至七月十三日。俄國公使對於右回答。更致書於余。其概要謂『俄國皇帝陛下見日本政府之宣言中。有對於朝鮮無侵略之意。且至該國內亂消滅、完全回復平穩狀態、無禍亂再發之虞時。則當速由該國撤退其軍隊之意思。大為滿足。但切望此後中日兩國政府間速開協議。早結和平之局。而俄國政府雖以鄰國之故。不能傍觀朝鮮之事變。然今日之事。全出於希望預防中日兩國之轇轕。希為諒解。』此公文同為外交的文書。

俄國抓住日本實言

一見雖甚似平穩。然謂見日本政府之宣言中有對於朝鮮無侵略之意。且至該國內亂完全消滅、回復平穩狀態、無變亂再發之虞時。則當速撤退軍隊之意思大為滿足云云。係表示不願日本政府逸出所保證範圍之外。又俄政府以其鄰國之故。不能傍觀朝鮮之事變云云。係暗佔將來對於朝鮮國內事件有發言權之餘地。其意尚不可測。

俄國豫佔發言權

然余因俄國政府暫時撤回其已經提出之阻礙。稍為安堵矣。然已推量俄國此後關於中日兩國之轇轕。尤其關於朝鮮之內事。決不能始終沈默。果於七月二十一日。該公使復稱奉本國之訓令。致余一公文。其概要謂『日本現今對於朝鮮所要求之讓與。果係何種。且不論其讓與如何。苟違犯朝鮮國以獨立政府與列國所締結之條約時。俄國政府決不能認為有效。為避將來不必要之糾紛計。茲由友誼上再告日本政府促其注意。』是對於前書所云朝鮮國事變不能傍觀之言。加以註解。嚴格確定其意

俄國聲明不許侵犯條約

昧者也。俄國致此公文後。不久中日兩國之和平破裂。海陸之戰爭相接。第三者之列國不得發言之機。俄國亦與其他列國同立傍觀之地位矣。然彼常銳敏其眼光注意中日戰爭之進行。苟發現謀自己利益之機會。決不懈怠。此據後來駐俄國西公使之報告。又據彼得羅握與余會面時種種質問的談話。其不變初志歷歷可徵。即訂結馬關條約之瞬間。俄國爲發起人。誘德法兩國爲伴。向日本干涉。可知決非偶然一時之事。

英國之仲裁

日人厭惡英國

當朝鮮事件之初。英國之舉動。總似表同情於中國。自不免爲我國民所厭惡。然詳細觀察其內情。英國見遠東兩大國將至交戰。其結果本國政略上及通商上之利害將受巨大之影響。且因從來歷史的關係。不得不生重視中國之傾向。亦非得已也。加之英國亦自始與其他列國同抱最後勝利將歸中國之臆測。故於中日開戰前後。彼之東洋艦隊司令長官斐利滿得之舉動。往往不少可怪之處。今亦不能辨其是否出於有心的運動。然謂英國對於我國抱惡感敵意。亦屬過慮。總之。英國徹頭徹尾。不問有何等原因。總希望不擾亂東洋之和平。駐北京英國特命全權公使烏可那爾。乃機敏之外交家。觀近來英國政府屢重用彼。足以證明。

英國欲維持東洋和平

彼窺知天津李鴻章與加西尼伯爵之關係。故決不能視爲過眼雲煙。不顧自國利益及名譽。彼即向總理衙門王大臣提出勸告。以中日兩國間速開和平的協議、避最後衝突爲得策。然當時總理衙門深信李鴻章與俄國公使間談判之成功。故對於英國公使之忠告。似不甚傾耳。當時中國政府之內部。主張非戰論。非難李

英使勸告中國

清廷不續派兵

英使向日提議

日本以仲裁失敗為幸決與中國決裂

鴻章者羣起。故總理衙門暫聽英國公使之忠告。一時放棄李鴻章請續派大軍往朝鮮之建議。竟表示經英國公使與我國再開和平商議之氣象矣。英國公使不失此機會。即與駐日本英國臨時代理公使巴柴特往返電商數次後。該臨時代理公使向我政府提議。謂中國政府對於從前日本政府所提議之案。有附某種條件再行商議之意。欲知日本政府對此之諾否。因之余屢與巴柴特會談。余謂中國政府提議。果出於誠意與否。雖不能無疑。然日本政府決非欲擾亂和平者。倘中國政府承諾為朝鮮內政之改革。由中日兩國派出共同委員。且根據此主義。由彼國先提議時。我政府不拒絕再開商議。因之巴柴特即以余之答辯電告烏可那爾。烏可那爾得此電報。一面慫慂總理衙門王大臣。一面與小村臨時代理公使協議。百方居中周旋。其後總理衙門王大臣與該公使約定。某日在總理衙門與日本公使會商中國提議之基礎。該公使即將此事通告小村臨時代理公使。故小村公使至期赴總理衙門。欲先聽彼等之所言。然彼等不特不提出何等新案。且祇謂中國政府非日本由朝鮮撤退其軍隊後。不能有所提議。小村聞此意外之言。又覺與彼等辨論之無益。歸途中面晤英國公使。詰以總理衙門之違約。英公使亦異常喫驚。唯云此後除俟他日之機會外。無他法。小村即將此旨詳細電稟於余。余自始即疑中國之誠意。然無何等理由嚴拒英國公使之仲裁。故姑冷視其進展如何。該仲裁之失敗。令我國在將來之行動上。漸得自由。寧為可喜。且近日朝鮮之事局已十分迫切。不能為中日兩國之商議。徒遷延日月。故信乘此機會。即與中國斷絕關係之為得計。與內閣同僚協議後。即電訓小

日本第二次絕交書致電大島命其開釁

村。使向中國政府宣言其意卽『朝鮮內訌變亂屢起。實由於內政不修。故帝國政府深信在該國有密切利害關係之中日兩國。有助其改革內政之必要。曾向中國政府有所提議。而中國政府予以拒絕。近日駐貴國之英國公使。注重中日兩國之友誼。以好意居中周旋。努力調停。然中國政府除依然主張我國由朝鮮撤兵外。不爲何等商議。此非中國政府徒好生事而何。事局已至此。將來卽發生不測之變。日本政府不任其責。』是可謂日本政府對於中國政府之第二次絕交書也。同時余向大島公使發電。謂英國之仲裁已失敗。現在有施斷然處置之必要。平素雖表裏反覆無常之總理衙門王大臣輩。竟出於忘却對於英公使約言之舉動。頗爲不可思議。然一洞察其裏面之計畫。彼輩不顧後來之結果如何。同時在北京、天津與英俄兩國代表各別開始商議。彼等自始倚信天津俄國公使之成功。且心中亦切望其成功。蓋俄國代表主張關於朝鮮內政改革。中日兩國同時由朝鮮各撤退其軍隊之說。在彼等甚爲有利故也。然駐東京俄國公使彼得羅握提出撤兵之勸告於日本政府。爲六月三十日。日本政府之謝絕此勸告。爲七月二日。俄國政府之眞意如何。雖不可知。對於日本之回答。總算表示滿足。則爲七月十三日。故七月九日。小村臨時代理公使與總理衙門王大臣會商之時期。李鴻章與總理衙門尙十分屬望俄國之强援。且在天津之俄國公使加西尼伯爵。此時自身且不知本國政府以後當取如此方針。尙屢投好餌以釣住李鴻章。事情若果如此。則總理衙門王大臣等一時脫却容納英國公使調停之假面。而別有所待。亦不得已之事也。原中國政府自始不知守外交上必須之信義。為救自己焦眉之急。取一女招贅二夫之拙劣外交手段。終自陷於孑然孤立之境而不悟。其他碌碌凡庸之輩。姑且不問。而稱為有經驗、有識量之李鴻章。尚不能免。可惜孰甚。中國觀其後俄國對日本之舉動。虎頭蛇尾。頗為失望。自無疑義。烏可那爾不失此機。竊授密令於其通譯官某。派至天津。使與李鴻章有所密議。

中國復託英國仲裁

因之李鴻章當係再勸告北京政府。復依賴英國公使之仲裁。英國駐東京臨時代理公使巴柴特再求會余。謂接註北京英國公使之電令。中國政府接小村公使本月十四日之照會。雖頗憤激。（小村十四日之照會。即余十二日發於小村之訓電。小村提出於總理衙門。為十四日。）又彼等頗憤激者。係指訓電之末文。有此非中國政府徒好生事而何。事局已至此。將來即發生不測之變。日本政府不任其責云云）若日本政府尚有意於和平。中國非無再開談判之望。欲知日本政府之決意如何。

日本挑釁時機已迫

余雖知此時朝鮮之事局已甚切迫。大鳥公使已對於韓廷提出最後的照會。為達到此目的計。當使用兵力。因之在韓之中日兩軍。何時交戰。亦難逆料。此種形勢。固無與中國於優遊樽俎之間再行會商之暇。然對於英國之調停。若斷然拒絕。恐缺外交上之禮儀。故以為不如提出中國政府到底不能承諾之條件。使之自然中止為得計。

日本拒絕英使仲裁之狡猾手段

故余即向巴柴特云。朝鮮問題。今已大為進展。事局決非昔比。日本政府已不能依前此與中國政府相約會商之條件。假令中國政府為改革朝鮮內政。即選派共同委員。而對於日本政府歷來以獨力着手之事項。中國應不容喙。而使朝鮮形勢至如斯切迫。

日本之無理要求

實緣中國政府以陰險手段。因循方法。使諸事遲延所致。故對我國此次提議。非中國政府從本日

英國嚴責日本違約

日本應負開戰責任

日本對英之狡黠

英國忍氣吞聲

起。於五日內以適當方法言明諾否。則日本政府不能與之應酬。且中國此時若增派軍隊於朝鮮。則日本政府卽認爲威嚇之處置。中國政府果欲以此意旨與日本會商。日本政府當不拒絕云云。對於如斯切迫之要求緩慢多疑之中國政府，固無輕諾之理。遂無何等回答。而事件完全終了矣。然英國政府對於上述日本政府所予中國之回答。不肯默視。英國外務大臣卽於七月二十一日電訓其駐日本臨時代理公使。使提出一覺書於日本政府。其概要謂日本政府此次對中國政府之要求。與日本政府曾言明之談判基礎相矛盾。且逸出其範圍之外。日本政府已單獨着手之事項。使中國政府毫不容喙協議云者。實蔑視天津條約之精神因之。若日本政府固執如斯政略而致開戰。則日本政府不能不任其責云云。其外形之嚴厲。殆與俄國政府六月三十日之照會無甚差異。然當時之事態。與俄國政府提出最後的公文時不同。且余自始相信英國政府之決心。不及俄國政府決心之堅決。故於翌日(二十二日)手交一覺書於英國臨時代理公使。求其電致本國政府。略謂日本政府所要求於中國政府之條件。決非如英國外務大臣所詰問者。此次日本政府之要求。不出曾言明爲談判基礎之範圍。蓋中國之提議。已與日本政府提出之條件大相差異之點不少。且天津條約。除規定中日兩國派軍隊於朝鮮之手續外。無何等約束。故英國政府若謂此次糾葛生出之結果。日本政府應獨任其責。日本政府敢信爲不當。蓋最初若中國政府容納日本之提議、或駐華英國公使之仲裁。與日本政府再開會商。事態當不至如此重大。對於此回答。英國政府無復異言。成爲世俗所謂忍氣吞聲之形而止矣。於茲當簡單追述當時之事情。即英俄兩國政府對於日本之照會。外形殆爲同一。日本政府回答。何以寬猛稍異。

日本重俄輕英之原因

蓋俄國政府之眞意。最初以爲危險。又以爲彼取一弛一張之外交政略。關於自己利害之事項。抱決不放棄之決心。然英國政府唯恐東洋和平之破裂。僅熱心盡力調停。若自己之主張不成立時。似無以兵力干涉之決意。此蓋非單爲余之想像。當時現出之事實。亦有足證明者。即余以七月二十二日對於英國嚴厲公文發送日本政府之答覆覺書。

英國提議上海中立

其翌日即二十三日。巴柴特又稱奉本國政府訓令。謂此後中日兩國開戰時。中國之上海。爲英國利益之中心。故欲日本政府承認不在該港及其附近爲戰爭的運動云云。由此觀之。與其謂英國政府有徹頭徹尾以任何手段維持東洋和平之決心。寧可視爲英國亦有中日兩國之交戰決不能避、亦不能制止之觀念。而日本政府固容納英國之要求矣。

英國再提議

又七月二十二日駐英公使青木子爵稟稱。英國外務大臣謂。英國提議中日兩國之軍隊各佔領朝鮮。其間徐圖兩國之協議。中國政府對此已表同意。故勸告日本政府亦根據此主義講善後之策云。（余電訓小村臨時代理公使。所謂共同佔領。果爲如何意味。使問駐北京之烏可那爾。烏可那爾答稱。譬如日本兵由漢城撤退。暫佔領某南部地方。華軍由牙山移於平壤。以避目下之衝突。假以談判之時日之意云。此共同佔領之英國提案。余至今尙不能解其爲何意。然余接此提議時。爲大鳥公使圍朝鮮之宮城、迫該國容納我要求之日。故無參加此等協議之道。因之日本政府尙未與何等確答前。中日之交戰已開始矣。）英國政府對於我政府已發最後的嚴厲公文之前後。更

英國終故後決心

要求上海之中立。又勸告曖昧之共同佔領。由此觀之。不能認爲彼心中已有不得已時斷然取最後處分之決意。以之比諸俄國政府似頗有大志者不同。我政府對兩者自不能不酌量其輕重也。約言之俄國之意志。自始似一定不動。英國之意志似臨機應變。其後英國某雜誌中有一段謂中國之死勢力、俄國之潛勢力、及日本之活勢力合演新奇戲劇時。驅歐洲諸强國而入東洋舞台云云。蓋稍得眞相者也。以余言之中日兩國演此悲劇時。俄國始終隱現於舞臺之一隅。爲一演員而動作。英國不過在舞臺外。爲對於戲劇熱心下種種批評之看客而已。

英俄對中日戰爭之關係

爾來英俄兩國政府皆對於東洋之局面飛耳張目注視變亂之進行。然細言其內情。俄國苟爲伸張自國之利益。或爲防制利益之受侵害計。不辭取積極之手段。英國深恐擾害其東洋之商業利益。用盡一切機詐。努力使中日兩國恢復和平。然未見其有實行如俄國之大膽强硬方略之決心。總之該兩國在中日交戰之進行中。常窺伺何時何地是否有能達其目的之機會。其對我國之干涉的行爲兩者雖稍異其趣。然欲保護自己特殊利益之點。則一也。爾來我國與英俄兩國間發生之關係。雖不止如上所述。然一關係發生。必同時與他之事項相關聯。故讓諸以後各章。茲不預爲詳述。

美國之忠告

美國亦與各國同爲由朝鮮政府以該國內亂既已鎮定、爲使中日兩國之軍隊撤退、乞其援助之一國。故七月九日美國政府電訓駐我國美公使譚愛德維。使對我政府有所忠告。略謂朝鮮之變亂。雖已鎮定。然

美國忠告日本

日本政府與中國。同一拒絕由該國撤回其軍隊。且對於該國內政。施急激之改革。此美國政府深以爲遺憾者也。美國政府對日本及朝鮮兩國。篤抱友誼。故希望日本尊重朝鮮之獨立並主權。若日本與無名之師。使微弱不能防禦之鄰國。化爲兵火修羅場。則合衆國大總統。當痛爲惋惜云云。美國爲從來對我國友誼甚厚最抱好意之國。從彼國固有之政略上言之。尤不好容喙於遠東之事件。究不過難拒絕人類普通愛和平之希望。及朝鮮之懇求。故發此勸告。此外無他意也。故余對美國公使詳述朝鮮現在之事情。謂其內亂外面雖似鎮定。禍源則完全存在。尤以想及中國常出譎詐陰險手段。則日本政府不審視將來之形勢如何。容易撤退其軍隊。反非保護東洋和平之道。美國公使亦已目擊中韓日三國現在之形勢。故卽將余說電稟本國政府矣。

美國後爲恢復和平媒介

關於此次事件。美國稍現干涉的態度者。實止於此。此後美國立於中日兩國之間。懇切爲恢復和平之媒介。後章當另述之。

其他列國之關係

德法贊成攻擊中國

其他列國。無向我政府公然調停者。但意國公使始終援助英國公使。向余有所勸告。又德法兩公使。最初表面上謂中日兩國之爭議。以速行妥協爲維持東洋和平之良策。然與余私人相見時。謂使中國覺醒古來之迷夢。決不可不加以一大打擊云云。以示傾向我國之意。尤以法國公使阿爾鑾曾說。將來有以法日同盟保持東洋大局和平之必要。迄至後日。此兩國豹變爲俄國之同盟。提起遼東半島問題時。止總算爲日本

各國宣告中立

李鴻章和戰兩備

各國一致調停之不易

之好友及中日兩國間釁端已啓。余遂告此事於駐日各國代表者。歐美各國中。英、德、意、美、荷蘭、西班牙、葡萄牙、丹麥、瑞典、那威、皆聲明局外中立。俄法與雖不布告中立。然照會事實上示守中立之意於我國矣。

第八章　六月二十二日以後至開戰間之李鴻章之地位

李鴻章接六月二十二日余與汪鳳藻之公文。始知我政府之決心。覺以虛喝手段威嚇韓日兩國之無效。彼稍變更其政略。在外交上。屢依賴歐美强國執調停周旋之勞。在軍事上將增派更優勢之軍隊於朝鮮。李氏所採此種軍事上之策略。果已變改彼之虛喝手段。確定斷然決最後勝負之意思乎。或尚如當初之計畫。以聲及形威嚇我國。欲更張大其外形乎。雖難推量。然去年六七月之交（即中日開戰之年）李鴻章向北京政府建議增派大兵於朝鮮。蓋事實也。彼即與北京政府商議。託英俄兩公使調停。且託德法美各公使一同居中周旋。不知如此請託。徒挑撥歐洲諸强國間相互之猜忌心、功利心。決不能出一致行動。反生互相妨礙調停之結果。故在當時。如德法美殆誠實應中國之請求者。唯俄與英。爲在東洋利害特別重大之國。稍進而立於中日兩國之間。努力調停。然此除各謀自己之便宜外。決無爲一致運動之形跡。竟各放棄其干涉矣。然中國政府。尤其李鴻章。切望此外援不已。彼在天津。屢與加西尼伯爵會商。尚不以爲滿足。又遠與駐東京之汪鳳藻電信往復。欲確知日本政府如何答覆駐東京俄國公使之勸告。俄國公使此時亦必將與余談

日本得悉中國政府與汪鳳藻間往來電報之秘密

判之顚末密告汪鳳藻無疑。據聞六月二十六日李鴻章電訓汪鳳藻。謂『俄國皇帝已訓令駐日俄國公使。勸告日本政府。請中日兩國同時由朝鮮撤兵。然後商議善後辦法。着密探詳情報告。』又袁世凱由朝鮮致電汪鳳藻。問『東京形勢如何。俄國公使調停之情勢如何。乞電示。』又六月二十七日。汪鳳藻電稟李鴻章。謂『俄國公使昨日面晤日本外務大臣。勸告撤兵之後。商議善後方法。』六月三十日更電稟李鴻章。謂『據俄國公使之言。兩次向日本外務大臣有所勸告。然每次託辭。不允撤兵。但得日本政府不爲攻擊的啓釁之言。又昨夜接俄京來電。命更向日本政府勸告。故今日應面晤日本外務大臣。至其情勢。當再行通報。此彼得羅握所告我者也。』又七月四日電李。謂『俄國公使派其館員通告云。極力勸告日本政府後。昨日得其回答。須講善後策。然後撤兵。因之已將此旨電達俄國政府請訓矣。由是觀之。日本非自身有幾分利益。決不放手。祇倚賴俄國。無特別之效能。』（此當爲七月二日余送與俄國公使之回答。密報於汪者。）可見此時李鴻章如何欲依賴俄國及其他之調停以了此事件矣。

汪鳳藻之誤測形勢

又關於彼之軍事計畫。六月二十六日汪鳳藻電告李鴻章曰。『據探聞日兵尚未增發。彼無精銳之兵。雖多不足患。』又七月十五日電云。『據偵探報告。前日大島來電報告。朝鮮政府已全部容納日本之要求。問即行撤兵如何。故伊藤川上謂我之目的已達。應速撤兵。陸奧井上輩執自由黨之說。謂朝鮮僅面從而已。今撤兵非得策。伊藤不敢爭。前議遂止。』（汪從前電告本國云。日本政府與在野反對黨衝突。不能派出大兵於外國。今又下日本政府因某政黨之故、雖欲撤兵而亦不能之推測。有前後矛盾之觀。要之。汪鳳藻之職分。在探知駐在國政府之眞意。爲難中之至難事業。故雖有此等謬見臆測。亦不足咎。）翌十七日。又電告云。『據偵探所報。日本因中國之緩慢。益逞其意。將脅迫朝鮮。宣言非中國屬邦。故非從速進兵。難了結事局。』又二十二日電告。『日本聞中國進兵。內心已沮喪矣。』

汪鳳藻之失態

茲有一笑柄。即此時汪鳳藻依本國政府之訓令。過於熱心周旋。不特屢求余會談。且親至伊藤總理邸反覆申述同樣之談判。然伊藤總理每聽彼之所言。大抵寬容以示大方。然余則職守上有使彼不可誤解我政府意向之責。故對彼之提言。苟與我廟算有不相容者。一一反駁。絲毫無所假借。故彼臆斷余與伊藤之間意見有寬猛之異。六月十七日向李鴻章打電云。『日本之意志。在留兵以迫善後之處分。極力抗論之後。伊藤似別無異議。而外務大臣以爲迂。斥而不納。因察日本見中國屢提議撤兵。以爲懼怯。謀乘此以佔地步。中國此時應大集兵力。示整暇之容。以揭破日本之詭謀。俟朝鮮內亂完全掃蕩。更提議撤兵。其事當成。』其電文中之前半段。不過癡人說夢之類。後半段則謂日本見中國急於撤兵。以爲懼怯。故勸增派大兵。先破日本之計畫。

中國不願開戰

由以上彼等往復之電文觀之。彼等尚似屬望增發軍隊。誇張外形。則不至實行流血。可了難局。故他日俄英之調停。中途歸於無效。平壤黃海陸海之實戰起時。彼等之計畫。多生齟齬。遂致外交軍事。皆遭未曾有之失敗。

中國失敗在自始無決心

無非緣於自始不確立自己立脚之地。單恃外力之援助。圖一時之僥倖而已。是則中國政府平素慣用之政略。以事之至此。獨咎李鴻章。不免過酷。而當此多事之秋。李鴻章終不免陷於不測之災難矣。李鴻章在

著者對李鴻章之批評

中國政府之得勢。蓋由昔日有莫大之軍功。及其天賦優出儕輩。其威權之赫赫。殆無人可與比肩。茲對於彼之品質。若簡單下一註解。與其謂爲豪膽逸才。有非常之決斷力。寧謂彼伶俐有奇智。善視事機之利害得失。有用行舍藏之才。較爲得當。但彼平素接待他人時。不似一般中國人。拘於區區虛禮。左顧右盼。常放逸不羈。言所欲言。行所欲行。故歐美外國人中至過贊彼爲世界稀有之一大人物矣。畢竟彼容貌之魁偉。言行之奇拔。雖往往使世人對彼起畏服信仰之念。然造出與彼抗不相下、有隙可乘、即予以打擊而排斥之之强敵。亦緣於是。（明治初年。我國遣使節於中國時。曾國藩與彼書。謂日本使臣之人物如何。君之容貌及詞令足以慴伏之。蓋彼有以容貌詞令壓服他人之癖。爲曾國藩所夙知也。）且李之軍功雖云顯著。然此非彼一人之特有物。蓋近來中國有大名重望之人物。大概皆在道光、咸豐、同治年間立戡定內亂之軍功者。彼固爲其中屈指之一人。即長髮賊亂之時代。彼爲曾國藩之有力的將帥。以上海爲根據。完成恢復江蘇之任務。實彼之絕大功績。然彼之立功。比諸彼之同僚曾國荃、左宗棠。遠在幸運之境。因避兵難而集居上海之富者甚多。故彼有得軍資及其他需要之便。且此時僑居該地之外國人。爲自衛計。招募義勇兵。故彼得合併此軍於自己麾下。且遇有名英人戈登將軍。始終獲其大助力。彼討伐長髮賊之功績雖顯著。然比諸曾國荃直衝當時賊之根據地南京而陷落之。及左宗棠轉戰於賊軍最强之江西浙江地方而鎭定之。並剿滅福建再燃之賊軍。則其難易非可同日而語也。其後平定蜂起於山東省之捻匪時。世人殆以全功歸彼一人。然當時彼代曾國藩受討賊之命後。利用曾國藩之成規。待賊軍之窘窮而殄滅之。故其軍功。實應與曾分有者。以之比左宗棠獨力討伐回匪。固不得相提並論。（曾國藩患捻匪。屢以騎兵突進。設一計。橫瀉黃河。遮斷賊騎之突擊。謀徐待賊勢之衰頹而全滅之。會北京政府以曾國藩討賊之奏功遲慢。使李鴻章代之。此時曾之計畫奏功。賊軍將分裂潰敗。李乘此機會擊之。遂收全功矣。）故彼之軍功雖大。而勞績則少。是亦彼同僚間所以不免有異言者也。然彼之功績。使彼得有今日之資望勢力。亦非不足。固不待論。而彼代曾國藩任直隸總督時。亦際

天津事件

會不可思議之幸運。當曾國藩任直隸總督之末期。有所謂天津騷動。卽一種亂民起於市內。破壞該地歐人所有之耶穌敎堂。乘勢殺戮法國領事。使英美俄三國僑民蒙巨大之損害。因之該四國政府。訓令自國公使。向中國政府開嚴重談判。曾國藩當此外交折衝之任。自始卽認定本國亂民之不法。且知此次以大强國爲敵手而啓事端。決非國家利益。故百方盡力。欲結妥協之局。先捕拿亂民之首領。將處以嚴刑矣。而蒙昧無責任之輿論。痛咎此種辦法之不當。謗議百出。無所底止。北京政府之部內。亦爲所動。御史以曾國藩媚外辱國而彈奏之。卒使李鴻章代之。然其後不久。歐洲大陸普法戰爭起。現在對敵之兩國。固不待言。卽其他各國。亦不遑重視對中國之外交問題。此至難之問題。僥倖得無事而告終結。於是李鴻章爲羣譽所歸。稱爲有外交上無比之技倆。蓋自此時始也。

李鴻章招納新人物

彼於屢逢幸運、建立功業間。決不使擴張自己勢力之機會逸失。彼之任所。稱爲北京之鎖鑰。故集合其鄉里安徽之兵勇。卽所謂淮軍於天津。又大行擴張北洋艦隊。且廣納曾習歐洲新

翁同龢李鴻藻頑固誤國

非戰論者攻擊李鴻章查辦李鴻章

李鴻章增兵之計不行貽誤戎機

式學術之新進少年於其幕下。更配置此輩於中外要地。因之其權勢一時傾倒北京政府矣。故僅觀表面之外人等。稱彼爲中國無可倫比之一大政治家。亦不足深怪也。然彼之政敵。較彼之羽翼更爲強大。御據各省之宿將老臣。常嫉惡其勢力之旺盛。不喜彼登庸新進少年。企圖歐風新式之事業。尤以在北京政府中。深受現帝信任之翁同龢、李鴻藻輩頑固保守黨。常對彼加以輕侮敵視。當此次朝鮮事件之初。朝鮮國王請求援兵時。彼即乞北京政府派遣部下之軍隊於該國。北京政府容納其建議。同時不洞察此事結果如何。一任彼之所請。竊期望其成功。然其後事局漸見艱難。而非難彼之聲波陡起。尤以彼二次建議增派大兵於朝鮮時。恰在英國公使烏可那爾說總理衙門王大臣、謂大兵之增發、是速中日兩國衝突之際。加以北京政府之部內。適發生一派非戰論者。當其氣焰方盛時。屢咎李鴻章之失策。中國皇帝竟任命彼平生之政敵戶部尙書翁同龢、禮部尙書李鴻藻爲主任。會同軍機處及總理衙門王大臣等。查究李鴻章歷來措置之得失。更進而使詮議朝鮮事件之利害。其結果竟以(第一)不深加審議。而絕對拒絕日本之提案。(指共同委員之提案。)(第二)以與舊友邦日本之關係事件。擅自先與俄國公使謀議。(第三)當本年皇太后遐曆大典時。將惹起不祥之戰爭等事。爲彼之罪矣。如此罪名。即衞侯咎彌子瑕分桃之類。實前後矛盾。殊堪噴飯。然在北京政府。固不乏如斯事例。而李鴻章亦竟罹斯厄。增發大兵之計略。爲內部所阻格。迄七月二十二日止。不得實行。(在豐島爲我軍艦浪速所砲擊之英船高陞號所搭載之華軍。即此增派兵之一部。故淸廷若速容李之建議。早日實行增兵之計。則高陞號之奇禍可免。駐牙山成歡之葉聶二將。開戰時亦得優勢之兵力。）李鴻章在中國。為因此次朝鮮問題惹起中日戰爭之張本人。其功罪皆應歸彼一身。固不待論。然此次事局之進行中。當國遑死活迫於眼前之際。北京政府徒逞黨爭。加此兒戲的譴責。使彼不得十分斷行其計略。並免除其責任。李鴻章之不幸。固無論也。實可謂中國政府自殺其國家耳。（中國人聽諸）北京政府與李鴻章如斯繼續鬬爭間。朝鮮事局已告切迫。牙山豐島之陸海戰起。中日兩國發布宣戰之詔勅。和平破裂。交戰開始矣。

中國之自殺

雖如何頑冥迂闊之北京政府。已覺悟此時非摘發李鴻章過失以自快之時機乎。或無人代李負重任乎。總之李鴻章在此厄運之間。尚立於中日交戰之局面。日夜營營於外交與軍事。其心亦可憐也。

李鴻章之可憐

第九章　朝鮮事件與英日條約改正

大島公使在朝鮮提議朝鮮內政之改革。我軍隊亦陸續派往該國。終至牙山豐島戰爭之前後。因我外交及軍事上之行動。與中日兩政府發生許多糾紛。係政府所豫期。而其餘波延及僑居朝鮮之歐美各國民。遂惹起種種之紛議。駐漢城各國代表。以中日戰爭既起。當然妨害仁川港之安寧。主張以該港為局外中立地。又見駐仁川之我軍隊。有寄宿於外國居留地方之日本人家宅者。故屢為不平之鳴。又以我陸軍於漢城仁川間架設軍用電線。而其線路貫通外國居留地。故要求撤去。其他瑣細之事。不一而足。我政府自始即取

歐美人對日之不平

日本之忍氣吞聲

日人之驕橫凌人

漢城英國領事被日兵侮辱

英艦偵探日艦行爲

使事局不逸出中日兩國外之方針。而中日兩國正努力博取歐美各國同情之際。因我官民之行動。使彼等背我向敵。尤非得計。故關於此等外國人之紛議。苟不毀傷我國之威信。縱令多少抑情屈意。亦欲諸事終於妥協。幸列陣該地之我軍人。能遵守紀律節制。未聞有違法之行爲。然待命令下卽時開戰之軍人。在不見慣者。當有殺氣紛紛。不可嚮邇之概。又僑居仁川間之我國人。平常見中國人之跋扈。已不勝嫉妬憤慨。今也一朝而自己背後已得强援。不免過於以己爲是。以人爲非。有驕慢凌人之舉動。彼等見政府對於歐美各國之之官民。取穩和措置。心中反懷不悅。輕躁粗暴之輩。至企圖反動。延誤國家大事。亦所難料。此時余常懷蟻穴或壞長堤之恐懼焉。以上爲我國與僑居朝鮮之一般外國人間之紛議。然此種紛議。尤以英日兩國之間爲最甚。朝鮮事件發生之初。英國官民。尤以僑留東洋各地之英國官民。對於中國較對於日本多抱同情。駐漢城英國領事。與其妻女散步時。自行闖入我兵營之哨兵線內。反責我守衛兵加彼以無禮。當時駐漢城兩國代表者間生一爭議矣。（此事當時在倫敦有多少之物議。青木公使至電稟「關於駐韓英國總領事之事件。宜速取使英國政府滿足之處置。不然頗有生出危險結果之虞。」云云。然余更使青木公使詳細辯明此事之是非曲直。其後英國政府自己發見事之眞相。未幾撤換其駐韓領事。暗對我國表示謝意。）當是時。風聞英國東洋艦隊諸艦。每追隨我艦隊。將其偵探所得。密告中國。又司令長官福利滿得於未明之曉。遇見我艦隊時。故意發禮砲。諜報我艦隊之位置於中國艦隊。又中日政府布告開戰。英國政府聲明局外中立後。福利滿得致書於我艦隊司令長官伊東祐了。謂英國商船在英國軍艦保護之下。故日本軍艦若搜查時。當生不測之事變。爲避他日之轇轕計。特此豫告云云。以妨害我行交戰國之權利。（關於此事。余卽電訓駐英青木公使。使向英國外務大臣詰問英國公使已聲明局外中立。而其艦隊司令長官有妨害交戰國權利之舉動。是否出自英國政府之意。然英國外務大臣謂完全出於福利滿得之誤解。且英國海軍大臣卽急電福利滿得而訓戒之矣。）以上等事。其虛實如何。又果係彼等之故意或無意。雖不必深究。然爲此種流言。英日兩國間頗生不快之感。固事實也。其中多數。固可視爲此種時機容易發生之瑣事末節。然因此一點星火。幾幻出蕩盡廣原曠野之重大事件。使當時在倫敦進行中之英日條約改正事業。一時歸於泡影矣。

英日間極稱瑣事妨礙英日修約

原來日本帝國與歐美各國商議現行條約之改正事業。與余現在所述之朝鮮事件。本無何等關係。然凡列國外交之關係。其互相感觸者頗敏。僅微觸指端之一角。卽影響於其他甚遠之關係。其例頗多。卽朝鮮事件如何影響於英日條約之改正事業乎。余雖不欲使本文逸入歧路。然猶不能省略之也。

修約爲維新之大事業

蓋條約改正之大業。爲維新以來國家之宿望。若尙未完成。則維新之鴻業。尙剩一半。此我朝野一致之意見。因之明治十三年。當時之外務大臣井上伯爵。始作成條約改正案。與締盟各國開談判之緒。經長久之時間。百方計畫。不幸其業半途失敗。

日本修約之失敗

其後歷任當局。皆於井上草案加以相當的修正。並以此約案與各國政府之代表會商。就中如大隈伯爵。奮權變縱橫之才。欲抵抗當時之潮流。以遂其志望。結果尙歸失敗。條約改正之歷史。殆爲失敗之歷史矣。故至明

井上之半面的對等修約案

陸奧之完全平等條約案

日本先向英國提議修約

治二十五年四月。勅選當時政府內之重臣數人。爲條約改正案調查委員。特對該委員等下詔云。『朕即位以來。內治百般之事。雖稍就緒。然外政尚有未舉者。改正條約之事。爲中興鴻業。且關係國權之大本。朕與我臣民皆切望改正條約之成功(下略)』云云。然不知因何事故。此調查委員僅開會一次。無何等結果而中止矣。會松方伯爵內閣之多數閣員辭職。調查委員亦有多數進退。其事遂歸消滅。詩同年八月。伊藤伯爵奉大命組織內閣。余承外務之重任。親拜覽上述之大詔。深感激聖慮之剴切。不顧微力。決心成就此國家大業。屢與伊藤總理審議。更製一約案。再與締盟各國開始會商。蓋歷任當局之約案。因前後時期相異。形式各有不同。其中非無進步之實。要之皆不能逃出承襲井上伯爵所起草之半面的對等條約之範圍。然當我國立憲制度已確立。國民亦有長足進步之今日。對於此半面的對等條約案。即加改良修飾。到底不能與立憲制度之大本並立。故不能滿足國民一般之希望。若強欲決行。不過更增一次之失敗也明甚。故余確信寧對外國加一層困難。豫防因內國物議而再失敗爲得策。斷然根本改變井上伯爵以來歷任當局者所承襲之半面的對等條約案之系統。以純粹全面的對等條約案提議於各締約國。以試彼等如何應付。即以明治二十六年七月五日。根據上述主義。草一通商航海條約案。提出閣議。經聖裁之後。先向英國提議。並奏請使當時駐德特命全權公使青木子爵兼駐英公使。使該子爵赴倫敦。當折衝樽俎之大任。英國政府見日本政府提出之新約案。對於從來懸案之條約改正案。加以根本的非常改變。最初似不易容納。然我政府堅持不動。青

日本國內之攘夷論

木公使周旋得宜。遂允以新約案爲基礎。再開會商議。此時我國內以種種原因。攘夷的保守論大爲流行。平素苟以反對政府爲本色之政黨輩。俄然附和雷同。百方聲援。就中不許內地雜居。或勵行現行條約之迂論。一時顯出能制議會多數之勢力。且常隨此種事件發生之幾多瑣事。亦無不妨害倫敦改正條約之事業。兩國全權委員數月之間鞠躬盡瘁之勞苦。幾歸畫餅者屢矣。

日政府不避艱難

幸我政府爲成就維新以來之宿望。堅持不避艱難之初志。銳意與世之所謂多數與論抗戰。其結果議會因此被解散一次。某某政社被禁止。幾多之新聞報紙被停止其發行。以如斯方法。在倫敦改正條約之事業。於百難中。僅開一條活路。進行之間。今已漸至達到彼岸之時期矣。

日政府之一喜一憂

即明治二十七年七月十三日青木公使電稟余云『本使明日當能簽字於新條約』余接此電信之日。距雞林八道（譯者按係指朝鮮）之危機方迫在旦夕、余正向大島公使發『今有施斷然處置之必要、不妨使用何等口實開始實際運動』之電訓後纔二日耳。余此時之慘澹經營。其忽忙實不可名狀。今接可喜之佳報。使余忘積日之勞苦矣。然至翌十五日。青木公使來電（此當爲十四所發之電）曰。

英政府不允簽約之原因

『一切準備皆了。本日應簽字。而英國外務大臣俄然峻拒。蓋因接得駐韓日本公使向韓政府要求解傭該政府海軍教師英人柯德維爾之電報。及日本架設軍用電信貫通仁川外國人居留地之報告所致。英國外務大臣關於柯德維爾之事件。尤求滿足之說明。貴大臣非速撤回上述對於朝鮮政府之要求。新條約當難簽字。而英國政府對此照會。以禮拜一爲期限。（從青木發電日隔兩日。從余接電日僅隔一日。）希望回答。』

日政府之臨機應答

英日條約簽字

此時余之失望當至如何程度耶。余曾屢訓令大島公使。謂朝鮮之改革。不論取如何方針。務不損害第三者歐美各國之感情。然近日在韓英國官民。往往對於我國政略。圖行種種障礙。此柯德維爾或亦此中之一人。大島公使要求解傭。出於不得已。亦所難料。余固無坐而推察海外發生事件之能力。但論事之輕重。在韓地不論有如何便利。然爲解傭此一英國人。決無一朝破棄倫敦垂成大業之理。加之對英國之回答期甚爲短促。決無與大島公使電信往復質問虛實之暇。余以爲此事果係事實。亦可使大島公使更取別種手段。不如不費躊躇。對英國政府斷言此事無根。故即向青木公使發『帝國政府並未對朝鮮政府要求柯德維爾之解傭』之電報。時恰接大島公使來電。其電文中。頗有足解英國政府疑竇者。因更電青木公使。謂『如前電所云。帝國政府並未向朝鮮要求解傭英人。(中略)余疑英國外務大臣所接之電報中。或多半爲虛構之風說。聞目下漢城有故意虛構種種流言浮說而傳布之者。現接駐韓大島公使電報曰。駐該地之英國總領事。似左袒袁世凱。盡其力之所能。謀使我國地位困難。此果爲英國政府之方針乎。探明電聞云云。由此觀之。當時由漢城發往倫敦之電報。當多眞僞混淆者。貴官可向英國政府陳述日本政府關於其他事件。可如英國之意處理。故條約之簽字。希望以爲別一問題。速行了結。』云云。余發此兩電後。尙恐英日條約改正之事業。或將功虧一簣。甚爲悵然。至十七日淸晨。外務省電報課長至余臥床交一電報。果爲青木公使之來電。曰『此次之困難。亦漸排除矣。新條約以七月十六日簽字矣。本使茲謹向天皇陛下奉祝詞。並向內閣諸公表

朝鮮事件與英日修約關係

旅順虐殺事件妨礙美日條約

旅順虐殺事件公表

美人謂日本爲野蠻怪獸

胡蘭德博士評旅順虐殺

賀意。』余卽齋戒沐浴赴宮城。至御前伏奏英日條約已簽字。尋向靑木公使發下之電信。『天皇陛下嘉貴官之成功。余茲代表內閣同僚向貴官表祝意。貴官可向英國外務大臣感謝英國政府關於締結新條約之好意。』據以上所述。足知朝鮮改革之事件。與英日條約改正之事業。有如何關係矣。除上述外。茲更就便略述中日交戰中所生之一事件。妨礙美國條約改正之問題。美國爲對於我國最抱好意之一國。從來條約改正之事業。其他各國有許多異議時。獨美國每努力寬容我之請求。尤以明治二十七年在華盛頓彼我兩國全權委員開始條約改正之會商以來。無何等重大障礙。着着進行。竟於同年十一月二十二日簽字。據彼國憲法。一切外國條約。有須參議院協贊之規定。故美國政府擬送此新條約於參議院。其後不久。旅順口虐殺事件之報。載諸世界之報紙矣。（此虐殺事件之虛實。或卽爲事實。其程度如何。茲無追究之必要。然美國報紙中。尤其痛攻日本軍隊之暴行。謂日本國爲蒙文明皮膚、具野蠻筋骨之怪獸。又謂今脫文明之假面。露野蠻之本體矣。暗諷此次締結之美日條約。全然拋棄治外法權之危險。而此可悲歎之事件。不特爲歐美各國一般新聞所痛論。且不免惹起爲社會指導者碩學高儒之注目。當時英國以國際公法學著名之胡蘭德博士。關於中日交戰事件。自始不惜對於日本之行動。每事贊賞。關於旅順事件。則非常痛惜。同博士於其『中日戰爭之國際公法』之著述中。有『當時日本將卒之行爲。實逸出常度之外。彼等假令發見旅順口之壘外。有被割斷之同胞死屍。謂華軍先有如斯之殘忍行爲。然尚不足爲彼等暴行之辯解。彼等除戰勝之初日。

旅順屠城之慘狀

從其翌日起。四日間殘殺非戰鬪者婦女幼童矣。從軍之歐洲軍人及特約通信員。目擊此殘虐之狀況。然無法制止。唯有傍觀。不勝噴飯。此時得免殺戮之華人。全市內僅三十有六人耳。然此三十有六之華人。爲供埋葬其同胞之死屍而被救殘留者。其帽子上粘有「此人不可殺戮」之標託而保護之矣。』云云。）此當爲過甚之論。可見此事件當時如何聳動歐美各國之社會矣。諸事敏於視輿論向背而進退之美國政治家。見此可驚愕之報告。決不能以對岸之火而坐視之。

旅順屠城與美國參議院

因之參議院對於協贊美日條約。稍爲逡巡。同年十二月十四日。駐美栗野公使電稟余曰。『美國國務長官告本使。若日本兵士殘殺旅順口中國人之風聞果爲眞實。參議院必惹起至大之困難。』余卽電訓同公使。謂『旅順口之事件。雖不如風聞之誇大。然亦有多少無益之殺戮。因此事件更發生許多流言之前。貴官可取敏捷手段。盡力使新條約早日通過參議院。』云云。

美參議院對美日之條約修正

然參議院協贊新條約。頗爲遲遲。其後加一修正。其修正之文字雖僅少。然因此殆生出破壞條約全體之結果。因之余電訓栗野公使。更與美國國務長官經幾許協議。又對參議院內有力之議員施種種手段。至本年（譯者按。卽中日戰爭完結之年。清光緒二十一年。）二月初旬。參議院再議該約。終議決彼我皆能滿足之再度修正文矣。是爲現今之美日新條約。

第十章　牙山及豐島之戰

牙山豐島之戰與外交

因宗屬問題挑戰不爲閣僚所贊同

宗屬問題不能挑戰之理由

中國主張之正當

朝鮮聲明爲中國屬邦

征清之役。海陸大小之戰。其數甚多。獨牙山之戰。外交爲之先驅。而開戰端。唯豐島之戰。對於第三國將生出外交上重大之糾葛。牙山之戰。如何開其端乎。雖起於爲朝鮮驅逐華軍於國境外。然就其實際言之。畢竟中日兩國間之中韓宗屬問題爲其主因。殆不可爭之事實。蓋我政府初接中國政府出兵朝鮮之照會時。余以其照會中有保護屬邦之文句。卽欲因此提起一爭議。然當時內閣同僚。對於此時以宗屬問題爲中日外交之爭議。不與同意。其理由謂中韓宗屬問題。其歷史甚古。今從新以此爲外交爭議之根據。頗屬陳腐爛熟。不足動世人之視聽。且今日欲實地決定此問題。不外向中國政府促干戈相見之機。如此而啓爭端。則第三者之歐美各國見之。必以日本政府刻下非爲不得已之活問題起爭端。乃故意探取疇昔之舊痕。播紛爭之種云云。此議論有一部分之理由。故余於回答汪鳳藻之公文中。僅留『帝國政府未嘗認朝鮮爲貴國之屬邦』之簡單抗議。卽此抗議。李鴻章輩不能等閑視之。聞此時電訓汪鳳藻有云。『我朝保護屬邦舊例。事證歷歷。天下各國皆知。假令日本不認朝鮮爲中國屬邦。我行我法。不能自行破例。日本認與不認。固非所問』云云。而彼之所云。亦非徒搆架空之想像以自慰也。卽明治元年。我國始與朝鮮締結修好條約後。歐美各國。相繼與該國締約。今觀各國條約之文面。雖無不認朝鮮爲一獨立國者。然當時中國政府，卽迫朝鮮國王。使更向締約各國政府發一辯明的公文。陰保持中韓宗屬之關係。其公文曰。『朝鮮素爲中國屬邦。而內治外交。向來均由大朝鮮國主自主。今大朝鮮國與某國彼此立約。俱屬平行相待。大朝鮮國主明允將約內

中國認朝鮮爲屬邦之有理

英俄認朝鮮爲中國屬邦之先例

中英俄巨文島交涉

各款必按自主公例認眞照辦。至大朝鮮國爲中國屬邦。其分內一切應行各節。均與某國毫無干涉。除派員議立條約外。相應備文照會。須至照會者』而此公文之末。記入朝鮮開國某年卽光緒某年。觀其故意加中曆者。可知此公文爲中國政府具稿交付朝鮮者無疑。然各國政府對此首尾不齊之公文。不提抗議。亦不退還。而默認之矣。故李鴻章謂朝鮮爲中國屬邦。天下各國皆已承認。不爲無理。茲更舉一實例。其後千八百八十五年。英國政府占領朝鮮領內之巨文島。當時中韓俄英間生出種種複雜關係。因彼此之猜疑。紛議久不解決。其後俄英兩國。各由中國得其所要求之保證條約。一旦無事而結局。當談判此重大外交問題時。俄英兩國眼中。似無朝鮮國。常以中國爲對手。使中國處事局責任者之地位。〔英國突然占領巨文島之報一傳於世。俄國對此頗提出異議。中韓兩國。正向英國抗議之間。受俄國之嚴重質問。彼此雙方之談判。歷久不結。其後英國政府向中國政府斷言若俄國保證將來決不侵犯朝鮮之領域。英國當從巨文島撤退其軍隊。故中國政府更與俄國經幾許商議後。俄國政府對中國政府保證。若英國由巨文島撤退其軍隊。將來雖有如何事情。俄國不佔領朝鮮之任何地方。故中國政府更將此言傳遞英國後。英國不直接將巨文島交還朝鮮。反交與中國。僅使朝鮮官吏於授受之際參觀而已。本年（譯者按。卽光緒二十一年。下稱本年者皆同。）遼東半島問題起後。恐俄國提起朝鮮問題。故卽電訓駐英加藤公使。向英國政府質問。英國政府今日尚認俄國之保證爲有效否。英國政府回答。現在當然尚確認爲有效」故當時英俄兩國。皆承認中韓宗屬之關係。

日本挑戰之時機已迫

日本藉宗屬問題挑戰之狡猾手段

中日交戰宗屬問題爲之先驅

日本對挑戰意見一致

關於與朝鮮之交涉事項。專置重中國。蓋不可爭者也。尤以英國在其東洋政略上。以今日與其使朝鮮爲一獨立國。反不如永保持與中國之宗屬關係爲自己之利益。此次周旋於中日兩國間時。尙爲中國努力。不使破此宗屬關係。其形跡歷歷有可徵者。因上述關係。今更提起中韓宗屬問題。誠爲陳腐爛熟無疑。然今也在朝鮮之中日兩國關係不得不起衝突之時機已迫。大島公使現因當此難局。故屢主張除藉宗屬問題促成破裂外無他策。惟余以內閣之議論未確定。故馳電該公使暫緩向中國使臣提起。然此時韓地之形勢。已達不可挽回之時機。該公使竟於其最後通牒。提起宗屬問題。但該公使因避正面違背余曩日之訓令。不向駐漢城中國使臣推問汝國是否爲朝鮮之宗邦。反取向朝鮮政府詰問汝國是否爲中國屬國之狡猾手段矣。若果爲中國之屬國。則可謂與韓日條約中『朝鮮爲自主之國。與日本有平等權利』之主意矛盾。又更擴張其意旨。則可謂以『保護屬邦』之名。駐屯牙山之中國軍隊。蹂躪韓日條約之明文。竟乘七月二十三日之事變。由韓廷强取驅逐牙山中國軍隊於國外之委託。故溯究其本源。則謂中日兩國之交戰。以中韓宗屬關係之外交問題爲之先驅。竟以砲火開最後之悲劇。決非失當之言。惟在今日而觀以上所述。雖似有順序層次。然在當時。頗有紛紜錯綜之事情存在。即內閣同僚及重要人物。雖對於中日兩國間不可不促其破裂之意見。別無異議。至於爲開戰根據之主義方法。議論尙不免紛岐。大島公使則建議以兵力圍王宮。迫韓廷應從我要求。又以具保護屬邦名義之華軍侵害朝鮮之獨立。併與韓日條約之明文相矛盾。應使韓廷要求

日本挑起無名之戰
由日軍挑戰曲在日本
逼迫韓廷與從前主張自相矛盾
選擇挑釁之口實
促成中日衝突為今日之急務
閣員之慎重

日本驅之國外。此種高壓的外交政略。（第一）厲行此種高壓的外交政略時。使第三者之歐美列國攻擊日本挑起無名之戰爭。且恐違背外務大臣曾與俄國政府『中國縱有何等舉動。日本亦不自行挑戰』之保證。（第二）尚未接中國政府向朝鮮國內增發大兵之確報。又在牙山之華軍。尚無入漢城之形跡。由比較的多數之我軍先行進擊。恐曲歸我國。且有表白我怯懦之嫌。（第三）設令我軍進擊在牙山之華軍。不能不待韓廷之委託。而使韓廷行此委託之前。我國不能不以強力迫韓廷。使屈從我意。若深切言之。則不能不置朝鮮國王於我手中。如斯之急激行為。與我國所謂確認朝鮮自主獨立之素論大相逕庭。決不能得何人之同情云云。如此議論。皆屬至當。余亦不敢持異議。然於此間不容髮之際。亦無其他良策。且余曩曾訓令大島公使云『今有施斷然處置之必要。不妨使用何等口實。開始實際運動』。該公使選擇何等口實。亦全屬彼之自由。或彼已實行自己信為相當之方針。亦難逆料。（余以七月十二日電訓大島公使。其翌日因有派遣外務省參事官本野一郎於韓地之必要。余又使本野詳細說明該電訓之意旨。且謂促成中日之衝突。為今日之急務。為斷行此事。可取任何手段。一切責任。余自當之。故該公使絲毫不須內顧云云。故當時該公使有十分自信無疑）故余主張。座上之議論暫置不論。至實際上。除觀此後韓地之發展如何、施臨機應變之方法外。已無暇處理任何事件。然內閣同僚以為處如斯重要事體。不可不十分慎重。多數主張現在應電訓大島公使加以警戒。余以為在此危急之際。徒費光陰於辯護討議之無益。故從內閣同僚之意見。七月十九日更

宮

大島公使已迫韓廷驅逐華軍

日本已取包圍王宮之手段

大院君親迎日使

日本發表其陰謀成功

歐美各國暫時傍觀

向大島公使發一電訓。其概要爲『貴官應取自已認爲相當之手段。然如前訓所云。應十分注意。不生出與其他列國之紛擾。余以爲以我軍隊圍王宮及漢城非善策。故希望不實行』之意。然韓地之形勢。已達不能聽從此訓令、變改方針之時機矣。與余發電同日（即七月十九日）大島公使已向朝鮮政府要求驅逐以『保護屬邦』之名永駐朝鮮國內、侵害朝鮮獨立之華軍於國外。且以七月二十二日爲期。迫其確答。該公使將此事電稟於余。且於電末附言云。若朝鮮政府至該期限尙不與滿足之回答。本使當迫該政府乘此機會。大行改革。尋七月二十三日午前來電。謂朝鮮政府竟對我要求與甚不滿足之回答。因之不得已已施斷然包圍王宮之强制手段矣。又同日午後來電。謂韓日兩軍之爭鬪。十五分鐘了結。今已一切歸於安靜。本使赴王宮時。大院君親迎本使。述國王已任彼以一切國政及改革事業。並約爾後萬事與本使協議云云。此種電報續來。余十九日所發之訓電。果爲明日黃花矣。其後不數日。大島公使及大島旅長各向其所管部電告牙山及成歡之戰捷。故余卽將大島公使所用之高壓的外交手段奏效、牙山戰捷之結果、漢城附近已無一華軍、朝鮮政府已完全爲我帝國掌中物之快報。傳播國內。又彼歐美各國政府。在中日實行交戰之今日。無容易置喙干涉之餘地。暫立於傍觀地位。故曩者說明以强迫手段改革韓廷之可否。及條陳由我軍先攻擊華軍之得失等議論。皆葬埋於全國都鄙揭旭日旗、慶祝帝國戰捷之歡呼聲中。共展愁眉矣。豐島之海戰。其實雖先於牙山陸戰數日。因海陸通報之便利不同。致豐島戰捷之佳報達到東京。反後於牙山戰捷之喜報。

日本最初對海戰無把握

然此海戰之勝利。更使我國民起壯快之念。發歡喜之聲。其故因我國民自始雖豫期陸軍之勝利。至海軍之勝敗如何。抱疑念者頗多。故接此意外之勝報。俄然生强大之感。幾至發狂。亦非無理。

日本對華發最後通牒

初我政府經駐東京英國公使之手。對中國發最後通牒。限五日回答。且斷言若此期內中國有增兵朝鮮之舉。日本政府卽認爲威嚇的運動。當時西鄉海軍大臣問余曰。若日本艦隊於此最後通牒期間後。遇中國艦隊。或中國有更增派軍隊之事實。卽開戰端。外交上有無故障。余答以外交上之順序。無何等妨礙。余招駐本國英國代理公使巴柴特。求其傳達我最後通牒於駐北京英國公使。爲七月十九日。豐島之海戰。爲七月二十五日。尤以該戰由中國軍艦先襲擊我軍艦。（譯者按。此著者圖避開戰責任之欺人語。閱者幸勿被其瞞過。）不論其勝利歸於何人。其曲直已明白。故我國無招戰時國際公法上非難之虞。

日艦擊沉英船

然與此捷報同時接得之報告中。尤使我官民喫一驚者。卽我軍艦浪速砲擊揭英國旗章之運送船一隻而使之沈沒之說是也。今爲講究我軍艦果對於中立國之旗章施非法之暴行與否。有略述豐島開戰經歷之必要。豐島之海戰。爲七月二十五日午前七時及八時之間。我軍艦秋津洲、吉野、浪速。與中國軍艦濟遠、廣乙作戰。而其結果濟遠敗走。廣乙逃而坐礁。操江竟爲我海軍所捕獲。其後同日午前九時頃。浪速追襲敵艦中。在紹巴屋島近傍。遇見搭載中國軍隊揭英國旗章之運送艦高陞號。此時戰端已啓。我軍艦爲行使交戰國之權利。搜查運送船。又在某時機得施行强制手段。固不待言。故浪速最初以信號命令停船。高陞號船長卽應之。對於浪速所下其他之命令。亦一無所違。

著者對於砲擊英船之狡辯

日人對擊沈英船之狼狽

英國對日抗議

然乘坐該船之中國將卒。抑制該船長使不服從浪速之一切命令。浪速兩次發划船懇諭該船船長。尙不能達其目的。竟揭最後之信號。與該船內之歐人自求活路之便宜後。遂砲擊而使之沈沒矣。時正午後零時四十分也。如此幾經過四時間。浪速艦長不決行最後之手段。可見該艦長注意之精密周到。又可證國際公法上無何等失當之行爲。(詳述一切戰鬬狀況。非本書之目的。然豐島海戰關於高陞號之事。當爲他日國際公法上爭論之基礎。不得不記其大要。是爲例外。)以上爲後日續接詳報所判明之事實。然在當初接豐島海戰中我軍艦擊沈揭英國旗之運送船之報告時。恐因此不慮之事變。惹起英日兩國間一大紛爭。不論何人皆甚驚駭。主張不論事實如何。不可不速與英國十分滿足之說明者甚多。駐英靑木公使七月三十一日電稟云『關於英國運送船事件。不必待英國有何等要求。希由我自行與相當滿足。且坐該船之德國士官若果已死。亦希有同上之處分。』云云。(此時倫敦尙未悉船名。又漢乃克之姓名。亦似不明。)尋八月三日英國外務大臣關於高陞號事件。公然向靑木公使送一書簡。其公文之概要中有『由當時日本將校之處置所生英國臣民之生命財產之損害。日本政府應任其責。(中略)關於本件。俟得詳細報告英國政府之意見確定時。當卽再行照會。』云云。此公文由靑木公使電稟前來。當時倫敦未得詳報固無論矣。卽東京亦不能得的確之詳報。故余以爲如靑木公使所建議。不待彼國有何等要求。由我自行提出賠償。今日不免尙早。且余囊於接此報告時。卽招駐東京英國公使。關於此可悲歎之事件。聲明十分審查顚末後。若不幸發見

日人之高陞號事件報告書

帝國軍艦之行爲失當。帝國政府不惜與相當賠償之意。並使該公使即電告其本國政府。故現在唯望早得詳報耳。其後擊沉時之確報。由各方續到。當時爲我軍艦救出之高陞號船長以下之外國人到佐世保鎮守府。故政府七月二十九日派法制局長官末松謙澄至該鎮守府。親就該外國人等調査事實。末松將其調査結果報告於余。其概要云『沈沒船號高陞。屬英國船籍。其所有主爲印度支那汽船公司。該船搭載中國砲步將卒合計千一百人。裝載其他多數之大砲彈藥外。以旅客之名義。搭有德人漢乃克。本船爲中國政府之雇船。由大沽搭載中國兵及漢乃克。受命至朝鮮國牙山上陸。高陞號由大沽出航。爲七月二十三日。據該船長之言。彼之前後。有中國軍隊運送船八隻。各奉密封命令。由大沽出發。下官有信高陞號亦帶密封書之理由。高陞號於七月二十五日朝在豐島近傍。於我軍艦與中國軍艦開戰後三時間。遇見我軍艦浪速。該船長允聽從浪速之一切命令。而船內之中國軍官不許。故該船長一切自由運動被妨礙矣。浪速艦長於此軍機倥傯之際。以高陞號揭英國旗章之故。談判往復。費時甚久。足證注意周到。高陞號之所有主。與中國政府之間有如何關係。尚未得其詳細。然由種種事情推察。有信爲決不止尋常一樣之運送業關係之理由。對於下官之切實質問。該船長據其所記載者答覆。然謂該船與中國政府結有契約。該船歸中國政府雇用。若航海中開戰時。即將該船交與中國政府船員。外國人皆離開此船。』云云。而末松於此報告書之末附加意見云。『以上爲下官調査事項之要領。關係書類。另封呈上。國際公法上我浪速行爲之當否。雖非下官所應論述。

英輿論對高陞號事件之憤慨

然鑑於前舉之事實其行爲之非失當。應爲公平批評家所不疑者也。』云云。此調查書之事項。恰與其後海軍當局所接受之確報相符合。至此高陞號砲擊事件始漸明瞭矣。其他細目末節。暫置不論。列舉要點。（第一）浪速於中日戰端已開後。對高陞號行交戰國之權利。（第二）高陞號原屬英國船籍。固不待論。然由事變之半途。該船長被剝奪行使其職務之自由。該船爲中國軍官所支配。若深切言之。可謂英船高陞號被中國軍官奪取矣。（第三）該船所有主與中國政府預結若開戰時將該船交與中國之契約。尤其該船由大沽出航時受密封命令。則彼等預期中日兩國之交戰無疑。有以上理由。日本政府固不能如英國外務大臣之言。對於其船員之生命財產。負賠償之義務。實可謂交戰者行使當然之權利。事情如此炳然。故余對巴柴特及駐英青木公使予詳細之確報。使逐一向英國政府說明。英國政府亦因事情漸明。關於此事。不訴何等苦情。爭論遂卽中止。然當時英國輿論。決不肯置諸不問。或謂日本之海軍侮辱大不列顛帝國之旗章。英國應使日本謝罪。或謂日本海軍之行爲。爲戰爭未開始前、卽和平之間所起之暴行。日本政府應對沈沒船之所有主、及爲事變喪失生命財產之英國臣民。與相當賠償。其他發激烈言語以洩憤怒之情者尙多。然當時英國國際公法學之大家中。有令名之胡蘭德及維斯列基兩博士。熱心主張浪速艦之行爲並非失當。與該國輿論異趣。故英國某雜誌對於兩博士個人大加攻擊。謂爲『卑怯法學博士』或『不顧恥辱輕蔑之違背本分之法學家。』加以詆毀矣。要之。當時英國一般之議論。謂中日兩國在未宣戰以前。日本海軍之如斯暴行爲非法之行爲因之胡蘭德博士所論如左。

（前略）故當第一次水雷未發射以前高陞號爲交戰國之一方從事運送之中立國船該船自身亦承認此事。（不問關於軍略及其他目的。揭英國國旗完全與本件無關。）處此位置之高陞號實有左之二種義務。

（第一）以之爲隔離船觀察之則高陞號不能不停止進行而受審檢並爲受審檢不能不送於日本之捕獲審檢所如此次之事件從事捕獲之日本軍艦之士官不能進入高陞號之船內時日本海軍之長官爲使高陞號服從自己之命令使用必要之强制力不能不謂爲得當。

（第二）以之爲送援兵於陸上華軍之運送船、或以之爲軍艦觀察之則高陞號明表示對敵舉動之一部分日本有使用必要之全力防止該船達其目的之權利。

爲捕拿運送敵國軍隊之中立國船或爲防止對敵行動之進行日本使用之强制力不得謂爲不當且如被救助之船長以下因適當之處分而被放免故不得謂爲中立國之權利被侵害故我政府無使日本謝罪之理由高陞號之所有主或關於此事件失其生命之歐人親屬亦無要求賠償之權利。

誠不愧爲國際公法之巨擘其論旨之公明確實炳如觀火而英國外務大臣克巴列伯爵對於該船所有者勸告不可要求賠償（此事見印度支那公司開總會時社長報告）後英國輿論遂緩和其激昂之度。

一時英日兩國間幾起重大外交關係之事件。幸無事而穩妥結局矣。要之。豐島之海戰。對於交戰國之中國及中立國之英國。日本海軍無逸出戰時國際公法規定外之行爲。實可謂爲名譽也。

第十一章　朝鮮內政改革之第二期

日本對朝鮮內政不知措手

明治二十七年七月二十三日事變後之朝鮮。恰如敗屋破簷之人家。遇疾風大雨後。天氣俄變快晴。而家中尙極猥藉混雜。此後如何確立其國之獨立。舉行內政改革。曖昧無識之朝鮮政府。固無定見。我政府雖欲誘掖扶植。亦幾不知措手。然我政府嘗以朝鮮之獨立與內政之改革爲中日交戰之原因宣言於世矣。我政府第一着應施行之急務。在使朝鮮政府向中外表彰實爲獨立國。及對我國明約逐漸舉行其內政改革之事業。

日本迫朝鮮締結暫定合同條款及日韓攻守同盟條約

政府乃電訓大島公使。命就前揭兩大要件。與朝鮮政府締結相當之條約。因之同公使數次與韓廷會商後。竟於同年八月二十日締結所謂暫定合同條款之條約。使明約朝鮮內政之改革。又於同月二十六日締結所謂韓日兩國盟約之攻守同盟條約。以確定韓日兩國對中國攻守同盟之責務。同時表彰朝鮮爲一獨立國之實相。

暫定合同條款內容

茲舉其暫定合同條款之概要。（一）規定朝鮮政府從日本政府之勸告。感覺改革其內政之爲急務。保證依次厲行。（二）規定漢釜（漢城釜山間）及漢仁（漢城仁川間）間應建設之鐵道。朝鮮政府慮財政不裕。日本政府希望日本之某公司相機起工。（三）規定日本政府已架設之漢釜及漢仁間軍

韓日兩國盟約概要

本締日結日同韓盟條約之作用

用電線。酌量時宜。訂正條款。以圖永久存留。(四)規定爲親密兩國之交際。獎勵貿易。朝鮮政府許在全羅道開一通商港。(五)規定本年七月二十五日王宮近傍之兩國兵員偶然再衝突事件。彼此皆不追究。(六)日本政府素來希望助朝鮮成就其獨立自主之事業。將來爲達此目的。兩國政府各派委員會同議定等條款是也。故爾來朝鮮政府以條約上之義務。嘗負實行由日本所勸告之改革內政之責任。又韓日兩國盟約之概要。在其序言中。謂朝鮮政府以撤退華軍一節委託駐朝鮮漢城日本特命全權公使代辦以來。兩國政府對於中國已立於攻守相助之地位。故爲表明此事實。並達兩國共事之目的。列下之條款。(第一)此盟約以使華軍撤退於朝鮮國境外、鞏固朝鮮國之獨立自主、增進韓日兩國之利害爲目的。(第二)日本國擔任對中國之攻擊戰爭。朝鮮國對於日軍之進退。及其糧食準備。與最大之便宜。(第三)此盟約俟對中國和平條約成立卽廢棄等款。惟爲表彰朝鮮之獨立。何以有締結韓日攻守同盟之必要。蓋朝鮮政府。以獨立國在平時戰時立於列國之間、不知其位置。故牙山開戰以來。事實上雖爲我國之同盟。然尙密乞駐漢城歐美强國代表者之周旋。使中日兩國軍隊由其國內撤退。及其他不合調之舉動尙多。將來萬般之障礙。恐由是釀出。故以一國際條約之效力。一面表彰彼等爲獨立邦國。有公然與任何國家結攻守同盟條約之權利。一面繫留彼等於我手中。使不敢他顧。實一舉兩得之策也。(豐島海戰之後數日。在朝鮮領海。我軍艦高千穗偶臨檢德國商船朝洲號。因之駐韓德國領事。以在中立國之海岸。檢問中立國商船。爲國際公法所不許。詰問

韓日合同條款成爲一紙空文

韓廷實權歸大院君一人

日本黨漸得勢

朝鮮政府德國領事所謂國際公法之當否。茲不必論。然如此紛議之出現。不外因朝鮮地位之曖昧也）惟韓日兩國之盟約。至中日兩國交戰終了。尚不失其效力。第三者之歐美各國。爾來亦無提出異議者。然韓日合同條款。果對該國之內政改革有如何效力乎。則內外之形勢不如意者不少。本條約之條款多成爲一紙空文。後文當記述之。七月二十三日事變起後。大院君假改革內政之名。對於王妃之戚類諸閔。開始報復多年之宿讎。閔族多被處流竄之刑。（閔泳駿卽由流地逃往中國矣。）而王妃之一身。幾陷危險。然在外我公使嚴禁暴戾之行爲。在內王妃親自哀訴大院君之膝下。假飾深悔前非之容態。欺瞞大院君。僅得留一縷之生命。然不許如從來之牝鷄司晨而蟄伏於深宮之中矣。故韓廷之實權。完全歸大院君一人。然不論何國。在如斯革命的事變後。爲收攬國內之人心。掃蕩其正面敵黨外。對於各黨派。必須與多少滿足。今日之朝鮮。亦不能有例外。從來該國內有以溫和漸進負輿望之先輩金宏集、魚允中一派。大院君使之組織內閣。此時又有稱爲改革派、開化派、或日本黨者。卽糾合金嘉鎭、金鶴羽、兪吉濬、安駉壽、及金玉均、朴泳孝等之殘黨所集合者。其人數不多。其勢力不强。在閔族旺盛時代。不容於政府。棄於閑散之地者居多。亦有曾被放逐於外國者。現在彼等在自稱日本黨名目之下。自信朝鮮人中最能得日本之後援者。當爲我黨。又駐漢城我公使館亦以彼等在朝鮮國內比較的有多少智識。且多數懂日本語。或他外國語。故親近之因之彼等始得一種勢力。朝鮮政府亦不能完全放置彼等於政府之外。竟新設「軍國機務處」之一種合議體之官衙。以彼等之多數充該衙之議員。

朝鮮政府內之各派

各派私爭

如上所述。朝鮮政府自閔族敗退王妃斂戢羽翼後。第一頑固保守的大院君一派握大權。第二以溫和漸進主義之金宏集、魚允中輩組織內閣。第三以躁進黨之半知半解日本派新設合議體之軍國機務處起草一切之改革案。故與頑固偏私之大院君意見完全衝突。固為必至之勢。而居其中間之金魚內閣。不能左袒任何方面。又不能抑制任何方面。徒居中為難而已。彼輩朝夕徒尚座上之空論。賭生死而爭鬩。（如此黨爭之間。他日金鶴羽因大院君之嗾使而被暗殺。）實務一無所舉。加之逞猜疑之邪念。施陰險之手段。為朝鮮人之特色。此種惡德。往往使爭鬩變為彼此陷搆排擠。彼此之怨恨。日增月長。致現朝友夕敵之狀。一致協同從事。終至絕對無望矣。是為朝鮮內政之改革無何等效果、竟歸失敗之重要原因。平壤陷落以前。朝鮮之官民。尚不知中日戰爭之勝敗如何決定。且多數尚臆想最後之勝利當歸中國。在此時間內。大院君及內閣員尚首鼠兩端於中日之間。大院君、金宏集輩竊派腹心至平壤。通款於該地華將。預為華軍勝利時逃脫責任之地步。（平壤平定後。此輩贈華將之密書。為第一軍司令官山縣伯爵所獲。同伯爵更送來余處。他日井上伯爵赴任朝鮮後。有驅逐大院君出政府之必要。曾出此密書以詰問之。）故彼等於面從我勸告舉行其內政之改革時。尚不能蔑視李鴻章所發之「朝鮮政府應拒絕日本勸告之脅迫的命令」一（此命令在牙山開戰前。李鴻章使袁世凱向韓廷嚴重談判者。彼時大島公使曾告余矣。）是為處於兩大國間小弱國所

韓國政府之可憐

不能免之常態。事情誠似可憫。然彼等如斯抱二心。當時縱令我政府如何剴切勸告內政改革之必要。彼等常左推右托。躊躇因循。苟圖遷延日月。固不待言。是亦爲朝鮮內政之改革逸失時機。久不能見效果之一原因。

朝鮮政府亦擬改革內政

朝鮮政府雖如上述彼此互相傾陷。亦知完全放棄內政改革之事業決不能副內外之輿望。故亦企圖實行某程度之改革事業。然反顧當時之實況如何。中國之軍隊逐次由大沽山海關進屯平壤。其數超過二萬。朝鮮北部地方完全雌伏於中國軍隊管轄之下。我第五師長野津中將所率向朝鮮進行之全軍。原定經宇品馬關直航仁川爲便。然當時我海軍部內以中國北洋艦隊之勢力未全滅之間分派我海軍力保護多數運送船於馬關以外之大海直航仁川。甚爲危險。爲海軍戰鬬術所不許。恐不能負安全護送之責。因之不得

日軍進兵路線

已全軍盡數由釜山上陸。陸續北進。又我第三師派出之別動支隊。由元山津上陸。經咸鏡道直達平壤。故朝鮮國土被分爲南北兩大部。中日兩軍各佔領一半。該各地方爲行軍之準備。軍需之徵發。極形擾亂繁忙。朝鮮國土殆與戰場無異。朝鮮政府權力所及。僅漢城及其近傍。事勢如此。朝鮮政府雖謀舉行內政之改革。殆無由着手。亦不得已也。故此際朝鮮政府僅得實行改革者。不過更換中央政府之官吏數人。創設行政機關

朝鮮政府所改革之事項

各衙門之官制而已。當時我國人笑此種官制改革爲紙上之改革。然在上述之朝鮮內政情形之下。彼等何能斷行更善之改革。對此下種種酷評。可謂無理之言。然如此事情與內政改革以巨大障礙。爲遺誤時機原因之一。亦不容疑也。朝鮮之內情雖如上述。然我國對該國之政略。七月二十三日以後。有不能不步步深入

日本政府對朝鮮之四策

之勢。然第一我政府將來對朝鮮之政略應當如何之問題若不決定。則我外交上隨時操縱得宜之方針。不能確定。大鳥公使屢請余密訓廟議之所在。因之余於八月十七日列擧四問題提出閣議。先望確定廟議。其概要爲(甲)日本政府已向中外表白朝鮮爲一獨立國宣言使改革其內政矣。此後雖中日戰爭勝利果歸我國。依然任該國自主。日本與他國皆毫不干涉。以將來該國之國運。任彼以自己能力決之爲一策。(乙)將來雖以韓國爲名義上一獨立國。然日本間接直接永久或長期間扶植其獨立。以代禦其他外侮爲他一策。(丙)朝鮮到底不能以自力維持其獨立。日本直接間接單獨任保護 責。亦非得計。故彷英國政府曾勸告中日政府之法。將來朝鮮領土之保全。中日兩國共同擔任。爲又一策。(丁)朝鮮以自力不能維持獨立。我國單獨任保護之責。亦非得策。而中日兩國擔當該國領土之保全。亦無永久彼我協同之望。則將來以朝鮮爲各強國擔保之中立國。如歐洲之比利時、瑞士。又爲一策。余對此四問題。逐加細註。詳述其利害之所在。又於末文附言云。今倘失其所擇。不能無遺禍將來之虞。總之。應如何處理朝鮮之廟議不定。今日外交上之操縱。軍事上之行動。頗感困難。故希望速行確定廟議。且閣僚中若有其他良策。固所願聞云云。(該閣議爲資參考。附錄於本章末)

日閣議討論對韓政策

余與閣僚懇切審議。詳論備講究其利害得失。然在當時。尙不知中日兩軍最後之勝敗如何歸結。將來之形勢如何決定。故我對韓政策。亦不能出於執一不動之方針。我廟堂文武重官。雖非輕視目下朝鮮之事體。然不論何人。亦不能卽時確定對韓永久政略。且如曾在他章所論述。朝鮮問題雖爲當局

日本決暫行以朝鮮為保護國之政策

日本對朝鮮外強中乾

日人垂涎朝鮮鐵路電線等事業

日人如願以償

之主題。往往因他種關係。生出種種客題。因之有時生出變更既定方針之必要。亦所難料。故對余此次之提議。內閣同僚之議論。遂不能正式決定廟議。僅議決暫時四問題中。先以乙策之大意為目的。他日當更確定廟議。余為當局責任者。實行如此不確定之廟議。雖甚感覺困難。然對於上述之事情現在希望強行確定。殆亦屬不能。因之依閣僚協議之結果。除將來取臨機應變之處分外無他法。故先將此意訓令大島公使。同公使非不推察政府此種內情。然實地酌量此種內情以行外交上之操縱。諸事皆支吾抵觸。尤其對朝鮮政府之動作。外強中乾。雖疾言厲色。手段不繼其後。質言之。我國對朝鮮之政略。常被制於外來之事情。剛柔弛張。不如意者甚多。內政改革之事業。不能如我政府之宣言實行。往往不免隔靴搔癢之弊。是為朝鮮內政改革至今日尚不見成功之一原因也。當初我官民間有與朝鮮內政改革相牽連之重要問題。即朝鮮之實益企業。其中尤以鐵路之修築。電線之架設。我官民以為不可不收於我掌中。故應使朝鮮政府特許我政府或人民經營。大島公使在七月二十三日事變前。對於朝鮮政府。關於鐵路電信問題。已開其談判端緒。事變後締結韓日合同條約時。使完全確定該項讓步。在外交上之作用已盡其能事。然至於如何實行時。第一當施設如此大企業。其費用求諸何處之問題發生。或謂處非常之時。非用非常手段。不能奏功。主張一切費用應歸國庫支出。然有謂以國庫公金修築他國鐵路頗不得其順序而反對之者。且有謂中日戰爭方酣。將來之戰費需要如何尚難預定之時。輕輕由國庫支出巨款。甚為危險者。即政府部內。初頗熱心主張朝鮮鐵路論之

日本無資本以實行其所得權利

外交上之讓與竟成畫餅

日人之有始無終

日人失望之餘攻擊大島公使

大島不能久於其位

井上代大島爲漢城公使

人。皆謂國庫支出之議。可言而不可行。因之余招豪商巨族。曾主張朝鮮鐵路之必要者。慫慂彼等。使擔當此企業。彼等亦不似當初之熱心。躊躇逡巡。或謂欲得日本政府擔保損害賠償。或謂欲得資本之特別補助。政府若不直接間接承認國庫之負擔。而彼等亦無自奮而企圖此事業者。外交上既得之讓與。亦竟歸畫餅矣。（其後漢釜間鐵路之修築。雖有由軍事費支出之議。然時機已晚亦未實行。）總之。此時對於朝鮮問題。不論政事上、企業上。最初議論喧囂。然至實地斷行時。則銷聲匿跡。由今日觀之。實未做一事也。蓋政府當時爲較朝鮮問題更重大之問題。不能專心向朝鮮行動。而民間所謂有志豪族輩。其手腕亦未如其隨戰勝聲而躁動之敏活。誠不勝痛惜者也。如以上所列舉朝鮮內政改革之事業。因該國內部情形之錯亂無極。及我國由外誘掖援助之方法甚多困難。不能收我國預望之成績。亦可謂當然之結果。然國民總不免大失所望矣。而彼等不研究自己失望之原因。只歸咎我政府措置失宜。而非難大島公使之聲尤其喧譁。余自始即預想朝鮮政府之改革不如世人所預期之容易。且對此改革不甚重視。故當此事局艱難之際。以爲更迭駐漢城公使非得計。常以一身當衆謗之衝而保護之。然政府部內亦竟有疑該公使留任之得失如何。故終不能使該公使久在韓地。且現在交戰之局面意外擴張。歐美各國漸將再行干涉之時。故必須舉內外有資望勢力之人爲駐漢城公使。乃決斷行關於該國之事務。當選擇此種人物時。而當時之內務大臣井上伯爵自請當此任。遂召還大島公使矣。要之。朝鮮內政改革之第二期。亦因種種事情阻礙其進行。究不得不寫失敗之歷史。可謂最不愉快之事也。

附明治二十七年八月十七日閣議

朝鮮事件此大島公使赴任時所籌畫之廟算。外交上軍事上皆屢遭局面之變遷。步步深入。竟成今日之形勢矣。而目下應施行之政略。隨時廟議有所決定。故遵照此成議以期實行。雖不待論。然至於將來應如何辦理之問題。卽本件最後之大目的如何之問題。第一帝國政府爲改革朝鮮內政。及永久保全其獨立。竟不能不與中國交戰。現尙在戰爭中。非俟中日最後勝負決定。實際無從提及。然今日確定對此問題之一方針。不特與今後帝國政府外交上軍事上之措施。頗有緊切關係。且大島公使亦詢問關於本問題政府之方針。故本大臣茲具左之考案。期廟議之確定。

甲案以朝鮮爲獨立國

(甲)帝國政府已向內外公認朝鮮爲一獨立國。又聲明使改革其內政矣。因之今後與中國勝負相爭。雖如我輩期望。勝利歸之帝國。亦依然以之爲一獨立國。完全任其自主自治。不由我干涉。亦毫不許他國干涉。任彼自決其運命。但關於本方策。生左之疑問。

甲案之疑點

(一)朝鮮久爲紀綱廢頹、萎靡不振。官民共乏獨立志尙之國。假令一時因他之刺激。多少改革其內政。然疑其不能永久維持。應時改進。若如此。則帝國政府此次派出大兵、使用巨額軍費之結果。歸於泡影。

乙案以朝鮮爲保護國
乙案之疑點

丙案以朝鮮爲中日兩國共同保護國
丙案之疑點

（二）若雖知朝鮮難自保持其獨立。仍將其將來之命運。完全任諸彼自身。恐他日中國再俟隙而間接直接干涉朝鮮國政。或顛覆現在之政府。更以事大黨之閔族組織政府。使再現中日交戰前之中韓關係。若一旦生出此現象。帝國政府在其經歷上不能袖手傍觀完全任中國行動。固不待言。故必再行爭論。而如斯爭議。在樽俎之間圓滑結局。極爲難得。故中日兩國間之和平。不得不再行破裂。是不過中日兩國再演關於朝鮮之戰爭歷史。恐使此次盛舉歸於徒勞。終於兒戲。

（乙）雖名義上公認朝鮮爲獨立國。然由帝國間接直接永久或長期間卵翼扶持其獨立。代禦其他外侮。但此方策生左之疑問。

（一）朝鮮爲獨立國。日本無侵略其疆土之意。爲帝國政府從來對各國政府所公言者。今假令間接使彼半島王國屈服於帝國勢力之下。不因此招致其他外國之非難猜忌。或生出無數之糾葛乎。

（二）帝國政府即不顧上述之困難。能待朝鮮如保護國。他日關於某事變中國、俄國、及其他於朝鮮有利害關係之國侵害朝鮮獨立時。帝國能始終以獨力防禦該國之患而保護之乎。

（丙）朝鮮以自力維持其獨立。我帝國又直接間接不能單獨任保護之責。故仿英國政府曾勸告中日兩國之法。朝鮮領土之安全。中日兩國共同擔保。但此方策生左之疑問。

（一）帝國政府以戰勝之勢。與中國政府協議。該國政府當不如開戰前主張頑冥固陋之說。然儀式的宗屬問題。當不能拋棄。而彼雖在開戰前曾向英國政府言明中國不提起屬邦論。日本亦應不提起獨立論。然至戰勝之後。中國在朝鮮之關係。不論實利上、名義上。苟較帝國關係有優越之觀。決非帝國所能姑容忍耐。故為如斯爭議致談判破裂乎。或致談判遲延久繼續交戰國之情形乎。

(二)假令中國政府屈服於我。不提起宗屬關係問題。中日兩國為保全朝鮮疆土。勢必派遣補助朝鮮政務之監督官或委員。或有互相駐兵之必要。然中日兩國對於朝鮮之利害關係常相反。中日兩國政治家之主義。常冰炭不相容。兩國政府對於朝鮮之意見。必往往衝突。不歸一致。終不發生第一疑問之結果乎。

丁案以朝鮮為永久中立國

(丁)朝鮮到底不能自為獨立國。帝國保護之又不利。中日兩國擔保其獨立。亦不能協同一致。則以朝鮮為世界中立國。由帝國招誘歐美諸國及中國。使贊成朝鮮處歐洲比利時、瑞士之地位。關於此方策生左之疑問。

丁案之疑點

對朝鮮利害關係最厚者。為中日兩國。此次之交戰。亦不過兩國利害之衝突。由此戰爭之結果。所生之名譽利益。固無使歐洲各國分享之必要。若分與之。有如俗諺所云。犬費力鷹獲食。帝國所失。超過所得。當為帝國人民所不滿足。況帝國政府出大兵費巨資。結果無所得。能免輿論之攻擊乎。

如上考察時。甲乙丙丁四問題。皆一利一害。若選擇失當。將遺禍後世。故試考關於朝鮮將來之地位如何。則非中日戰爭最後勝敗決定後不發生之問題。然廟算非確定其一。今日外交上之操縱。及軍事上之行動。頗有緊要之關係。故望預先確定廟議。而上列四方策之外。閣僚諸公若尙有高明之考案。固所願聞也。

第十二章　平壤及黃海戰勝之結果

平壤黃海之戰與日本對內對外關係

明治二十七年九月中旬。聳動世界之耳目者。爲平壤及黃海戰捷之快報。論作戰計畫及戰鬬方法。固非本書之目的。余茲僅討論此海陸兩大戰鬬之勝利。及其後奉天、山東各地我軍海陸連戰連勝之結果如何影響我國內外之關係爲止。一將成功萬骨枯。此前人詠戰爭之詩也。然在今日列國交際錯雜繁劇之時代。戰爭之結果波及內外社會萬般事項之程度。甚爲擴大。不止萬骨枯之慘狀而已。若誤用之。勝者恐陷較敗者更危險之位置。平壤黃海之戰捷以前。交戰國之中日兩方。倘苦慮焦心最後勝敗歸於何方。而在傍觀者之世界列國。彷徨於疑問之間。誠非無故。然此海陸大捷之報一傳於世界報紙。歐美各國之視聽思想頓變。

歐美人忽變爲媚日

曾非難我國之外人。忽不吝費過大之讚賞矣。又當中日交戰之初。以冷眼而視爲兒戲之邦國。亦極驚愕。漸對戰捷者起嫉妒之念矣。

英人讚美日本戰勝

當時駐英國內田臨時代理公使電告余云。『本官接該國上流社會對我國戰捷之祝辭。該國各報紙大概皆讚賞日本之戰捷。對此表滿足之意。』茲特舉其重要者。泰晤士報謂。日本之軍功。足受戰勝者之賞譽。吾輩爾後不得不認日本國爲東方之一活勢力。苟爲英國人。不可對此彼我利害大

俄國艦隊東航

歐美人目中之日本

歐美人最初對於日本改革不加信任

體相同、且早晚應相密接之新興島國民挾嫉妬之念。巴爾滿報謂。英國嘗教導日本矣。余信日本教導英國之時節已至。每日電信報謂。應勸告中日兩國之媾和。且迄中國完全實行媾和條約止。日本應占領臺灣全島』云云。此可見英國人民在牙山戰爭前對我國所抱感情至此時已完全豹變矣。又此時有描寫法國人感情之一新聞云『有花木家屋之門前人集爲市。今也日本對歐洲所得之勝利。比較對中國之戰勝。尤爲偉大。此後日本可以獨立不羈。爲所欲爲。略能取敵國之土地而蠶食之。約言之。日本人可與自覺有勢力之國民出同一行爲。歐洲諸强國對此。固不待言。卽對其奢望。亦毫無干涉之途』云云。在此各國極口讚賞之間。俄國政府使其艦隊經蘇彝士運河向遠東航行。正日夜多忙。眞可謂禍福相倚也。砲火相接。勝敗既分。忽過褒勝者。過貶敗者。誠人情之弱點也。器械精利。將卒勇猛。加之戰略得當。我軍之得大捷。當映射於世人之眼。而對此之一褒一貶。亦不足以爲悲喜。然歐美各國目擊我軍隊得勝利之間。且見我軍隊採用之歐洲式作戰計畫。運輸方法。兵站之施設。病院及衞生之準備。紅十字會員之進退等。百般制度組織。頗爲整頓。各部之機關。尤爲敏捷活動。又見外交上軍事上之行動。對於交戰國並中立國。不逸出國際公法定規之外。實與彼等以非常感觸矣。原歐美各國見我國比年來採用歐洲式之軍政軍紀。其心中竊疑日本雖能模擬文明的軍隊組織。未必臨戰時能如歐洲各國之軍隊在紀律節制之下運用。彼等抱如此疑惑。非特軍事上爲然。我國曩昔改正法典、設裁判所構成法時。彼等亦嘲笑我新法爲徒費金錢之空文。並疑我裁判官之能力。以

日人之揚眉吐氣

中國自始卽依賴他國調停

北洋艦隊株守威海衛

歐美國民立於我法權下爲危險。是亦爲對於改正條約事業起莫大障礙之第一原因。其後又見我國創設立憲政體。彼等以歐洲以外。不能望立憲政體之存在。當時曾下種種不堪聽聞之批評。約言之。彼等臆斷歐洲文明之事物。歐洲以外之國民殆完全不能咀嚼其眞味。然由此次戰勝之結果。竟使彼等一醒耶穌教國以外之土不能生息歐洲文明之迷夢。與我軍隊表彰赫赫之武功同時。我國民亦發揚有活用歐洲文明之能力。誠爲我國民吐氣之快事。然實言之。日本人固未如歐洲人以前所過貶、無採用歐洲文明之能力。亦未必果如歐洲人現在所過褒、能盡量使用。約言之。日本人雖能採用歐洲文明至某種程度。然能否進步至此程度以上。則屬將來之問題。但人類之常情。得一褒辭。則自以爲有餘。遇一貶辭。則自以爲不足。今也日本人屢受世界列國感歎讚賞。後果能計算自己之眞價乎。是亦屬後日之問題。中立國歐洲列强之情形旣如上。則交戰國之中國。如何被感動於我戰勝之結果乎。該國政府自始卽採取求歐洲列强干涉、速行終止中日戰爭之政策。平壤黃海戰爭後。彼等愈覺無與日本敵抗至最後之强力。彼等戰略上務努力誘導防守之干涉矣。奉天半島之陸戰。彼等從未取攻勢。李鴻章嚴戒水師提督丁汝昌謂雖有如何事情亦應避一切之危險。(據同年八月二十一日上海電報。)使黃海海戰敗殘之北洋艦隊。據守威海衞之要害。不再出戰於外海。又彼與總理衙門合同。屢懇求外國代表者援助。且電訓其駐歐洲各國之使臣。使直接哀求各駐在國之政府。英國政府希圖再聯合各國勸告中日兩國恢復和平。俄國虎視眈眈。伺機欲動。亦在此時。要之。中日兩國

中爲國拒虎而迎狼

日人之野心陡然增大

日人之誇大與外交關係

日人驕傲招世人厭惡

戰爭繼續之間。歐洲強國之干涉。即不自招。亦早晚所不能免。此人人所能預料者也。況中國政府不顧汚辱自國之體面。一味向強國乞哀求憐。自開門戶。以迎豺狼。此種愚策。雖屬急在燃眉。出於不得已。然促成歐洲強國干涉東方事件之危機。此次戰爭之結果。實其機因而作俑者則中國也。迴顧我國內之形勢。在平壤黃海戰勝以前。苦慮最後勝敗之國民。今則對於戰勝已不抱絲毫之疑惑。所不知者。我旭日軍旗何時入北京城之問題而已。一般氣象。正稱心快意。隨處皆聞凱歌之聲。將來之欲望日增。舉國民衆除『進戰』之聲外。一切皆不願入耳。軍國主義武斷外交之聲勢。猶如旭日東昇。若有深謀遠慮之人。唱妥當中庸之說。則目爲卑怯。毫無愛國心之徒。社會幾不之齒。勢不能不忍氣吞聲。坐觀成敗。而此種社會風潮。果有何等變化於外部關係乎。如某某邦國。屢讚美我國之戰勝。開放阿諛之言詞。對於懷抱空望之我國民。生火上加油之結果。又如其他某某邦國。增長嫉妒畏懼之念。至懷蓄陰謀。欲俟時機到來。與我國一大打擊。其後當俄德法三國干涉之初。德國外務大臣對青木公使云。世界決不能滿足日本之希望。服從日本之命令。此言雖係當時德國政府因自國歐洲政略上所設之口實。然亦當時日本國民在外國政府及人民觀之。毫無謙讓之容。橫行於世界。以爲任何希望。皆能達到。任何國家。皆可命令。驕傲之氣。暴露於外之所致也。我國民空望之熱度如此昇騰。蓋由於我國古來特種愛國心之發動。政府亦加以鼓舞。毫未壓抑。然愛國心雖如何粗豪龐大。苟不注意適用於事實。往往反使當局感受困難。斯賓塞爾曾謂俄國人富於愛國心。最後又云愛國心係野蠻之

日本國已非東洋之公園

日人知進而不知止

日政府應付時局之方法

遺風。此言雖謔。良以徒具愛國心。而不精思用之之道。往往與國家大計不能相容。卽由當時國民熱情所發之言行。不無損害歐洲强國之感情。要之戰勝之結果。對於列國增高我國之品位勢力。歐洲列國。曾評我國僅摸擬表面的文明。至此時而此種迷誤。已經冰解。日本國已被認爲世界之一大勢力。非東洋山明水秀之一大公園矣。英國碩學曾嘆遠東大戰之結果。雖發輝一帝國之名譽。而同時他一帝國之名譽因之墮落。誠爲不刊之論。今也我國爲列國尊敬之標幟。亦爲嫉妬之目的。我國之名譽日高。我國之責任亦增加矣。內外形勢如此。故往往發生難免互相衝突之事情。欲使雙方適宜。決非容易。蓋當時我國民之熱情。對於諸事。往往唯出於主觀的判斷。毫不容客觀的考察。唯重內而不顧外。知進而不知止。反之海外强國對於日本之感情雖有好惡愛憎之別。然恐日本過於得勢。欲抑之使歸中庸。殆已一致。欲調和此內外相異之事情。猶如欲使電氣之陰陽兩極、數字之正負兩數合而爲一。恐彼此相殺。雙方皆陷於零。兩失而無一得。故政府此時已悉。非內部風潮進行至某種程度。使國民之希望幾分滿足。決無豫防外來危險之術。因之政府乘此國民敵愾心旺盛之時。務早日進行中日戰局。務極力滿足國民希望。更酌量外來事情。對於將來國家之安危。講求對外政策。此時余致在廣島伊藤總理私書中有云『外國干涉之端已開。故我軍隊之運動。尤須迅速。在外國干涉未煩難以前。不論占領何地。皆爲必要。君雖不至疏忽。尤望注意此事。』卽洩漏此間之消息者也。

第十三章　領事裁判制度與戰爭之關係

領事裁判爲內治外交之障礙

治外法權與領事裁判權根本不同

我國比年採用歐洲文明。百般事業皆有長足之進步。在今日內治外交上。不論戰時平時。爲諸事之障礙者。無甚於我國與歐美各國條約上之領事裁判。卽普通汎稱爲治外法權制度是也。由學理上研究治外法權與領事裁判管轄兩制度。根本相異。兩者有不容混合之一定區別。卽治外法權。原根據於無二的主義。將甲國主權及法律之效力完全移於乙國領土。代替乙國地方權。管轄僑居該地域之甲國人民相互之權利義務。並規定該人民與各國人民間權利義務之某部分在國際上之關係。固毫不承認相互對等之觀念及主義。因之國際公法上對此制度無適用普通條規之道。約言之。在治外法權制度下之一國人民。關於政治上萬般事項。與居住自國領土內得同一之結果。而領事裁判制度。其初雖由於甲國不信任乙國法律而生。然該制度決非完全蔑視乙國法律。不過自國人民在乙國內爲被告時。不出席乙國之法庭。服從乙國之法律。而出席自國之法庭。服從自國之法律而已。治外法權與領事裁判管轄兩制度間之立法及行政之權限上。亦有明確之差等。卽關於庇護罪人、交出罪人、服從歸化、交戰、局外中立等各種問題。常視爲塡補此制度境外容地之問題。（按此處意義殊難了解。但原書之直譯確如此。）現今我國之外國裁判制度。係領事裁判管轄。非治外法權。英國人畢戈特曾充我國法律顧問。著有領事裁判管轄一書。有一節云。『英國女皇

英人之領事裁判權觀

領事裁判權之權輿

强國利用領事裁判權之弊害

日本維新初年受外力壓迫與今日中國無異

在外國所執行之裁判管轄權。非皇室世襲之權利。亦非由國會附與之權利。不過由某外國君主所讓與特許之權利而已。而此種讓與多根據條約。故女皇在外國所有裁判權之解釋如何。不外參看該條約之條款。且完全無缺之治外法權除在所謂保護國之領土外。從未有行於某獨立國領土內之先例。因之治外法權制度。究竟不過程度問題。英國君主施行於僑居東方諸國自國人民頭上之權力。或出於該國君主之恩惠的讓與。或係以兵力所奪得。並非發源於皇室大權。則在東方諸國女皇之權利。不過執行由該國君主所委託之權利而已。』云云。學理上之解釋。不過如是。然實際上歷來歐洲諸國施行於東方諸國之領事裁判制度。因其形質相似。呼爲治外法權。試研究該制度之權輿。即歐美各國政府不信任所謂非耶教國之制度法律。故最初與此等邦國締結條約。必於該條約內加入爲自國人民施行領事裁判管轄之條款。遂構成於某一國領土內設置他國殖民地之一種變體矣。而此變體之裁判管轄。施行既久。每遇種種紛議發生時。愈錯亂該制度之正解。生出逸出正當範圍之幾多新註釋新慣例。此種新註釋及新慣例。係强國認爲便利而利用之。固不待言。故在同有治外法權或領事裁判權制度存在之諸國間。其程度或形式頗有相異者。職是故也。我國與歐美各國締結條約。係在幕府末葉。當時每當外交上有種種困難時。發生許多惡例。不特不遵學理上之正解。且現行條約上未曾讓與許可之事項。强被侵奪者。亦復不少。近來我政府雖努力恢復强被侵奪之權利。並防將來强被侵奪。然現行條約之本體既如上述。則雖下如何解釋適用如何主義。決不能與我

日本所受領事裁判權之痛苦

果發生交涉事件

國今日進步之事體併行。遂致百弊千害。日滋月萬矣。此政府近年以改正條約之事業爲與維新中興併行之重要事業。百折不挫。而熱望其速行成功之所以也。

我國受領事裁判制度之害。已非一日。此次戰爭以來。我國以交戰國對中立諸國之行爲上。與領事裁判制度不少抵觸之處。卽令與學理上之正解不抵觸。然從來對於該制度牽强附會之種種註釋及慣例。將惹起如何之爭議。亦所難料。我國眼前有砲火相接之敵國。更向强大之第三國生出糾葛。決非得計。然領事裁判權存在之間。我國希望與第三國不生糾葛。猶於大石巨礁縱橫密布之速流急湍中通過舟楫。舵手雖盡其妙術。猶不過僥倖於萬一耳。果也與英法美三國發生一交涉事件矣。卽明治二十七年十月二十五日。據駐美栗野公使來電稱中國駐美公使館員某雇傭原英國海軍上尉、現美國籍民、水雷製造者喬治加洛。及發明電氣作用之美國人維爾德兩名。與之同伴。十月十六日乘英國船克里克號由舊金山歸國。且乘該船歸國之駐墨西哥總領事島村久在船中亦略探該中美兩國人之關係。報告於余。余因之通告海軍省。然試探該美人二名以如何技能被中國傭聘乎。則原於魔術的技術。卽彼等謂不假船舶槍砲。能由陸上擊沈在數里外海面之敵船而已。在現今學術界決無如此奇術。中國政府困極無聊。至雇傭如此騙子。眞堪憫笑。然彼等係以幫助敵國軍事之目的而過我領海者。故我軍事機關不肯默視。十一月十四日。由廣島大本營照會野村內務大臣。謂該三人爲重要之戰時禁制人。可卽由英船克里克號拘捕。關於該中國人。固不生何

日海軍檢查英船

又與法國發生爭議

等障礙。然領事裁判權存在之間。我政府爲拘捕歐美人之身體。或扣留船舶。行普通行政處分。不論平時戰時。必有惹起多少紛議之虞。故余與野村內務大臣協議。不如任諸軍事處分。卽致電在廣島之伊藤總理。謂大本營認爲戰時禁制人之美人二名。實係行魔術的奇術者。卽縱彼等入敵國。實際上無何等危險。若須拘捕彼等。則任諸軍事處分。較爲得計。因之十一月五日我海軍武官在橫濱檢查英船克里克矣。惟該中美國人前一日已轉乘法國郵船西得尼號由神戶出航。故該英船之檢查。不過表面形式而已。然駐東京英國公使尙不肯沈默。同月八日致余一公文。其概要係要求說明日本政府檢查英國商船之理由。並謂該船係向中立國(指香港)航行。日本政府檢查該船。尤爲不法之處置。因之余與海軍當局協議之結果。向英國公使回答如下。克里克號由舊金山載一中國人及同伴之二外國人入橫濱港。該三人有以敵對日本之目的赴中國之嫌疑。又有裝載彼等所有兵器彈藥於該船之嫌疑。故日本海軍士官檢查該船。據貴使稱。以克里克號由橫濱出航後。向中立港航行。日本政府無檢查之權。此帝國政府所不能首肯者也。況該船所裝貨物。在上海卸去者不少。故不能以該船所向地爲中立港之香港一事。影響帝國政府所享交戰國之權利。英國公使對於余之回答。尙不滿足。其後彼此屢次往復問難。雖告終結。然因此更使我國與法國發生一爭議矣。卽有戰時禁制人嫌疑之該中美人所乘之法國郵船西得尼號寄港神戶時。碇泊於該港之我軍艦筑波艦長。卽檢查該船。沒收彼等三人間所締結之契約書。命彼等上陸而拘捕之。據西得尼號船長之言。船長全不知此事實而許該三人乘船放行。然駐日法國公使阿爾鑾十一月五日來外務省。請面會余。惟當時余往廣島旅行。故會外務次官林董。極力攻擊日本政府關於本事件之行爲。且求其辯解。林次官將此會談顛末報告於余。述當日法國公使之舉動。謂彼怒氣滿面。與次官行握手禮時。竟謂此次握手。或係最後握手。

法國公使嚴重抗議

亦未可知。當時林次官答稱。此事原出於軍事處分。故詳細情形尚未得知。畢竟爲調查戰時禁制人。檢查中立國船舶。亦爲交戰國不得已之舉動。阿爾鑾謂當將此情形報告本國政府。因之余即電訓駐法曾禰公使。使豫先照會法國政府。略謂法國公使阿爾鑾關於西得尼事件。大行抗議。謂當請訓本國政府。因之貴官可

日本先向法國說明

乘機向法國政府說明。日本政府所拘留之人員。有軍事上敵人之資格。日本政府爲自衛起見。不得已行交戰國之權利。(第一)中國傭用人物之技術。係特別之軍事上技術。(第二)日本海軍捕獲該三人所乘之船舶。係在由一交戰國之港(指日本神戶)向他交戰國之港(指中國上海)航行之途中。(第三)該三人之捕獲。係在交戰國之戰內執行。以上述理由。故日本政府之處置。係準據國際公法無疑。筑波艦長所捕獲之中國人。固以戰時捕虜待遇。其他二美國人。則使之宣誓「迄中日兩國恢復和平止。決不往中國旅行。又不與中國政府結何等契約。」遂放還矣。法國政府對於余之說明。似表滿足。其後使該國駐東京公使通告我政府。謂該政府徵求法律家之意見。認此次日本政府之處置爲正當。此事茲已圓滿解決。以後不再提起。先是馬利得每公司(西得尼號所屬之公司)經法國領事向我政府要求賠償西得尼號因檢查而受之損失。而

日本設審檢所

該國政府已認日本之處置爲正當。故上述要求。無何等結果而消滅矣。又美國政府最初見其國人爲日本政府拘留。要求說明理由。其後事情明瞭。該國國務長官向駐美日本栗野公使宣言日本政府之處置寬大公明。美國毫無異議。我政府由開戰之初。設捕獲審檢所。此係交戰國正當執行其權利之機關。不論何人。當無異議。然慮及審檢之進行上。與領事裁判管轄起衝突。故政府使海軍當局發出檢查中立國船舶戰時禁制品之詳細訓令。爾來交戰中。我軍艦對中立國船舶行檢查者。不一而足。然捕至捕獲審檢所者。僅明治二十八年四月九日在中國直隸省大沽口外我軍艦筑波捕獲印度支那公司之益生號而已。

益生號被審檢

即筑波艦長檢查該船時。發見題爲中國書籍之貨物中。有若干戰時禁制品。因之該軍艦捕益生號至佐世保捕獲審檢所。行正式裁判矣。該貨物船長及該船所屬公司不知其爲戰時禁物品。以爲係普通貨物而裝載者。故沒收其戰時禁制品而解放該船。該貨物雖爲上海德國商人所有。惟關於此事。英德兩國政府皆未向我政府提出抗議。此外則丁汝昌在威海衛降於我海軍而自殺後。中國軍艦內所傭役之多數歐美人。始終受我軍事處分之支配。

日本與歐美人利害衝突甚少

其他此次戰爭中。我國以交戰國對於中立國之歐美各國人民或財產施行之處置。與彼等平素慣於使用領事裁判制度之利害衝突甚少。即偶然彼此間發生多少爭論。其紛爭尚未達激烈之程度。即妥當結局。此雖由於此次戰爭我海陸軍之行動概遵奉國際公法之規定。使彼等無容喙之機會。究係我國比年採用歐洲文明。百般改革。着着成功。且現在已與歐美四五大國締結對等條約。不日將與其他各國締結

胡蘭德論中日兩國法典

著者自誇文明進步

洪楊亂時外人藉治外法權妨害中國行動

白齊文事件

同一條約。不出數年所謂領事裁判管轄之痕跡。將不留於我國內。得非外國政府覺悟在此種時期。尚議論治外法權之非計乎。胡蘭德博士於其著述中。比較近年中日兩國文明思想及改革事業成績等差後。其結論曰。『中國之裁判所並諸法典。尚不能滿足歐美諸國之希望。故該國內尚有外國人之治外法權存在。不得謂爲不當。然歐美各國對於日本拋棄治外法權之時期已至。故中日戰爭開始時。若吾人告世人曰。日本經試驗後雖許加入文明列國之團體。然中國不過爲其候補人而已。其言決非失當。』日本果試驗及第與否。自屬別論。然試問此次我國行交戰國之權利時。對於歐美各國不惹起重大糾葛之原因如何。余敢大膽答云。由於我國文明之進步。假定此次戰爭起於十年前。我國文明尚未如今日進步之時期。我軍事行動不能如今日之自由。已不容疑。不觀我敵國之中國。此次並未設立捕獲審檢所。又縱令設置。歐美各國政府不能將其國民之生命財產委託中國之軍事裁判。固不待言。當長髮賊亂之時代。歐美各國如何濫用其治外法權之利器。以妨害中國政府之正當行爲乎。茲略述之以資參考。當長髮賊徒極猖獗時。僑居中國之歐美各國商民。恃領事裁判權之鐵壁。以掛各國國旗之船舶。上下揚子江。擅通過中國官軍之哨兵線。逃脫中國官軍之拿捕。輸送各種戰時禁制品之事實。今尚爲一般世人所記憶。又克雷(英國人)、巴英加達、巴德拉、華德(以上美國人)等。皆投於賊軍。敵抗中國政府。有竟爲官軍所生擒者。然彼等所屬國領事。迫中國政府交還矣。茲更舉尤膾炙人口之一例。卽美國人白齊文事件。彼初屬於中國官軍稱爲常勝軍之美國人華爾將軍部下。後竟襲承將軍之職。不知以何原因。中國軍隊多不信服彼。彼遂率其麾下之外國傭兵。通款賊軍。敵抗官軍。千八百六十四年。彼與英國人加麟克皆被生擒。駐上海英美兩國領事。迫中國政府交還彼等。謂將在領事館審問其後加麟克遭如何處分。雖未得悉。然白齊文在上海美國領事館。受退出中國不得再來之判決而釋放矣。然彼暫住橫濱後。爲再投入長髮賊以渡航中國之目的。佔有夏滿將軍號之美國船一隻。於千八百六十五年在臺灣打狗港。招募多數外國傭兵。艤裝該船。中國政府聞報。擬卽在該船內逮捕白齊文及其同類。然爲領事裁判權所限制。謂中國政府在美國船內無捕人權利。不得已單設法防止白齊文及其同類在該港上陸。聊以自慰而已。白齊文以該船向廈門進行。將投入賊軍時。彼等復爲中國官軍所生擒。其後其中一人蹤跡不明。未歸英國領事館。其餘之外國傭兵。由其自國領事。迫中國政府交還矣。

中國受領事裁判權之害

據以上所述。當時中國政府之軍事行動。爲領事裁判權所妨害至如何程度。可概見也。夏滿將軍號事件。與我國此次之西得尼號事件稍爲類似。然中國政府對於夏滿將軍號之處置。不能得各國政府之承諾。而我政府對於西得尼號執行之軍事處分。各國不特無何等異議。法國政府竟認我政府之行爲正當。

領事裁判權係事實問題非法理問題

余故謂此次戰爭中。我政府對於歐美列國執行交戰國權利時。與領事裁判管轄不起重大牴觸之原因。畢竟屬於事實問題。不屬於學理上之問題也。然則關於國際公法上領事裁判制度之疑問。因此得一解釋之好例。亦可謂快事也。

第十四章　媾和談判開始前中國及歐洲諸强國之舉動

日軍連戰連捷

平壤黃海戰捷後。日軍以疾風掃枯葉之勢猛進。十月二十四日我第二軍在花園口上陸。十月二十五日我軍戰於虎山。二十六日略取九連城安東縣。二十九日陷鳳凰城。十一月六日第二軍攻取金州城。七日占領大連灣砲臺。十一日我第一軍占領連山關。十八日略取岫巖。二十一日我第二軍陷旅順口。十二月六日略取復州。十二日我第一軍占領析木城營城子。十三日攻取海城。本年(即光緒二十一年)一月十日。我第一軍略取蓋平。二十二日大山第二軍司令官在山東省營城灣上陸。三十日攻擊威海衛砲臺。此本年一月三十一日中國欽差全權大臣張蔭桓邵友濂等到廣島之前我軍連戰連捷之事迹也。此連戰連捷。對於中國及歐美各國有何影響乎。中國今已敗運漸迫。希望早日息止戰爭。尤以李鴻章爲能豫料將來安危之人物。心中已決定。不論以如何代價。皆不能不購買和平。然不論何國。當此種時勢。徒張虛勢。粉飾體面之庸衆甚多。因此擾害國家大計之例亦屬不鮮。

北京政府之誤國

此時中國政府部內尙有主張和議尙早者。或雖不完全反對和議。然其主張之媾和條件。決非勝者所能承認者。張邵兩使之媾和談判破裂。李鴻章將再爲媾和使者航渡我國時。正威海衛已陷。北洋艦隊已全數投降之後。北京政府向各省督撫下問媾和得失。多數督撫上奏。謂若日本希望媾和。中國應之爲得計。但償金雖不厭巨額。日本若要求割地。寧可背城借一。中國皇帝無割讓

中國請各國調停

中國請求皆被拒絕

中國直接派人赴日

李鴻章致伊藤之照會

祖宗流血所得土地之尺寸於外國之權。（本年二月二十六日上海電報）此時尚臚列如此之陳腐套語。故在危機尚未如此迫切之時期。北京政府當局者。尤以李鴻章輩。不敢發表其胸中眞實意向於外。當感覺無限之苦惱也。因之彼等欲知日本得如何條件即可承認休戰。彼等試探日本政府眞意之第一着。即先向歐美各國哀訴。使立於中日兩國間。負仲裁之責。十一月十一日（按此係光緒二十年）駐德青木公使電稟余曰。『本使由德國外務大臣祕聞。本日駐德中國公使求面會德國外務大臣。關於中日戰爭。請求德國仲裁。因之同大臣質問中國豫備以如何條件要求媾和。中國公使答稱。承認朝鮮之獨立及償還軍費二件。同大臣謂日本現方連戰連捷。該兩項條件恐不容易滿足。中國公使復反問。然則以如何條件爲適當乎。同大臣答稱。此非本大臣所應答。中國不如直接問諸日本政府。』此時西公使來電。駐俄中國公使亦提出同一請求於俄國政府。俄國政府亦勸其直接與日本政府開談判。中國政府雖命其駐外使臣向各國請求仲裁。然皆被與德國政府同樣之口調所拒絕。尤以英國政府之聯合仲裁說失敗後。彼等似決意直接向日本政府質問媾和條件矣。即中國政府容納李鴻章之說。決定派天津海關稅務司德國人德璀琳往日本。德璀琳於十二月十六日攜李鴻章致伊藤內閣總理大臣之照會到神戶。經兵庫縣知事求面會伊藤總理。其照會云。『爲照會事。照得我大清成例。與各國交際。素尚平安。現與貴國小有齟齬。以干戈而易玉帛。未免塗炭生靈。今擬商定彼此暫飭海陸兩路罷戰。本大臣奏奉諭旨。德璀琳在中國當差有年。忠實可靠。著李鴻章將

李鴻章致伊藤私函

伊藤拒絕會面

恭親王召還德璀琳

德璀琳使日之目的

應行籌辦事宜。詳晰告知德璀琳。令其迅速前往東洋。妥速辦理。並隨時將商議情形。由李鴻章密速電聞等因欽此。遵卽令頭品頂戴德璀琳。立卽馳赴東京。齎送照會。應如何調停。復我平安之處。應請貴總理與德璀琳籌商。言歸於好。爲此照會。請煩查照施行。須至照會者。』此外更附一私書。該私書述彼嘗與伊藤總理在天津會晤之舊誼。說及東洋大局和平之必要。其末文用『雖闊別多時。想貴爵大臣當不忘昔年情事。相印以心也。專此布臆』等文字。彼不能訴諸理。直欲訴諸情也。德璀琳其人。果合於交戰國使者資格與否。尙屬疑問。而李鴻章在其職守上。非有代表中國政府之權能。又伊藤總理。雖居我內閣首班之位置。然未有直接折衝之任務。李鴻章致伊藤總理之書簡。不論其文體如何。其實祇可認爲一封私書。我政府不得與如此曖昧之中國使者。談判軍國大事。媾和要件。固不待言。因之伊藤總理。卽訓令兵庫縣知事。斷然謝絕與彼面會矣。先是美國政府已立於中日兩國之間。周旋媾和。駐北京美國公使鄧璧。聞此次德璀琳突然奉使命前往日本。頗感不快。特勸告總理衙門速召彼還。故恭親王特以急電召還。彼到神戶。竟不得要領而歸。德璀琳來航之始末。雖頗類兒戲。然因此足見當時中國政府急欲探知日本政府之要求。其後英國刊行之『黑字』雜誌中。載僑居東洋特別投稿家之投稿。題爲日本與列國之關係。（此論文中不無謬誤之點。然似評論當時之事實。或云此著者卽德璀琳其人。）該論文中列舉德璀琳使日之目的。（第一）考察日本政府果有媾和之意否。予中國及援助中國之各國以考慮之餘地。（第二）若日本政府有媾和之意。則講媾和談判之道。

日本不願先提和平條件

英國首先探問日政府意見

日本不能承認英國所提條件

著者所擬之三種講和條件

(第三)若至旅順口陷落。李鴻章必爲攻擊之的。故求避開攻擊之道。彼之奉命來日。其實不外此三個目的。彼當由神戶出航時。郵寄伊藤總理一書。有『此次鄙人渡日之目的。在欲知爲使戰爭告終。中國以如何條件能恢復和平一事。想閣下當亦能了解也』之文字。惟詳察當日之事情。中日兩國欲恢復和平之條件。彼此不願先言。猶如賣者欲先知買價。買者欲先知定價之狀況。斯時歐美各國放眼注視東方時局。窺探其意中所期之機會。不使或逸。當中國政府哀訴各强國仲裁時。英國適會羅斯伯里伯爵內閣之末期。對於議會。勢力脆弱。然於東方問題。不肯落人後。欲首先在中日兩國間有所周旋。八月中旬。英國新任公使突列溪到東京時。訪余於外務省。以半公半私之體裁。豫告英國政府不久關於中日戰局終了將有所提議。因之十月八日。英國公使稱奉本國政府之內訓。探問(一)各强國擔保朝鮮獨立。(二)由中國償還日本軍費之二條件。日本政府承諾戰爭終止否。且謂關於此事。英國政府正與歐洲各强國商議。不日俄國政府當爲同樣勸告云云。然此時余屢與俄法德美各國公使會面。彼等並無接受本國政府任何訓令之模樣。尤以俄國公使評論英國提案。謂其主意頗爲空漠。日本當難應允。故不能信爲不日當與英國政府有同樣之提議。加之今也我國在連戰連捷之時期。到底不能承諾如英國所提之薄弱條件。固不待言。然余有回答英國政府之職權。且於此機會。豫定他日我廟議之大體。亦甚緊要。故對英國提案之回答草就下之三案。與在廣島之伊藤總理協議。卽甲案。(一)使中國確認朝鮮之獨立。且割旅順口大連灣於日本。以爲不干涉朝鮮內政之永久擔保。(二)使中國償還日本軍費。(三)中國之與歐洲各國所締結之條約為基礎。與日本締結新條約。至以上條件實行時止中國予日本政府充分之擔保。乙案(一)各强國擔保朝鮮之獨立。(二)中國割臺灣全島予日本其他各條款與甲案同。丙案日本政府言明以如何條件承諾戰爭息止之前。須先知中國政府之意嚮如何。(此甲乙兩案實為他日余所起草之馬關條約之基礎)與發送以上三案同時。余予伊藤總理一

著者致伊藤函

書。說明右回答案之要領。其書中云『本問題當非英國政府發表其最後決心。不過如彼所言明。欲知悉日本政府之意嚮為第一主眼。然履霜堅冰至。彼既開如此端緒。他日惹起如何關係。亦所難料。對此之回答。不可不深謀熟慮。故呈上另紙所載之甲乙丙三案。甲案完全言明日本政府所希望者。豫將我意嚮通知中國及各强國。又對於朝鮮之獨立。避歐洲各國干涉之方策也。乙案使各國得多少分配。或係促成現在會商之一種捷徑。為維持他日東洋和平。亦屬可行。(中略)又丙案拖延現在之議論。以待異日好機會之到來。』云

伊藤贊成甲案

云。伊藤總理對於余之甲案同意。然謂暫時不回答英國較為得計。余以為對英回答不能過於遲延。其後與

日本對英問答

伊藤以書函數次往復。竟於十月二十三日。以言辭回答英國政府曰。『帝國政府十分感謝英國政府質問中日罷戰之友誼。迄今日止戰爭之勝利。常在日本軍。然帝國政府以為今日事件之進步。尚未足保證談判上滿足結果。因之帝國政府關於罷戰發表公然意嚮。不能不讓諸他日。』(此係余對於三案中之丙案加以修正者)此後我國與英國關於此件不復有何等交涉。英國政府向歐美强國提議聯合仲裁時。歐洲各

青木擴測歐洲形勢不穩

意國勸告日本息爭

强國關於東方問題似亦有多少交涉。即九月二十四日青木公使電稟佘曰。『貴大臣探知現今俄法之意嚮否。以本使所推察歐美强國間似在交涉某事。非關於兵力干涉交換意見乎。若果如此。則德國及英國非發起者。此本使所信而不疑者也。』青木公使之電文固係出於該公使之推量想像能否洞中各强國之眞情。雖難確言。然亦足證當時歐洲有不穩形勢。又十月十日。駐意高平公使將與意國外務大臣非公式談話之要旨電稟佘曰。『若日本政府不望將戰爭之結果擴張至非常遠大之區域。或錯亂諸外國之利益。則意國政府當勸告以朝鮮之獨立及償還軍費二件爲基礎。速行講和之爲得計。爲使此事成功。意國政府當與其他友邦十分盡力。』（此與英國提案毫無差異。當係英國向意國協議之結果。）至十一月十一日高平公使再將與意國外務大臣談話之要領電稟佘曰。『意國外務大臣謂現在諸强國依中國之請求。正交換各自之意見。然尙未開實際運動之端緒。中國將向日本直接哀訴媾和。又同大臣之意見謂英俄兩國雖利害互異。然兩國均希望避開刻下之紛亂甚切。因之同大臣更勸告本使。謂日本之行動乃媾和條件不宜逸出適當範圍以外。即促中國土崩瓦解。及使該政府滅亡之行爲宜避去不取。且擾亂一般和平之事件。務使其局面狹小。又謂此勸告之主意。並非阻止日本由中國割取土地。然割取土地。難免使第三國起欲分杯羹之妄想云云。據本使觀察。意國政府雖欲與英國取同一運動。然觀曩日英國之失敗。諸事更加注意。』與高平公使第二電報同日（即十一月十一日）。駐聖彼得堡西公使來電云。『本使昨日訪問久在病中之俄

俄國之豫佔地步

德國不願清廷傾覆

英國聯合仲裁失敗

國外務大臣同日英國公使亦似曾訪問同大臣。俄國外務大臣答本使之問。謂英國政府為使中日戰爭速行止息。求俄國之協力。然本大臣之意見。在今日中國尚未直接向日本乞和。日本政府未明言媾和條件。以為干涉之時機尚早。又英國深恐日本之全勝。竟使中國陷於土崩瓦解。俄國亦非無多少之利害。然暫待兩國能戰之時機到來而已。』（俄國自朝鮮事件以來。對我國之外交手段。常於隱約之間。佔他日發言之地步。）又余次日接駐德青木公使來電。其電文中述德國外務大臣拒絕駐德中國公使請求德國仲裁後。（此電文已於前段詳述矣。）有下之數言。『德國外務大臣希望日本不使現在事局進至極點。竟致愛新覺羅氏之社稷覆滅。』由此觀之。歐洲强國雖各懷有異圖。然皆拒絕中國政府之哀訴。不表同意於英國政府之聯合仲裁。為明白之事實。而英國之仲裁說。不特不能外得歐洲强國之同意。即內國之輿論。亦似不滿足。十月十日泰晤士報社論云『日本今在連戰連捷之際。不容易拋棄其大望。故他國欲使罷戰。固不待言。即暫時中止。亦無成功希望。可謂明甚。惟派遣非常之大軍。以强力使之罷戰。雖非無奏效之望。然今日之事體。決不能如此。故除保護僑居該地之歐人外。若希圖强壓牽制交戰國。是陷於困難之地位。難免始終為東洋最强國所敵視。總之。局外國不如任中日之國際紛爭完全由兩國以干戈決定。』英國內閣總理大臣羅斯伯里伯爵。鑑於內外形勢如此。不能沈默。十二月二十四日在倫敦市政廳公會演說英國政府關於中日媾和請求歐美强國協力之理由。其要領。謂為恢復中日間和平。歐洲强國多加入一國。則效能愈多。總之。如

英國仲裁之理由

斯重要之國際問題。列國會議之價值甚大。蓋交戰國皆自高傲。不肯自行要求講和故也此時他國之仲裁。尤爲必要。而仲裁國之國數愈多。愈易達其目的。且此時英國取單獨行動。恐受他强國之猜忌。然現在歐洲二三國之意見謂中日兩國間尚未達仲裁之時機。英國亦將尊重該項意見云云。以曖昧模稜之言。辯護自己之失計矣。英國之聯合仲裁中途失敗。歐洲强國皆不欲日本乘勝使中國陷於土崩瓦解。且爲速行休戰。

各國不願中國瓦解且不願日本要求過大

不使日本之要求過大。似已一致。又俄國政府使其駐日公使向余提議。俄日兩國互相交換意見以防他强國干涉。即此時之事也。關於俄國此項提議後章自當詳述。但此時余與俄國公使之會談。不能使俄國政府滿足。然疑俄國由此時已生敵視日本之傾向。亦不免爲迂謬之見。蓋俄國雖常睜猜忌之眼。觀察自國利害所在之方向。然在當時尚未決定向中日何方展其羽翼。故對我國以甘言巧語。務不傷其自負心。同時對中國亦不沮喪其依賴心。(中國特使王之春赴俄京聖彼得堡謁見同國皇帝。關於中日能戰。請俄國援助時。俄皇答曰。中國可自向日本乞和。若日本要求過大時。朕當盡力周旋。使其減輕。)總之。此時俄國舉動顯於

我國之依違兩可

外者。或如中國之友。或如日本之友。有一種不可思議之情形。本年一月三十一日。青木公使電稟余曰『德國皇帝秘密對本使曰。英國欲得中國之歡心。俄國欲得日本之歡心。彼此孜孜不息。皆屬可笑之至。』此雖德國皇帝一時高興之談。然俄國藏其爪牙。不使局外者得悉其眞意。已可概見。當時俄國對於中日兩國之深意。非得鷸蚌兩獲之利。則欲嘗熊掌或魚之一味。唯待其時機而已。其他德法兩國政府。迄他日因歐洲政

略上關於自家之利害不能不左袒俄國時止。原於東方關係無重大利害之國。故諸事稍爲沈靜。概似親日也。

第十五章　中日媾和之發端

美國提出友誼仲裁

中日兩國間之龍戰。由美國啓其端緒。歐洲强國正在互講縱橫之策。動逞弱肉强食之慾。而建國於新世界。除希望社會一般和平外。決不干涉他國利害之美國。近日關於東方問題。鑑於歐洲强國之形勢。甚爲危險。竟對中日兩國。行友誼的仲裁矣。即明治二十七年十一月六月。駐東京美國公使譚恩。傳達美國政府之訓令於余。其概要曰。『深堪痛惜之中日兩國戰爭。毫未危及美國亞細亞之政略。美國對兩交戰國之意嚮。在不偏不黨。重視友誼。守中立之義。希望兩國之安好而已。然戰鬬彌久。若無限制日本軍海陸進攻之法。則與東方局面有利害關係之歐洲强國。難免對日本國將來之安固幸福爲不利之要求。以促戰爭之終局。美國大總統從來對於日本國懷深篤之好意。若爲東方和平。當於不損中日兩國名譽之範圍內。盡力仲裁。可探問日本政府承諾與否。』美國政府之意思。公平無私。當無疑議。而熟察中國之情形。彼等非更受重大打擊後。未能眞心悔悟。感覺誠實媾和之必要。而國內主戰之氣焰。毫未減少。現在媾和時機尙早。故余以爲對於美國亦如曩之對英回答。不如暫不明言日本之確答。然中日戰爭非能永久繼續。早晚媾和之機成熟

日本利用美國爲交換意見之機關

時。第三國之儼然仲裁。雖無必要。如有一國從中周旋。爲交換彼我意見之機關。頗爲便利。而可爲此機關者。則無善於美國者。因之余將上述理由提出閣議。復經聖裁。遂於十一月十七日交付下之覺書於美國公使。即『日本政府對於欲爲中日兩國和睦盡力調停之美國政府之厚意。深爲感謝。惟交戰以來。帝國之軍隊。到處獲勝。今爲息止戰爭。以爲無乞助友國之必要。然帝國政府非欲乘勝超越此次戰爭之正當結果之定限外逞其慾望。但在中國政府尚未直接向帝國政府乞和前。帝國政府不能認爲已達上述定限之時機。』（此文中不超越定限以外云云。因當時歐洲各國正抱日本全勝。將陷中國於土崩瓦解之疑念。政府爲緩和此疑念。特加入此等文句。）表面上雖如此回答。然余私語美國公使譚恩云。日本政府現在公然煩美國政府爲中日兩國間之仲裁者。或不免招其他第三國干涉。故不能不避脫此事。異日若由中國開媾和之端緒時。美國從中交換彼我之意見。則我政府當深倚賴美國政府之厚誼。譚恩十分了解余意。並約將此意報告本國政府。

中國直接提議講和

十一月二十二日。駐北京美國公使鄧壁致駐東京美國公使電云。『中國將直接開媾和談判之事。委託本使。媾和條件。爲承認朝鮮之獨立及賠償軍費二件。乞將此旨遞達日本國外務大臣。』是爲中國政府直接向日本提出媾和條件之嚆矢。在彼等則係選擇最輕之條件。在我國連戰連捷。固不肯承諾此種條件。且中國今當危急存亡之秋。於講求避難免苦之計時。猶行權謀術數。足見彼等尚無希望和平之誠意。因之我政府更於十一月二十七日發送下之覺書曰。『中國政府經北京及東京美國代表者所提出之

日本拒絕講和條件

中國請日本提出講和條件

日本二次拒提條件

中國允派代表

媾和條件。日本國政府不能承諾。以現在之情狀而論。中國政府尙未有同意於滿足媾和基礎之誠意。若中國誠實希望和睦。任命具有正當資格之全權委員。則日本政府當於兩國全權委員會合後。宣言日本政府之罷戰條件。』中國政府接此回答。當頗爲失望。然彼等仍欲探聞日本政府之媾和條件。十一月三十日。中國政府復經北京及東京美國公使送來下之電報。卽『日本政府不明言以何種條件爲媾和基礎。中國政府難推知日本政府意見之所在。故爲商議媾和。中國礙難任命使節。特此通告日本政府。因使中國容易處理此事。仍望日本政府提出兩國將來應議問題之概要。請將此旨轉達日本國外務大臣。』此不過中國政府再述前電之意味而已。事已至此。我政府以爲徒應付彼等優遊不斷之照會。以國家重事爲未定問題。恐招其他第三國之干涉。實非得計。且察知此時非向彼等頭上灑以冷水。則彼等之迷夢。無覺醒之期。十二月二日。余交下之覺書於譚恩。經駐北京美國公使告知中國政府曰。『據駐北京美國公使所轉來之電報。中國政府似尙未決定有媾和之必要。蓋此次要求罷戰者。係中國。非日本。故日本政府祇得重述前電所云。非具有正當資格之全權委員相會後。不能宣告媾和條件。若中國政府對此不能滿足。則此次之商議。卽可中止。』中國政府接此回答。似稍變其初衷。十二月十二日。更經鄧壁致電譚恩云。『日本政府拒絕中國政府前電所提議。此中國政府所以爲遺憾者也。中國政府茲依日本政府之意見。任命全權委員。與日本全權委員會合。商議媾和。中國政府欲以上海爲委員會合地。又兩國委員何時可以會合。中國政府希望先期告知。

日本欲在日本境內議和

中國派定代表

日本指定廣島爲議和地

日本亦有主張議和者

請將此旨轉達日本國外務大臣。』至是彼已屈服矣。因之余於十二月十八日。經東京北京兩美國公使。轉電中國政府如下。『若中國政府任命媾和全權委員。日本政府不論何時。可任命同資格之委員。但日本政府任命該全權委員之前。須中國政府先將彼國全權委員之人名官位通知日本國政府。全權委員會合地。必須在日本國內選定。』中國因提議屢被駁回。現已悟諸事非從日本政府之意嚮。不能達其目的。故十二月二十日。駐北京美國公使致電駐東京公使如下。『中國爲商訂和議。任命尚書銜總理衙門大臣戶部左侍郎張蔭桓及頭品頂戴兵部右侍郎署湖南巡撫邵友濂爲全權委員。派往日本國。與日本國全權委員會商。中國爲往復便利。希望日本國在上海近傍選定會合地點。并願日本國卽任命全權委員。速定會商日期。俟日本國任命全權委員後。決定兩國間開始休戰期日。』因之余於十二月二十六日。經駐東京北京兩美國公使致電中國政府如下。『日本政府當任命有全權與中國政府所任命之二全權委員締結和議之全權委員。日本政府選定廣島爲全權委員會合地。中國全權委員到廣島後四十八小時內。當由兩國全權委員會合。又會合之時日及處所。俟中國全權委員到廣島後。當速行通知。中國政府。須將其全權委員由本國出發日期。及豫定到廣島之日期。速行電告日本政府。惟日本政府。縱令可承諾休戰。然休戰條件。非兩國全權委員會合後不能明言。』其他經駐北京東京兩美國公使之手。中日間往復之電尙多。然均不甚重要。茲特從略。此時我國一般主戰氣焰。雖尙未衰。然社會之某部分。亦非無唱媾和之說者。惟其說寬嚴精粗。彼此

日本海軍派之講和條件以台灣為重

陸軍派以遼東半島為重

財政派注重賠償

青木之亞細亞霸權夢

駐俄日使注意俄國關係之講和條件

出入頗多。彼徒吐大言。取快一時者。姑不具論。而政府當局各部之責任者。因忠於各自之職責。以自己所希望之條件爲主。其他條件爲副。譬如當時海軍部內之希望。與其割取遼東半島。不如割取台灣全島。又同屬於此派之中。稍以遼東半島爲重者。則主張若遼東半島不能完全由我佔領。則使中國讓該半島於朝鮮政府。我國更由朝鮮政府租借。至台灣全島。則非歸我版圖不可。反之。陸軍部內之見解。主張遼東半島爲我軍流血曝骨之結果所略取者。我軍足跡所未及之台灣。不能與此比較。且該半島撫朝鮮之背。扼北京之咽喉。國家將來大計上。決不可不歸我領有。又管理財政者。對於割地問題。不甚熱心。惟希望巨額之償金。〔他日松方侯爵再任大藏(財政)大臣後。所主張償金十萬萬兩之說。卽基於此。〕又奉職海外目擊歐美強國形勢之我外交官中。其說亦各相異。十一月二十六日。青木公使勸告政府之媾和條件中。(一)割取盛京省及與俄國不接界之吉林省大部分。並直隸省之一部。於中韓兩國間設五千平方里之中間地。爲將來我國掌握亞細亞霸權之軍事上根據地。(二)償金爲英金一萬萬磅。一半爲生金。他半爲銀貨。分十年償淸。(三)迄償金償淸止。日本軍占領東經百二十度以東之山東省一部。及威海衞之砲壘兵器。其駐兵費使中國支付。且附言歐洲輿論。若不影響歐洲之利害。或中國之存亡。雖如何條件。皆無異議云云。又駐俄國西公使。自始關於中日戰爭。觀察駐在國之形勢。尤爲注意周到。豫料割取遼東半島。尤其割取接近朝鮮之部分。俄國決不能默視。故寧可向中國要求巨額之償金。占領該半島以爲抵當。則俄國對此不能容喙。特以此種意見勸告

日本國民之誇大妄想

對外硬派主張割取中國東北部土地

改進革新兩黨欲割東南四省

自由黨欲割東三省台灣及訂凌駕歐美之商約

日本亦有識大局者

政府。」政府部內所主張者。尙如此互相出入。彼此寬嚴不一。至國民之間。有種種希望。各不一致。固不待言。然於中國之割讓唯欲其大。帝國之光輝唯欲其揚。則殆屬一致。尤其是一方沈醉於百戰百勝之浮誇。一方各擁將來經營之成算之徒。皆欲不失其主要目的。政府若欲得一成案。調和各方。而使之滿足。則不能斟酌一輕一重。此主彼從。惟湊合其重者要者。成苛酷之條件而已。〔茲略述當時民間各政黨以新聞或其他方法發表媾和條件之意見。自稱對外硬派。則謂『迄中國自行請求降服和議止。海陸軍之進攻不可停止。爲永久壓制中國之反抗及擔保東亞之和平。使割讓中國東北部（盛京省及台灣）樞要疆土於帝國。軍資賠償至少須二萬萬圓以上。』又屬於該派之改進及革新兩黨之重要人物謂。『戰後若中國不能保存其社稷。陷於自暴自棄。拋棄其主權時。則我國不可不有分瓜四百餘州之覺悟。此時須以山東、江蘇、福建、廣東四省爲我領土。』又自由黨謂。『須使割讓吉林、盛京、黑龍江三省及台灣。中日兩國之通商條約。須訂凌駕歐洲各國之條件。』在此衆論囂囂之中。非無二三有識者。以媾和條件過於苛大。非爲得計。譬如谷子爵當時曾寄一書於伊藤總理。洋洋數千言。述此意味。該書中引一八六六年普奧戰爭之歷史。極言要求割地阻礙將來中日兩國之親交。其說之當否。姑且不論。其能發揮獨特之見。有萬綠叢中一點紅之觀。然谷子爵亦未敢反抗社會潮流。公然發表其議論。唯於私函中洩其微意而已。谷子爵尙且如此。況其他碌碌之輩。唯三五相集。低聲偶語。焉能有挽回社會狂瀾之效力乎。故谷子爵之說。縱有可取。而當時之大勢已不可如何

日本之講和條件隨時修改

矣。」先是余不顧諸說紛紛。於十月八日英國仲裁提出後。竊與伊藤總理詳細討議籌畫。已起草一媾和條約矣。（媾和條約因戰局之進步廣狹寬嚴自異其度。爾來對於該案時時酌量修正。）

歐美對日形勢惡劣

當此時。歐洲各國。皆欲知我政府向中國要求之條件如何。飛耳張目。百方搜查。間出揣摩臆說。對於我國。往往懷不當之疑懼。危機何時突發。頗難逆料。形勢如此。

日本決定二方針

故余關於此事。屢與伊藤總理協議。其結果決定下述二方針。（第一）我政府公表或暗示對中國之要求條件。使歐洲各國豫先默認。以防止他日之誤解乎。（第二）迄中國誠實希望和平止。我政府深密要求條件。制限事局於中日之間。使第三國無事前行何等交涉之餘地乎。

日本講和條件不公表之原因

余當初主張第一說。伊藤總理則主張中日媾和條件一旦發表於世。到底難免外國之干涉。今由我先向各強國開示要求中國之條件。欲得其默認。反予彼等以事前容喙之機。若條件中有彼等大唱異議者。則我政府向中國要求之某某條件中。已豫知有某某強國之反對。仍向之提出乎。抑為避免第三國之異議。自行抑制對中國之正當要求乎。兩者皆有非常困難事情。故今日我國向中國之要求條件。寧可不稍顧慮他國而提出之。換言之。即我國對於中國全收一切戰果。若事後遇他強國發生異議時。更經廟議取相當之方針。較為安全云云。

伊藤不公表條件之意見通過

總理此項意見。內閣同僚及大本營之重臣。概予認可矣。蓋重要之度。兩說雖無軒輊。然皆係豫測將來之結果。不論何人。對於如斯機微問題。不能料將來之得失。而余以為急要者。在豫定此事之廟議。並非固執意見。遂對伊藤總理之意見。不惜予以同意矣。爾來經駐北京東京兩美國公使與中國政府電信往復時。常防事

著者赴廣島

著者提出講和條件於御前會議

日本講和條件之三大綱

伊藤之奏言

前暴露我政府之要求。使中國及其他各國不能窺測我政府之希望。因之余從前起草之媾和條約案。亦深藏於篋底。迄他日時機到來。不使人知悉。惟中國媾和使臣之來朝時日已迫。當余將攜該條約案赴廣島之前。特於內閣總理大臣官邸。將該案遍示在京閣僚。求其意見。（當時伊藤總理亦在東京）而閣僚皆無異議。故余於一月十一日與伊藤總理由東京出發赴廣島。一月二十七日。在廣島大本營招在廣島之閣僚及大本營之高等幕僚。（是日出席者彰仁親王殿下、伊藤內閣總理大臣、山縣陸軍大臣、西鄉海軍大臣、樺山海軍軍令部長、川上參謀本部次長。）關於中日媾和開御前會議。余謹捧呈媾和條約案。奏明該案起草之要領曰『本條約案大體分為三段。第一段規定使中國確認為此次戰爭原因之朝鮮獨立。第二段規定我國因戰勝之結果由中國讓受土地及償金二件。第三段確定中日兩國之交換利益。與我國之利益及特權。使將來我國與中國之關係。一如歐美各國與中國之關係。更進一步設置數處新開商埠。並擴張江河通航權利。以規定我國永遠在中國之通商航海諸權利。而此三大要件之外。尚規定中日兩軍之捕虜交換事件。使中國對於曾降服我國之將卒人民。不為過酷之處置。又規定中日戰爭中中國領內之人民與我軍有某種關係者。中國政府日後不施責罰。以斷將來中日兩國人民間怨恨之痕。廣布我國一視同仁主義於世界。』余之上奏終後。伊藤總理大臣起立於御前。關於此次中日媾和事件。奏聞我政府應取政略之大要。謹仰聖明之採擇。其奏言之概要曰。

伊藤希望宮中府中一致

伊藤豫料講和不成

博文今欲謹達聖聽。並陳述於參與帷幕之文武各官者。此次中國政府爲媾和派遣使節於我國。其來朝之期將近。因之於會見該使節之先。於外務大臣協議從事種種之審查。草出另册之媾和條約案。提付閣議。經協同一致矣。惟此次中日事件。爲我朝開闢以來未曾有之大事。幸以陛下之神威。開戰以來。迄今日此海陸到處奏捷。以輝揚我國之武威。雖由第三國開干涉之端。然隨時擺脫。未至太甚。以至今日。然本件之結果如何。實關我國將來之隆替。故收拾此變異之局。宜愼重熟籌。鑑時察機。以講求適應之策。固不待言。惟宣戰媾和之大權。雖爲陛下所掌握。而確定廟議。則須閣臣先悉心妥籌。同時亦不能不期待參與帷幕諸臣之協同一致。而宸斷一下。當局者宜任奉行之責。帷幕臣僚。他日亦不可挾絲毫異議。蓋閣臣幕臣。皆夾輔陛下。領袖百僚。猶如車有兩輪。鳥有兩翼。應各相輔而行。聽頭腦之指揮。以運行人身之肢體。苟籌畫廟謨之閣幕兩臣。意思歸一。縱令世上有如何異議。皆不足顧慮者也。此媾和條約中之條項。以此次中日兩國開戰主因之朝鮮獨立。割讓土地。賠償軍費。及將來帝國臣民在中國通商航海之便宜等件爲主眼。其他重要數件次之。共爲十條。惟關於與此次來朝之中國媾和使之會見。雖信十中八九。不能妥當了局。然彼等苟遵萬國普通之慣例來朝。我國亦依國際法常規應之。固不待言。今假定爲中國計。與其此後尚屢戰屢敗。竟爲城下之盟。不如此時行豫期外之讓步。收拾此變局。較爲得計。然以博文所知。不信彼等爲避將來之危難。今日有斷然之決心。若果如此。則此次雙方全權委員假令會合。終當一議不成而

伊藤豫料他國干涉爲不可免

別也。若萬一與豫期相反。中國竟有大決心。則以此次之會合。此事難斷其不告終局。不論與中國媾和使之談判成立與否。若一旦明言媾和條件。難保不招第三國之容喙干涉。或係不能免者也至其干涉之性質如何。程度如何。雖以如何賢明之政治家。固不能豫料。尤以使他國毫不干涉。更屬不能保證。若假定此種干涉爲早晚不可免者。則觀察時機。以外交上之手段。盡力操縱。固不待言。然當此局面各强國所取之政略方針。往往不能於樽俎之間使之轉換。故萬一此種干涉到來。則斟酌該第三國之意向。或致不能不變更我對中國之條件。或寧可增加他之强敵。始終維持我廟議。則屬未來之問題。彼時更當討論。要之。今日收拾此局。須文武兩臣各一其心。罄守成算。嚴保祕密。使外間毫不能窺知。始終一轍。以期貫澈。至當談判之衝者。應任奉行廟謨之責。選擇其人。下令任命。則悉仰陛下之聖裁。

以上奏陳之梗概。謹仰陛下之聖鑒。同時並乞列席之文武兩臣深加省察。

日本任命全權大臣

皇上聽納內閣總理大臣之上奏。閱覽余所捧呈之條約案。而列席文武兩重臣。皆奏明無異議。陛下遂裁可以該案爲媾和條約之基礎。一月三十一日。伊藤內閣總理大臣與余皆被任命爲全權辦理大臣。與中國使臣會商。

第十六章　廣島談判

中國講和使臣到廣島

日本不信任中國代表

日本恐講和條件洩漏

託詞使談判破裂

明治二十八年一月三十一日。中國媾和使張蔭桓邵友濂到廣島。我政府已準備一切。接待敵國使臣。彼等一到廣島。余即發一公文。以我全權辦理大臣之名。通告二月一日在廣島縣廳內會合。去年以來。中國政府一心希望之媾和談判。於茲開幕。兩國全權大臣會合之期已在二十四小時後。媾和之成否。全係於雙方全權大臣之材能及談判適機與否。中日兩國停止長期間之戰爭。東方之大地將再見和平局面乎。或談判不調。戰爭尚繼續乎。喜劇乎。悲劇乎。皆將於明日開幕矣。此時我國一般人心尚未厭戰。祇主張媾和尚早。不遑觀察歐洲各强國蓄如何之陰謀野心。而反察中國之內情。彼等已覺媾和為急務無疑。然觀張邵兩使臣之地位資望。不信其有折衝樽俎、敏速妥結事局之膽識權力。中國托張邵輩以媾和重事。使人疑其尚未自認為敗者。而缺乏眞欲罷戰之誠意也。中國使臣到廣島之前數日。伊藤總理竊招余曰。今熟察內外之形勢。媾和之時機尚未成熟。且中國之誠僞。亦甚不可測。若吾儕稍不注意。媾和之目的未達。而我國要求中國之條件。先流傳於世。有惹起內外物議之虞。故吾儕與中國使臣會合之日。非明察彼等之材能及權限後。不可容易開媾和之端。且中國從前付與其使臣之全權。往往不合國際法上之例規。是亦吾儕不可不深加考察者也。余恰與伊藤總理抱同一之憂慮。故即表示同意。因之吾儕密議之結果。第一先考究彼等所攜帶之全權委任狀之形式如何。若於國際公法普通例規有不合。則於未入媾和談判之前。即拒絕與彼等繼續談判。使此次會商歸於不調。如此或不及開示媾和條件。得使談判破裂。而他日中國眞心悔悟。再派有名爵資

日本謂中國全權委任狀不合法

日本已得拒絕談判之口實

望之全權大臣。與之會商。亦決不遲。現唯有徐待會商之期日至。二月一日午前十一時。中日兩國全權大臣。遂於廣島縣廳會合照例第一着查閱彼此攜帶之全權委任狀。更進而交換之。果如吾儕所豫料。發現中國使臣未帶有國際公法上普通之全權委任狀。彼等先提出所謂國書（參照本章末之附錄第一號）之一種書狀。此不過一種信任狀。決非全權委任狀。在兩國交戰中平時之外交已斷絕時。一國君主對於對手國君主。無授受紹介其使臣之信任狀之理。因之我全權大臣。即述此理由。將該書狀退還彼等。中國使臣次提出稱爲詔諭之一種書狀。此係中國皇帝詔諭張邵兩全權之使命書。謂派張邵二人爲全權大臣。與日本國派出之全權大臣會商事件。爾等仍一面電達總理衙門。請朕旨意遵行云云。彼等不特未攜帶具有普通形式之全權委任狀。且其文中有『會商事件』之語。不知果係何事。又一面電達總理衙門請朕旨意遵行云云。彼等不過聽受我政府之意見。通報總理衙門。更受該衙門之命令。從事談判外。無何等能力。彼等果入吾儕豫想之彀中。媾和談判之第一關門。對彼等閉鎖矣。然吾儕拒絕彼等。不如先使彼等自認其全權不備之事實。故須使彼等明言彼等所攜帶全權委任狀之權限。遠不及日本全權大臣之權限。余曾豫草一覺書。以爲此時之準備。當彼此全權大臣互交換其全權委任狀時。卽取出該覺書而宣讀於彼等。求其回答。其概要曰。『日本全權辦理大臣現在知會中國欽差全權大臣之全權委任狀。關於媾和結約包含由日本皇帝陛下付與該全權辦理大臣之一切權限。故爲避他日之誤解。且基於彼此對等主義。日本全權辦理大臣由

日代表質問中代表有無全權

中國欽差全權大臣所知照之全權委任狀。雖尙未經充分查閱。然果包含由中國皇帝陛下關於媾和結約付與該欽差全權大臣之一切權限否。望以文書確答。』彼等不能卽時確答。聲稱容後答覆。是日兩國全權之會合於茲終了。翌日中國使臣對於余昨日交付之覺書送來一回答公文。其概要曰『本大臣由本國皇帝賦與爲締結和議會商條款簽名蓋印之全權。所議各條款。因期迅速辦理。以電報奏聞本國。請旨定期簽字。並將所議定之條約書攜歸中國。恭候皇帝親加披閱。果屬妥善。然後批准施行。』至是彼等自白無全權

日代表謂中代表無全權

大臣之獨斷專決權矣。吾儕之豫想果中正鵠。余卽毫無所顧慮。約同日午後四時再於廣島縣廳會合。在席上伊藤全權行左之演說。

本大臣今與同僚所將取之處置。出於論理上不得已之結果。其責固不應歸諸本大臣。

伊藤宣言拒絕談判

從來中國殆與列國全然睽離。有時或列入國際團體。享受所生之利益。至隨此而生之責任。則往往不顧。中國常以孤立及猜疑爲政策。故於外交上之關係。缺乏善鄰上所必須之公明信實宜矣。中國之欽差使臣關於外交上之盟約。公然表示合意後。翻然拒絕簽字。或對於儼然締結之條約。無明白理由。漫然拒否之實蹟。不一而足。徵諸此等實蹟。可見當時清廷之意中。無可信賴之誠心。至當談判之局之欽差使臣。亦復無必要權限。故今日之事。我政府鑑於既往之事實。決意不與未合全權定義之清廷使臣談判一切。當開媾和談判之先。曾以清廷之委任者須有締結和議之全權爲一先決條件。而清廷保證恪遵此條

日本要求另派全權代表

件。派遣其全權使臣於我國。故我天皇陛下委任本大臣並同僚。與清廷全權締結媾和條件並簽字之全權矣。清廷雖予此保證。然兩閣下之委任權甚不完全。足證清廷之意思。尚未切實求和。昨日在此席上所交換之雙方委任狀。一見卽知其軒輊。雖不待批判。然玆稍加指摘。當非徒勞。卽一方適用開明國慣用之全權定義。一方缺乏全權委任之必要諸項。加之兩閣下攜帶之委任狀。閣下等應談判之事項不明。又無訂約之權。且對於兩閣下之行爲。關於中國皇帝陛下事前之批准。亦無一言。要之閣下等被委任之職權。不過聽受本大臣及同僚之陳述而報告貴政府而已。事已至此。本大臣等此後決不能繼續談判。或曰。此次之事。並非違背中國從來之慣例。本大臣斷不能以此說明爲滿足。中國內地之慣例。本大臣固無容喙之權。至關聯我國之外交上之條件。主張中國特殊之慣例。應受國際法上之制裁。不特爲本大臣之權利。亦本大臣之義務。抑和平之恢服。其事至重至大。今欲再啓輯睦之道。固有結締條約之必要。且其互訂之約。亦必有誠意期諸實踐。關於媾和之事。我帝國固無向中國請求之理由。然我帝國因尊重其所代表之文明主義。故清廷履至當之軌道而開其端時。我有應之之義務。然參與無效之談判。或紙上空文之媾和。則將來亦必謝絕也。我帝國一旦既締結之條件。必能實踐。同時對於清廷。亦不能不期其照樣履行。故誠信求和。委其使臣以確實全權。選擇有名望官爵足以擔保實行條約之人員當此大任。則我帝國當不拒絕再開談判。

日代表宣告斷絕談判

中國代表尤再請全權委任狀

日本仍拒絕談判

伊藤託伍廷芳傳言李鴻章

伊藤全權之演說。議論剴切。事理明白。不須註解。余俟上述演說終了。即取出豫先草就之覺書。朗讀於中國使臣之前。確切表示此次談判於茲斷絕之意。其概要曰。『日本政府曾屢經駐東京及北京美國特命全權公使聲明。中國若欲講和。應派遣帶有締結條約全權之委員。然本月一日由中國欽差全權大臣所知會之命令狀。對於發此命令狀之目的。極欠妥當。蓋該命令狀缺乏普通全權委任狀所必須之諸要素故也。日本政府之意見。今尙與由美國公使所聲明者無異。因之帶有由日本國皇帝陛下所授與適當而且完備的全權委任狀之日本帝國全權辦理大臣。不能與祇帶有會商事件、諮報總理衙門、隨時請旨遵行的命令狀之中國欽差全權大臣會商。故日本帝國全權辦理大臣。不得不宣言此次談判於茲停止。』中國使臣過於驚愕乎。抑悟我論理之不可爭乎。彼等唯聲言。若彼等攜帶之全權委任狀有不完全之點。當更電請本國政府付與完備之全權。希望此後再行開議。然在我方對於已經拒絕繼續談判之中國使臣。無使再待本國政府命令之必要。故以此意拒絕之矣。因之彼等行二三不重要問答後。竟退往長崎。待歸國之便船矣。然中國媾和使隨行員中有伍廷芳者。彼原係李鴻章之幕府。伊藤全權明治十八年赴天津時之舊識。當中國使臣團人員將離會堂出戶外時。伊藤全權特留伍談話。托其向李鴻章傳言。同時稍洩我政府將來之意嚮矣。即伊藤全權向伍曰。足下歸國後。可將余最誠實之言。傳諸李中堂。使李中堂領會。此次吾儕拒絕與中國使臣繼續談判。決非日本國好亂惡治之故。吾儕為兩國尤為中國。以為有速行恢復和平之必要。若中國眞實

伊藤要求派李鴻章爲全權代表

總理衙門解釋全權之意請繼續談判

希望和平。任命有正當資格之全權使臣。則我儕對於再開談判。當不躊躇。原來中國有許多慣例舊典。使北京政府不能遵守萬國普通例規之事雖多。然吾儕此次則希望中國依國際公法上之常規處置事物。此余與足下有天津以來之舊交。故聊表私言。未可與中國使臣公言也。伍表感謝之意。後問曰。爲充分了解閣下之眞意。乞閣下明言。閣下關於此次來日中國使臣之官位名望。非有所疑慮乎。伊藤全權答曰。非也。原來我政府對於不論何人。祇帶有正當全權委任狀之人。不拒絕開始談判。然其人爵位名望愈高。談判愈合宜。若中國政府因故不能派遣高爵大臣來日本時。吾儕往中國。亦無不可。譬如以恭親王或李中堂其人。受此任命。則頗合宜。蓋彼此談判之結果。不特紙上空文。必須有力實行故也。此不過一場之談話。然他日李鴻章爲中國全權使臣來馬關。未始非此談話之結果。故記其大要於此。張邵兩使臣僅兩日間完全失敗。彼等不能不卽退往長崎矣。北京政府殆以媾和談判不成爲遺憾歟。二月七日。托駐北京美國公使經駐東京美國公使致下之電報於我政府。其概要曰。『總理衙門昨日接張邵兩全權大臣之電報。日本政府以委任狀中不明記關於締結及簽署媾和條約之權限。提起異議。不肯與該全權委員等談判。因是張邵二使被送往長崎。然該全權大臣信任狀中有全權之語。故以爲足以締結條約並簽押。蓋此語包含一切。無另行一一詳記之必要。然日本國關於該信任狀之效力若抱疑惑。中國不妨更改。惟兩國全權大臣簽押於其所議定之條約。而該條約於批准交換前。須待皇帝之認可。然後始生效力。此等事項。應明記於信任狀。今送已加改訂之信任狀於張邵二使。使其交予日本國當局。又送該信任狀於日本國。須多少日數。故將上述意旨委細電知日本政府。張邵現留長崎。希望由閣下向日本政府請求與該兩使再開談判。』然我政府確知使已被拒絕談判之中國使臣更向本國取委任狀再行會商之不適當。且當時國民一般之批評。頗以政府此次拒絕與中國使臣會商爲愉快。其中有稱放逐中國使臣爲政府近來之英斷者。在此事頗愜人意之際。徒繫留彼等再開會商。爲事情所不容。且如張邵在中國無勢力資望之輩。雖受如何全權委任。決無成就滿足談判之望。故余等顧內外之事情。斷然拒絕張邵。待他日之好機。再開媾和端緒。

日本再拒絕談判

二月八日。經駐東京美國公使致電於駐北京美國公使。使轉達中國政府云『若中國政府果有誠意。派遣攜帶正當全權委任狀之有名爵資望之全權委員來日本時。日本政府不論何時。當再開媾和談判。然使談判不調之此次使節。爲待本國政府之訓令。滯居日本。則不能承諾。』事已至此。彼等已知不能有爲。張邵一行人員二月十二日由長崎出發歸國。廣島談判於茲告終矣。

不許張邵留日

附錄第二號

大清國大皇帝問大日本國大皇帝好。我兩國誼屬同洲。素無嫌怨。近頃以朝鮮一事。彼此用兵。勞民傷財。誠非得已。現經美國居中調停。由中國派全權大臣與貴國所派全權大臣會商。以資結局。茲特派尚書銜總理各國事務大臣戶部左侍郎張蔭桓頭品頂戴署湖南巡撫邵友濂爲全權大臣。前往貴國商辦。

歐美諸國更注意日本行動

歐美知日本另懷陰謀

忠告日本不可提過苛條件

唯願大皇帝予以接待。使該使臣得以盡職。是所望也。

附錄第二號

派尙書銜總理各國事務大臣戶部左侍郎張蔭桓。頭品頂戴署湖南巡撫邵友濂。爲全權大臣。與日本派出之全權大臣會商事件。爾等仍一面電達總理衙門請朕旨意遵行。隨行官員。聽爾節制。爾其殫竭誠謹愼從事。勿背委任。爾其愼之。特諭。

第十七章　馬關談判（上）

中國頭等全權大臣李鴻章之來朝

廣島談判破裂。張邵兩使歸國後。歐美諸國對中日事件之視聽。更加敏銳。因張邵攜帶之全權委任狀不完備。日本政府拒絕與彼等談判。不論何人。皆不能發生異議。然中國之行爲不可律以國際公法之定規。已久爲歐美各國所默認。此次之事。歐美各國幾視爲常事。毫不足怪。與其笑中國政府之淺陋無識。寧疑日本以如此口實。拒絕清使。不無異志陰謀存乎其間。對於我國將來之舉動。深生猜疑之念。當時歐洲三四强國政府。似在商議。使其駐東京代表向我政府忠告。對於中國之要求。務期不失之苛大。以中國能應從之程度爲止。希望恢復和平之速成。又泰晤士報載其有名駐巴黎訪員斯羅維之通信。謂俄國政府當訓令其駐

俄國不許日本割中國寸土

歐美干涉有必至之勢

日本始急於講和

日本略示重要條件

中國派李鴻章為頭等全權

外大使。聯合英法等强國。干涉中日事件。但其時機在中國自認戰敗誠實乞和時。歐洲各國當不許日本割取中國大陸寸土云云。正此時之事。可謂洩漏歐洲强國對我國消息之幾分。歐洲之形勢。已漸現不穩光景矣。曩日廟議決定之方針。嚴限事局於中日兩國間。使第三國無干涉餘地。已有不能永久維持之虞。至今欲得歐洲强國之默認。不特時機已遲。且在我卒然變改既定之方針。亦事情所不許。故余以爲不如設法誘導中國政府。使早日再派媾和使臣。速息戰爭。恢復和平。以新列國之視聽。然欲如此。不能始終對中國政府隱祕我媾和條件。在中國使臣再來前。至少須將最重要條件先知照中國。使豫先有所決心。因之二月十七日經美國公使通告中國政府。其概要曰『日本國政府以爲中國於確認朝鮮獨立賠償軍費外。因戰爭之結果。割讓土地。及爲將來之交際。締結確然條約。非再派能談判此等事件之全權使臣。則雖派遣何等媾和使。其使命當完全歸於無效。』然與該電在途中錯過。翌十八日。中國政府經美國公使來下之電報云『任命內閣大學士李鴻章爲頭等全權大臣。付與一切全權。因之日本政府選定何地爲兩國全權委員會合地。望從速電答。』據此電文。李鴻章以頭等全權大臣來日已屬確實。然余爲我所發之前電。更促中國政府注意。二月十九日發電如下。『對於本月十八日中國政府電報。日本政府回答之前。希望中國政府確言果照本月十七日日本政府之電。派遣其全權大臣乎否乎。』二月二十六日。美國公使稱受中國政府之託。將總理衙門王大臣逕與同公使之公文原文轉電於余。該公文中有。『李鴻章被任爲頭等全權大臣。商議本月十

中國賦李鴻章割地之權

李鴻章到馬關

中國要求休戰

著者目中之李鴻章

七日日本政府來電中各種問題。李帶有執行此等任務之全權』等語。中國政府之決意。至此漸定。因之日本政府電告中國選定馬關爲此次兩國全權大臣會合地。中國政府更電告。李鴻章三月十四日由天津直航馬關。以上彼此之電報。仍照例經駐東京北京美國兩公使之手。余接中國使臣派來之確報。又由東京赴廣島。三月十五日與伊藤內閣總理大臣再拜全權辦事大臣之命。同月十七日晚由廣島出發。十八日到馬關。十九日朝伊藤總理由宇品、李鴻章由天津、殆同時到馬關。余卽將全權辦理大臣之官爵姓名通告中國使臣。同日復以全權辦理大臣之名通告。翌二十日。兩國全權大臣會合。交換各人所帶之全權委任狀。二十日兩國全權第一次會合。互相查閱全權委任狀。認爲完全而交換之。中國使臣於是取出一覺書。要求媾和談判開始前。先議定休戰事項。覺書之概要云。『於開議媾和條約之始。兩國海陸軍卽時一律休戰。以爲商議和約條款之地步。此議已由美國政府商諸日本政府。日本政府電答。須待中國全權大臣會合時。言明如何休戰講和。故特重提前議。蓋休戰一事。爲妥議媾和條約之第一要議也。』我全權大臣約以明日回答。於是本日會合告畢。然李鴻章與伊藤總理係舊相識。故私人談話。互數時間之久云。彼不似古稀以上之老翁。狀貌魁偉。言語爽快。曾國藩謂其容貌詞令足以服人。誠屬確評。然此次使命。彼立於一切不利益之地位。彼此會談中。伊藤總理謂曩者中國張邵兩使來時。不特其攜帶之全權委任狀不完備。且當時中國尙無眞實求和之誠意。故使命歸於無效。彼答云。若中國無切望和睦之誠意。當不命余當此重任。余不感媾和之必要。

李鴻章與伊藤私人談話

亦不敢當此重任。暗抬自己之身分。以博我之信任。彼又謂中日兩國爲亞細亞洲常被歐洲强國猜疑之兩大帝國。且兩國人種相同。文物制度亦同。今雖一時交戰。不可不回復彼我永久之交誼。幸而此次干戈息止。則不特恢復從來之交際。且冀更進而爲親睦之友邦。抑在今日。能洞悉東洋諸國對於西洋諸國之位置者。天下誰能出伊藤伯爵之右。西洋之大潮。日夜向我東洋流注。是非吾人協力同心講防制之策。黃色人種結合以對抗白皙人種之秋乎。惟信此次交戰。當不礙恢復此兩帝國之天然同盟。彼又贊揚日本比年之改革事業。稱爲係伊藤總理之爲政得宜。歎惜中國之改革尙未奏效。爲自己才略之短。更謂此次戰爭。實獲兩個良好結果。其一日本利用歐洲式之陸海軍組織。功績顯著。以證黃式人種亦不讓於白皙人種。其二依此次戰爭。中國得覺醒其長夜夢。是實日本促中國自奮。以助其將來之進步。利益可謂洪大。故中國人雖有多數怨恨日本。然余卻多感荷。且中日兩國爲東洋兩大帝國。日本有不弱於歐洲各國之學術智識。中國有天然不竭之富源。若將來兩國得相結托。則對抗歐洲强國。亦非難事。約略言之。彼屢羨慕我國之改革進步。贊伊藤總理之功績。又論東西兩洋之形勢。以戒兄弟鬩牆之招外侮。說中日同盟。暗諷媾和速成之必要。其所論雖係今日東方經世家家常茶飯之談。然彼縱橫談論。務引起我之同情。間以冷嘲熱罵。以掩戰敗者屈辱之地位。其狡猾却可愛。可謂不愧爲中國當世之一人物也。

日本答復休戰提議

同月二十一日。我全權辦理大臣以一覺書回答中國使臣昨日之提議。其概要曰。『日本國全權辦理大臣。以爲在與戰地相距遼遠之地談判媾和。無休戰之

日本之殘酷休戰條件

日本不願休戰爰提苛酷條件

李鴻章請日本提議和條件

必要。然若附以足擔保兩國均等便利之條件。亦可承諾。故察目下軍事上之形勢。顧彼此休戰之結果。聲明如下之條件。卽日本軍隊佔領大沽、天津、山海關並該地之城壘。駐紮此等地方之中國軍隊將一切軍器軍需交與日本軍隊。天津山海關間之鐵路。歸日本軍務官管轄。中國擔負休戰中日本一切軍事費用等件。若中國對此無異議。則實行休戰。細目更行提出。』李鴻章默誦此覺書。顏色頗動。似喫一驚。連呼過於苛酷。蓋當時之戰況。我固無休戰之必要。吾儕原欲卽從事媾和談判。然此時先由彼要求休戰。若拒絕之。頗背列國普通之慣例。故嚴厲其條件。使彼不能承允。自行撤回休戰問題而已。彼視爲苛酷。亦非無理。李鴻章謂如此條件非中國所能堪。希望日本政府再考。提出稍爲寬大之別案。惟彼之苦求係我所豫期。今無更行提出別案之必要。固不待言。伊藤全權乃曰。若中國使臣對於本案另行提出修正案。則吾人關於該修正案尙不拒絕商議。惟不能自我提出別案。此日之談判。彼屢請求我再考。我唯拒絕彼之請求。以不同言語反覆辯論同一事件而已。彼終至讓步。將休戰問題一時中止。願聞我媾和條件矣。伊藤全權答稱休戰未必卽爲息戰之初步。故卽開媾和談判。固無妨礙。然中國使臣不先撤回休戰問題。我不能提出媾和問題。至是彼稍變其辭柄。謂中日兩國。原爲天然的同盟國。日本若誠實欲得永久之和平。則須對於中國之名譽稍爲注意。惟今日日本對於中國。雖有提出任何要求之權利。然其要求以中庸爲得策。若超過其程度。則日本唯得和平之空名。不能得和平之實利。此次戰爭。原爲朝鮮事件。今也日本軍不特佔領該國全土。中國版圖內亦有歸其佔

伊藤非撤回休戰問題不提出講和條件

中國撤回休戰問題

日本得悉李鴻章與中政府往還電報之內容

領者。天津、大沽、山海關爲北京之鎖鑰。若此等地方歸日本軍所佔領。則帝都安固之基。即日歸於烏有。是豈中國所能堪乎。伊藤全權謂吾人之行爲。並不如此不當。今日無討論交戰原因之暇。唯欲速終結此事而已。今爲中日兩國計。尤爲中國計。早日息戰爲急要。又天津等地之佔領。不過爲一時之擔保。非有破壞其城市之意思。彼我往復問答後。李鴻章謂該休戰條件過於苛酷。然主要目的。在和平不在休戰。日本亦當抱有同樣之感想。伊藤全權答曰。然。吾人亦切望和平速行恢復。惟休戰問題之撤否不先決定。難論及媾和問題。前言已盡之矣。李覺日本態度堅決。故希望予數日之猶豫。考量此事。我方謂雖不妨予考量之時間。然今日兩國人民引領環視吾人談判之結果。而敏速完成吾人之大任。亦吾人當然之義務。望於三日間確答。於是此日之會合終。同月二十四日之會合。中國使臣竟提出一覺書。撤回休戰問題。希望即時進行媾和談判。因之我全權大臣。約定明日提出媾和條約案。此日之會合。雖無可記之緊要事項。然李鴻章聲稱有一事提議。謂日本政府之媾和條約案。當無妨礙其他外國利益之何等條項。質言之。結和條約之中。信其無衝動諸外國感情之條款。蓋望媾和問題限於中日兩國之間。務避他國之干涉故也。（此種言語。不過暴露彼掩耳盜鈴之愚而已。蓋去年以來。彼如何要求歐美強國之干涉。其事不一而足。且他日彼接我媾和條約之提議也。四月一日即電達該案之要領於總理衙門。同時於其電文之末段云。『前所述者。希密告各國公使。惟由日本提議關於通商各事項。此時希不通告各國。蓋爲得利益均沾。彼等將聯合有求於我故也。』又四月二日。總

李鴻章對割地反復爭執

李鴻章與俄國事前並無約定

理衙門致李電云。『前日德國公使來訪。云據本國政府來電。已電訓駐日本德國公使。使與英俄兩國公使共同居中調停。』可知彼等苟於自己便利。不特不避各國之干涉。且有歡迎之意思。然遼東半島交還問題起後。內外報紙。疑李鴻章已預與德璀琳或布蘭德爵士商議。在來日本前。與俄國及其他强國有所密約。故李容易承諾半島之割讓。其尤甚者。則謂李去馬關時。哄然一笑。吐舌而去。更係無根之妄說。蓋奉天省割地之談判。彼執拗反覆抗論。四月五日之照會中。縷述一切割地。為將來中日兩國永遠和平計。決非得策。復謂『奉天省為我朝發基之地。其南部各地歸日本國所有。作為海陸軍之根據地時。則隨時能衝我京師。故中國人民觀此條約時。必謂日本有取我祖宗之地。置海陸軍乘隙窺我之計。欲與我為永遠之仇敵也。』然此照會。雖不過對於敵國之表面外交的異議。其中尚有假飾之言語。然四月一日。即彼發該照會前四日。電稟北京政府。述自己意見。文中亦有『視奉天為滿洲之心腹。中國萬萬不能讓與日本。若日本不肯撤銷奉天半島割地之要求。則決不能結和約。兩國唯有決戰至最終而已』等語。此係彼自稟本國政府者無疑。其後媾和談判至困難時。四月十一日由李電總理衙門。文中有『英國政府似已袖手旁觀。不知俄國政府意嚮如何』數語。由此觀之。彼到馬關後一個月間。尚不知俄國之意嚮如何。則其由天津出發時已有密約云云。亦不過空中樓閣耳。伊藤全權即答稱本問題完全關係中日兩國。非他國所應干涉者。故吾人相信毫無招外國干涉之虞。而是日李鴻章由會議所歸旅館之途中。突然發生怪事矣。

譯者按著者前引汪鳳藻與北京政府往來之電文。此又引李鴻章與北京政府往來之電文。如數家珍。足證中國所謂密碼電報彼已能完全了解。蓋中國之四字電碼。略加編訂。即作爲密碼。若以算學研究之。不難卽行發見其祕密故也。前事已矣。願此後當局者對於密碼。須特別設法。勿使他人再能窺見其祕密。以遺誤國家也。

李鴻章之遭難及休戰條約

李鴻章被刺

此日兩國全權之會合終了。各自退出後。余因明日談判上有預須商議之事。特留李經芳談話。余兩人對座將開談時。有人排戶而入。報告剛才中國使臣在途中被一暴漢以手鎗狙擊。已負重傷。暴漢當場被捕。余與李經芳皆驚事之出於意外。余對李經芳云。對此可痛恨之事件。吾儕當盡力之所及。講善後之策。足下請速歸館看護尊父。余二人遂別。余卽赴伊藤全權之寓所。相伴往中國使臣之旅館慰問李鴻章遭難之飛報一達廣島行在所。皇上甚驚。卽派醫來馬關。治療中國使臣之傷痍。皇后亦賜御製之繃帶。派遣看護婦。予中國使臣最鄭重之待遇。翌二十五日。煥發左之詔勅。

朕惟中國與我現在交戰中。然已簡派使臣具禮依式議和。朕亦命全權辦理大臣與之在馬關會同商議。朕踐國際之成例。爲國家之名譽。固不能不予中國使臣以適當之待遇及警衛。曾特命有司勿稍怠弛。而不幸竟有加危害於使臣之兇徒。朕甚憾之。其犯人有司固應按法處罰。勿有所假借。百僚臣庶其更

日人之狠狽

日人之虛僞表示

著者已知形勢不利

善體朕意。嚴戒不逮。以期勿損國光。

聖旨正大公平。事理明確。足使敵國使臣感泣。並使我國民頗起痛惜之觀念。此事變之報流傳全國。世人痛惜之餘。稍現狠狽之色。我國各種公私團體之代表及個人。皆來集馬關。訪中國使臣之旅館。述慰問之意。且在遠隔之地者。由郵電表示其意思。或贈與種種物品。日夜陸續不絕。中國使臣旅寓之門前。有羣衆如市之觀。是係出於欲向內外表明此係一兇漢之所爲。非國民一般之意思。其意固美。然往往因急於粉飾外面。不無言行或涉虛僞。有失中庸者。蓋中日開戰以後。我國之各報紙。固不待言。即公私集會。亦過甚其辭。以言中國官民之短處。逞罵詈誹謗。對於李鴻章之身分。亦有不堪入耳之言。今俄然痛惜李之遭難。往往出於過諛之語。其尤甚者。至列舉李既往之功業。謂東方將來之安危。係於李之生死。全國到處。與其謂痛惜李之遭難。寧似懼因此所生外來之責難。迄昨日止。醉於戰捷而狂喜之社會。恰似陷於居喪之悲境。人情反覆。似波瀾。固無是非可言。言之無益。李鴻章早看破此情形。其後彼電告北京政府。日本官民對於彼之遭難。不過粉飾門面而已云。余察內外人心所趨向。此際不施善後之策。即發生不測之危害。亦所難料。內外之形勢。已不許繼續交戰矣。若李鴻章藉口負傷。於使事之半途歸國。非難日本國民之行爲。巧誘歐美各國。再使其居中周旋。不難得歐洲二三强國之同情。而於此種機會。招歐洲强國之干涉。則我對於中國之要求。陷於不得不大行讓步之地位。亦所難料。惟由單純理論上言之。此次事變。全出於一兇漢之犯罪行爲。我政府國民固

列國干涉之最好口實

著者願無條件休戰

大本營諸臣不允休戰

無何等關係。故對該罪人加相當之刑罰。則毫無累及其他之理。然現在兩國交戰中。在勝者之我國內。待遇敵國使臣。應予相當之保護及敬禮。已成爲國際公法之成例。而如此事變。若一動社會之感情。則以座上一片之理論。不容易撲滅。固不待言。而況官高爵尊之李鴻章。以古稀之高齡。始奉使異域。遭此兇難乎。其惹世界之同情。自係易覩。若某強國欲乘此機會干涉。彼固以李之負傷爲最好之口實也。故余即夜訪伊藤全權。關於此事仔細協議。謂皇室對於中國使臣之優渥待遇。國民一般之親切好意。雖無間然。然目下情勢儀式的待遇。或社交的情誼外。非另行有現實意味之一事。到底不能使彼衷心滿足。故由我無條件允許彼所懇請之休戰。較爲得計。如此。我之誠意對待中國。固不待言。即對於他國。亦經爲事實上之表現。且由我國警察照顧不到。使彼負傷。其結果自當妨礙媾和之速結。此時我軍隨意攻擊中國。於道義亦不能無憾。伊藤全權對於余之論旨。固毫無異議。然因休戰事件。不得不詢軍署之意見。故即致電在廣島之閣員及大本營之重臣。與之協議。因電文意味不十分貫徹。或有他種原因。廣島之閣僚及大本營之重臣。（松方大藏大臣、西鄉海軍大臣、榎木農商務大臣、樺山海軍軍令部長、川上參謀本部次長之連名回電、）多回電云。目下實行休戰。屬於我國之不利。須再加考慮。（但山縣陸軍大臣回電。完全贊同吾儕之意見。）然當時之事態。非能維持現狀。而吾儕之意見。以爲近日小松親王率領大軍出征旅順口之時機。雖已迫切。然其實戰期尚在二三星期後。當不遺誤軍機。但如此問題以電文往復。到底不能悉其意旨。且有不能不仰聖裁之其他緊要事件。故

伊藤赴廣島請允休戰

著者告李承諾休戰

李鴻章之病床談判

日本之休戰條件

休戰條約簽字

伊藤全權自往廣島處辦於翌二十五日晚由馬關出發矣。伊藤全權到廣島後。與該地之文武重臣會晤。評定休戰之得失。費許多議論及辛苦。其結果列席之文武重臣。竟贊同伊藤全權之意見。奏請經聖裁。同月二十七日夜半。將已蒙勅許休戰及其條件之大要電告於余。余卽將該電文之意編成條約文。翌二十八日。自就李鴻章之病床。述我皇上聞本月二十四日之事變。深勞宸襟。已命於一定時間及地域。承諾從前我政府所未承諾之休戰。因之余同僚伊藤伯爵目下雖不在此。然休戰條約之會商。依中國使臣之方便。何時皆可。李鴻章半面包有繃帶。以繃帶外之一眼表十分歡喜之意。感謝我皇上仁慈聖旨。且對余云。負傷未癒。不能赴會議所商議。然在彼之病床開談判。則隨時皆可。休戰條約之緒言云『大日本皇帝陛下。爲此次意外事變。妨害媾和談判之進行。玆命其全權辦理大臣。承諾一時休戰。』聲明休戰完全係我皇上任意允許。其他重要條款。爲『日本政府除在臺灣、澎湖列島、及其附近從事交戰之遠征軍外。承諾在其他戰地休戰。中日兩政府約定在本約存續間。不問攻守何方。不於其對陣方面。添派援兵。增加其他一切戰鬬力。然其目的非增加現在戰地從事戰鬬之軍隊。則兩國政府不妨配置及運送其兵員。海上兵員軍需。其他戰時禁制品之運送。依戰時之定規。此休戰條約以簽押後二十一日間爲限』等件。余與李鴻章會商中由彼提出之三四修正案內。除休戰效力及於臺灣諸島之要求外。其他不重要之條款。悉容彼之提案。僅半日間了結。翌二十九日。伊藤全權歸馬關時。余示以與中國使臣會商了結之成案。竟於明治二十八年三月三十日兩國全權大臣依式簽名蓋印矣。

第十八章　馬關談判(下)

媾和條約之簽押

李鴻章請開談判

休戰條約訂結後。李鴻章屢促開始媾和談判。曩者余與彼談判休戰條約時。彼在病中。不能出席會議所。現彼復謂此後若能在其旅館會商則隨時皆可又如在旅館會商有妨礙。則先閱媾和條約案。彼此可以書面議定兩者任擇其一。乞速開始談判。然關於議定媾和條約案之順序方法。余曩者將與李經芳商議時。恰會李之遭難。遂中止。

討論講和條約之順序

該順序方法。係將該條約案全體一時提出討論。或逐條議定之二法。此種會商。大抵先議定其方法。對於中國外交家。尤覺其必要。蓋彼等往往有不進入事實問題。提出漠然汎論。遷延時日之癖故也。四月一日。余招李經芳談論該二法中應擇何法。余主張第二法。卽逐條議定法之簡便。彼則懇請用第一法。卽將條約全體一時提出議定。余因謂約案提出之順序方法。雖不妨任擇其一。若用第一法。則中國使臣關於約案全體。一切承認。或關於其中某條更須商酌。希望不爲漠然泛論。須依條約次序確答。且提出媾和條約案後。由當日起算。須於三日或四日內回答。李經芳允歸館後再行回答而去。後由李鴻章通知。依余之提議。當力疾於四五日內回答。於是我媾和條約案卽日送達中國使臣矣。

日本之講和條約

該案之概要爲。

承認朝鮮獨立

一、中國確認朝鮮爲完全無缺之獨立國。

割地

一、中國割左記之土地予日本國。

(1)奉天省南部之地。由鴨綠江口至三叉子。由三叉子直北方楡樹底下。由該所向正西達遼河。沿該河下流而下達北緯四十一度之線。沿同緯度達東經百二十二度之線。由北緯四十一度東經百二十二度之點。沿同經度至遼東灣北岸及在遼東灣東岸及黃海北岸屬於奉天省之諸島嶼。

(2)臺灣全島、與其附屬諸島嶼、及澎湖列島。

賠款

一、中國以庫平銀三萬萬兩賠償日本軍費。分五年支付。

新商約

一、以現在中國與歐洲各國間之諸條約爲基礎。締結中日新條約。迄該條約締結止。中國對於日本國政府及其臣民予最惠國待遇。

開港

中國此外更行左之讓與。

(1)從來開港場之外、爲日本臣民之居住營業等。應開北京、沙市、湘潭、重慶、梧州、蘇州、杭州各市港。

內河航行

(2)爲運送旅客及貨物日本國汽船之航路。應擴張至(子)由揚子江上流湖北省宜昌達四川省重慶。(丑)由揚子江溯湘江達湘潭。(寅)由西江下流廣東達梧州。(卯)由上海入吳淞江及運河達蘇州杭州。

納稅

(3)日本國民輸入貨物之際。納原價百分之二之進口稅後。應免除中國內地所有稅賦鈔課釐金雜稅。又日本臣民在中國購買加工及天然貨物言明為輸出時。應免除所有稅賦鈔課釐金雜稅。

借倉

(4)日本國民為將其在中國內地購買或係輸入之貨物入倉。不納何等稅鈔。有借用倉庫之權利。

(5)日本國民應以庫平銀納中國之諸稅賦。但得以日本國本位銀貨代納。

在中國開製造業

(6)日本國民得在中國從事各種製造業。並輸入各種器械。

濬浦

(7)中國約定着手疏浚黃浦江口吳淞之淤塞泥沙。

佔地

中國為擔保誠實施行媾和條約。承諾日本軍隊一時佔領奉天府及威海衛。且支付各駐軍之費用。(此外重要之處不及前各項者省略。)

李鴻章對講和條約之覺書

同月五日。李鴻章對於日本提案提出長文之覺書。茲舉其概要。其緒言云。『日本政府之媾和條約案。已詳細查閱。其關係至重各條項。雖特別竭力考究。然負傷之後。精神尚未恢復。本覺書中有不周密處。實因傷痍未癒。力不從心。希為諒察。數日之後。當一一詳答也。』將該條約案之要領分為四大綱。各節加以論難。

日本亦應承認朝鮮獨立

其四大綱爲（第一）朝鮮之獨立。（第二）割地。（第三）賠償軍費。（第四）通商上之權利等是也。彼關於（第一）朝鮮之獨立言明中國已於數月前承認朝鮮爲完全無缺之獨立國矣。因之記入此次媾和條約中。雖無異議。然日本亦須同樣承認。故日本國提出之條文中有可攻者。主張中日兩國對於朝鮮權利平等。關於（第二）割地。謂日本提出之媾和條約案。緒言中有締結媾和條約以除兩國及其臣民將來紛爭之端云云。

割地爲將來禍根

然此次要求割讓之土地。若强行割讓。不特不能除去爭端。後來必生紛議。當至兩國人民子子孫孫相仇視無所底止。我輩已爲兩國全權大臣。故爲兩國人民深謀遠慮。不可不維持永久和好。締結相互援助之條約。以保持東洋之大局。中日兩國爲比隣之邦。歷史、文學、工藝、商業。無一不同。何必如此爲讎敵耶。抑數千百年國家歷代相傳之基業土地。一朝割棄。爲其人民者飲恨含寃。日夜以圖復讎。蓋必然之勢也。况奉天省爲我朝發祥之地。以其南部歸日本國所有。爲海陸軍之根據地。隨時能衝北京乎。中國人民見此條約文。必曰。

日本欲與中國永世爲仇

『日本國取我祖宗之地爲海陸軍之根據。是欲爲我永遠之仇敵也。』日本國在此次交戰之初。非向中外宣言。不貪中國之土地乎。若日本國不失其初志。則將該條約案第二條（指割地之條項）及聯帶各條酌加修改。以爲維持永遠和好。彼此互相援助之條項。爲東方亞細亞屹然築一長城。免受歐洲各國之狎侮。若計不出此。徒恃一時兵力。任意誅求。則中國人民勢必臥薪嘗膽。復仇是謀。東方兩國。同室操戈。永結仇怨。互不相援。適啓外人之攘奪耳等語。以論駁割地要求。

中國非挑戰者

對於（第三）軍費。謂此次戰爭。中國非先下手者。又中國從未侵略日本之土地。故由論理上言之。中國似不應賠償軍費。然去年十月中國對於美國公使之調停。曾承諾賠償軍費。是完全欲復和安民故也。若其金額不過當。則可承諾。然日本國之宣言。此次戰爭。其意完全在使朝鮮獨立。而中國於去年十二月二十五日已宣言承認朝鮮獨立自主矣。故强欲中國賠償軍費。中國亦祇能賠償至宣言承認朝鮮獨立之日止。無要求以後軍費之理。加之定賠償軍費之額。須酌量中國力能擔負與否。若中國財力具缺乏之時。一時雖强行簽押。將來亦不能償還。日本必責其違約。兵端當再啓。此次日本

要求減少賠款

國要求賠償軍費額。決非中國現在財力所能賠償云云。並舉不能增加內國稅之理由。海關稅爲各國條約所束縛不能急速變更之理由。及今日中國信用大減不能募集外債之理由。彼復引用日本某新聞。謂日本政府迄今日止戰爭之實費。不超過一萬萬五千萬圓。其尤愚癡者。欲以日本軍所得戰利品之中國軍艦軍需折算。由賠償金額扣除。並訴賠償金額附加利息之非理。要之不外懇請賠償金之減額。關於(第四)通商上之權利。彼以『本條極複雜重要。到底一時不能普遍考究。故以下所述者。不過目下觀察之所及。尙須酌改。故本覺書所述。望視爲中國已有承諾之意者。及非加以修正不能承諾者二項』等語爲前提。謂新條約。

商約要求互惠

中國亦願以中國與歐洲各國間之現行條約爲基礎。但本條首項中。須插入『兩締約國彼此互受最惠國待遇』之語。

日本要求減輕進口稅之非理

又關於進口稅減額。日本國此次要求巨額之賠償。又欲減額。到底非中國財力所能堪。中國之財源。不特不可壅塞。並須開發。且目下日本與歐美各國改正條約。增加關稅之際。反使中國減輕其本來最

李鴻章忠告伊藤等注意兩國將來

低廉之稅。甚不合理。又對於外國輸入品免除一切稅賦。爲多年來北京各國公使所要求。而不能達其目的者也。在各國中於通商上最有權利者。莫如英國。而最善謀利者。亦莫如英國商民。而英國商民屢請其公使要求免除釐金稅。至今未得許可。蓋不合理故也。又引用英國藍皮書。列舉埃爾梯維德等之說。以爲辯駁之資。第一欲維持彼我對等之權。次攻擊進口稅減額之不當。而其覺書末文有『本大臣尚有一言之忠告。乞貴大臣之諒察。本大臣在官幾五十年。今自顧去死期不遠。盡忠於君國者。恐以此次媾和事件爲最後。是以深期條約之妥當善良。無可指摘。使兩國政府將來永久鞏固交誼。彼此人民向後互相親睦。以副本大臣無窮之願望。今也和議將成。兩國人民今後數世之幸福命運。皆在兩國全權大臣之掌中。故宜遵循天理。以近世各國政治家深謀遠慮之心意爲師法。以保兩國人民之利益福澤。方可謂各盡其職分也。日本方今勢力强大。人才衆多。日趨隆盛。今賠償金額之多寡。割地之廣狹。雖未有至大之關係。然至於兩國政府及臣民將來永遠輯睦。或永遠仇視之點。關係日本國計民生甚大。是尤不可不加深思熟慮者也。(中略)而東洋二大國民向後永遠親睦。彼此相安。福澤綿長。實基於此一舉。尚望貴大臣之熟慮籌畫』等語。

該覺書全文亘數千言。實筆意精到。反覆叮嚀。言其所欲言。亦不失爲一篇好文辭。但其立論往往不免謬誤。彼務避事實問題。專概言東方大局之危機。論及中日兩國之形勢。讚揚日本之國運。同時說中國內政之困難。以激人悅人。並乞人憐。由彼現在地位言之。誠爲不得已之言詞也。

伊藤欲駁李鴻章

著者不主論辯

日本要求答案

余接此覺書。卽攜往伊藤全權之旅館。對座仔細查閱協議處理本件之方略。伊藤總理始謂。非精確論駁。先使彼豁然悔悟。並覺醒其迷夢。則彼不能了解方今彼我之地位。將始終繼續哀訴。徒延長談判。又我不摘發彼方論據之誤謬。或使局外第三者疑日本力雖勝而理屈矣。余雖知伊藤全權之意思非無理由。然當初余與李經芳商定媾和條約討論順序方法時。曾約定論局限於事實問題。承諾或拒絕我提案。或各條修正。是不過欲禁止如本覺書之類而已。今我對此泛然的概論一開論駁之端。則彼亦有再三反駁之餘地。往復爭駁。我竟成『狂人走不狂者亦走』之類。加之使對手不入本題。彷徨岐路。尤爲中國外交家之慣技。故我寧追前約。主張對於我提案全體或各條論決事實問題。在我與其占論爭的位置。不如占指命的位置爲得策。伊藤全權竟對余之意見同意。乃於翌六日我方致一公文於中國使臣。促其直入事實問題。其概要曰。『明治二十八年四月一日之會合。中日兩國全權大臣約定。關於議定媾和條約案之順序。或承諾約案全體。或逐條酌擬回答。然按此次貴全權大臣送來之覺書。除縷述中國之內情。求日本全權大臣更加酌量外。對於日本政府之提案不見何等回答。中國對於該提案欲加如何酌量。亦未確然言明。蓋中國之內情。當茲議和。不在應論究之列。且係戰爭結果之要求。固與通常談判某事件不可同日而論。是以日本全權大臣。關於曾提出之媾和條約案。更欲中國全權大臣對其全體或每條確答諾否。若條款中有某種改正。望一一以約文之體裁提議。』李鴻章今對於日本之提議。已不得不全體諾否。或逐條承諾或修正矣。蓋彼最初對於

李經芳亦被任爲全權

伊藤要求確答

伊藤堅決聲明割地不能減少

伊藤恐嚇李經芳

我提案。務避言明自己之意見。以逃其責任故也。先是恐因李之負傷。談判進行上生障礙。彼我內議之結果。清廷更任命李經芳爲欽差全權大臣。四月六日已照會我政府。因之同月八日伊藤全權招李經芳至其旅館曰。媾和條件。一週前已提出。而中國使臣今尚未與何等確答。究係何故。本月五日中國全權大臣之書簡。吾儕不能視爲我提案之答復。今休戰期限僅餘十一日。徒空費時日。若至再交干戈。則彼此皆非所願。以明日(九日)爲期。希對我提案爲諾否之確答。李經芳答曰。現在我父子之位置。極爲困難。尚乞諒察。而日本全權大臣提案中之過半。能即確答。現已草就攜來矣。然償金及割地二問題。事頗重大。於公然以公書回答之先。尚望面議。更經幾多之辯論說明。彼此酌量。伊藤全權復云。關於媾和談判之順序方法。如前日陸奧同僚所約。中國使臣對於我提案應全體言明諾否。或逐條表示意見。今對我提案一部分確答。一部分須面議之答案。不能接收。惟中國使臣對我提案提出如何修正。固屬自由。然關於償金之額。中國使臣單根據新聞紙上之臆想。主張削減。又關於割地。欲保存奉天臺灣兩者中之一方之修正。則吾儕決不能承允。償金雖能減輕少許。然決不能減削多額。割地則奉天臺灣皆須割讓。爲避他日之誤解。故特言明。此外尚希望中國使臣熟慮現今兩國之形勢如何。即日本爲戰勝者。中國爲戰敗者是也。曩者中國請和。日本應之。以至今日。若不幸此次談判破裂。則我一命之下。七十艘之運送船。搭載大軍。舳艫相接。直往戰地。如此則北京之安危。亦有不忍言者。再深切言之。談判破裂。中國全權大臣一去此地。能否安然再出入北京城門。亦屬不能保證。是豈

李經芳被恐嚇後允提答案

中國之答案

朝鮮獨立中日確認

割地限於奉天四縣

賠款一萬萬兩

商約以各國商約爲基礎

吾人悠悠遷延會商時日之秋乎。故中國使臣關於我提案爲大體諾否之確答前。卽令幾次面議。亦無何等利益。李經芳因此嚴重談判。當已察知彼希望將償金割地二件讓諸面議以遷延其確答之方便到底不能實行。然彼無專斷之權。故曰俟歸館與父協議。再行提出答案。但其答案萬一有不能滿日本全權大臣之意時。則希望不因此招日本全權大臣之激怒。談判不調。致九仞之功虧於一簣。李經芳臨去時之一言。卽足見彼已知頃日來籠絡日本全權大臣思多少減輕其提案以避先發表自己意見之苦計決不能行。故爲預防刻下談判之破裂。決意由彼提出一答案。至其答案不能使我滿足。彼亦自知。惟李鴻章何故如此不敢提出其答案乎。彼不過務逃避其責任而已。彼數日前已與北京電報往復。乞該政府之訓令。以避自己專斷之責。北京政府照例諸事曖昧。不得要領。彼對內對外。已雙方爲難。彼與北京政府正互避責任之間。屢遭我之催促。若再遲延。談判當告破裂。爲彌縫一時計。同月九日對於我提案提出一修正案。茲舉其修正案之重要者如左。

一、朝鮮國之獨立。由中日兩國確認。

一、割地限於奉天省內安東縣、寬甸縣、鳳凰廳、岫巖州及南方澎湖列島。

一、償金爲一萬萬兩。但係無利息。

一、中日通商條約以中國與歐洲諸國間之條約爲基礎締結。且由媾和條約批准交換之日起。迄新通

許日軍暫佔威海衛

仲裁裁判

答案係李鴻章所專決

日本之修正案朝鮮獨立不許更改文字

商航海條約締結之日。日本政府及其臣民在中國受最惠國待遇。中國政府及其臣民亦在日本受最惠國待遇。

一、中國爲擔保誠實履行媾和條約。許日本軍隊暫時占領威海衛。

一、爲避將來中日兩國間之紛議或戰爭。關於媾和條約及其他通商航海條約等之解釋上。及其實施問題上兩國間有異議時。依賴第三友國選定仲裁者任其裁斷。

右修正之要點。彼自己亦不預期能得我承諾。但彼恐不暫行提出答案。不能繼續談判。故不待北京之訓令。獨斷提出彼提出該修正案於我同時。致電總理衙門。報告該案之大意。文中有『鴻章雖再三思維。而時機迫切。故姑以己見行之』等語。其電末有『若日本尙不滿足。堅主張前議時。可否更加讓步。尙乞預示。若以爲不可。則唯有終止談判歸國之一途耳。』彼一方塞我催促之責。他方向北京政府具陳目下形勢切迫之狀。告以一時獨斷施權宜處置之不得已。尙乞將來之訓示。以促北京政府之決意。中國使臣之修正案。在我固不能承諾。然我最初提案。係爲會議之基礎而提出者。故非謂毫無修正之餘地。且我雖如何有戰勝者之勢力。對於我原案一切不許變改。不特失於苛酷。且亦屬於此種會議之異例。故同月十日會合時。（是日余因病不能出席。）反駁彼之答案。同時更由我提出修正案。交付中國使臣。其概要如左。

第一、關於朝鮮之獨立。不許變改我原案第一號之字句。

割地略減

賠款二萬萬兩

商約各款不許變更

不許仲裁

伊藤要求諾否

賠款額過大

第二、關於土地之割讓。臺灣及澎湖列島如原案。關於奉天省南部之地。減爲由鴨綠江口溯該江以抵安平河口。又從該河口劃至鳳凰城、海城、及營口而止。畫成折線以南地方所有前開各城市邑。皆包括在劃界線內。遼東灣東岸及黃海北岸屬於奉天省之諸島嶼。亦在割讓之列。

第三、償金減爲二萬萬兩。

第四、關於割讓地住民各條。不許變更我原案。

第五、關於通商條約各條。不許變更我原案。但(一)新開港之數減爲沙市、重慶、蘇州、杭州四處。(二)日本國汽船之航路。修正爲(甲)由揚子江上流湖北省宜昌至四川省重慶。(乙)由上海入吳淞江及運河至蘇州杭州。

第六、將來中日兩國間所生之條約上之問題任諸仲裁者。仲裁之新條項無加入之必要。

以上爲我再修正案中之要點。伊藤全權與提出該再修正案同時。對中國使臣云。此次提案。實我最後之讓步。希望中國使臣對此單與諾否之決答。李鴻章問在爲諾否之決答前。何故不許彼此辯論。伊藤全權謂此係我最後之提案。雖加辯論。亦決不能翻吾儕之定見。故辯論無益。彼我以如此口調。再四問答後。彼分論端爲三段。(第一)償金之額尙過大。到底非中國財力所能支。故更望削減。(第二)乞由奉天省內割地之區域削除營口一所。蓋營口爲中國財府之一。今日本强求巨額之償金。同時奪其財源。猶如欲養孤兒。而奪

要求不割營口台灣不應割讓

伊藤之詭辯

限四日答覆可否

李鴻章最後之爭辯

其乳哺。(第三)臺灣尙未爲日軍所侵略。日本欲割取之。頗爲非理。故臺灣不應割讓。伊藤全權對此逐一辯駁。關於償金之額。已減至無可減之程度。故不能再減錙銖。況談判破裂。再至交戰。其結果更不能不要求巨額之償金乎。又關於存留營口。則奉天之割地。已深察中國之內情。比諸我最初之原案。大加縮削。此後更無可退讓。且對於該地爲中國財府之一。孤兒乳哺之比喻。以『中國固不可比孤兒』之一冷語挫之。關於臺灣割地之要求。謂不必限於攻取地方。唯顧戰勝者之便宜如何耳。例如山東省雖已爲我略取之土地。然不包括於此次割地部內。且中國先年割吉林黑龍江地方於俄國。是豈俄國攻取之地乎。若然。何獨怪我臺灣全島割地之要求乎。今休戰之期僅餘十日。已非遲延談判之秋。希於三日內對我提案爲確然諾否之決答。李鴻章謂事苟彼我不一致。則尙須會商妥當。且如此重事。固非電稟北京請旨後。不能決行。故暫請勿限期日。伊藤全權謂。然則北京回答後。卽當決答。但卽待北京之回電。亦不得不以四日爲期。於是此日之會見告終。然尙恐彼不能十分領會我決意。翌十一日伊藤全權以一半公式函重論昨日所提出再修正媾和條件之要領。且述該提案已十分酌量中國使臣縷述之意見。關於割地償金及其他條件。已減至無可再減。更於函末附加『戰爭之爲物。於其戰鬪上之措施。及因此所生之結果。皆進而無所底止。故日本國今日能承諾之媾和條件。希望不以爲後日亦能承諾也』數語。使彼覺悟今日不處決。當遺後悔。然李鴻章尙來函辯駁我要求之苛酷不當。其概要卽謂關於媾和條件。迄未許十分言辭辯論。卽接最後之提議。故未得開陳中國政府意見之機會。希望更減削償金及割地區域。蓋其經界已達日本軍現占領之全部。若更要求割讓日本軍足跡所未到之土地（台灣）則難了解日本之誠意。又論及其他通商上之條件。雖縷述苦情。然無再行會見以飜彼我意見之勇氣。其函末有『以上所述本大臣非敢重請商議。惟為商議媾和條件僅予本大臣一回之會見時。即接最後之提議。故欲覆陳本大臣之意。茲特開陳所不同意之點。求閣下之熟考。而於閣下曾約本大臣次回會見時。希開陳閣下之意見。本大臣俟奉我皇帝旨意。對於最後提議。當為確答』等語。在彼

伊藤最後之强硬函

並非有新說別案。唯重述十日會見時所述者。希望更減輕我要求而已。對此徒費會見辯論。亦不能得何等結局。故伊藤全權再發半公式函。斷然排斥彼之謬見。略謂『來函中一面陳述無重行商議之意。他面對我最後要求條件及從來談判上之手續加以批評。希望日本政府更加考慮。恐中國全權大臣完全誤解日本政府之意嚮。因之對於尊函之惟一回答。即本月十日會見時所提出之日本政府要求條件。係最後的要求。非許永久討議者。』原李鴻章已由十日會見時預料我最後回答當係如此。彼四月十一日向總理衙門打電云。

李鴻章最後請訓

『昨日與伊藤會談。其語意似已決不能動。今日又送來此書簡。似表示最後的決意。應更如何讓步。乞速訓示。』又總理衙門回電云『伊藤之口氣甚為切迫。若更無商議之法。貴官一面電聞。一面可締結條約。貴官奉此命令後可安心論爭。決無破裂之虞。』參稽兩電。當係李已悟日本之決意不能動。故乞北京政府最後

北京政府許便宜從事

訓令。北京政府亦不得已。許李鴻章便宜簽押之權矣。其後談判之進行。彼竟悟不能拒絕我要求。同月十三

李鴻章完全屈服

李鴻章之忠心報國

條約簽字

日。彼更向總理衙門打電云。『明日午後四時面會議定。若過期則談判不調。事態實爲重大。若如日本之要求承諾。則京師尙可保。若不然。則事當出意想之外。故不得已不待訓電締結條約。』是爲彼之最後決心確定之時。而總理衙門對此電稟回電云。『前所訓令（此係指十二日總理衙門電李由我要求中爭求種種減輕各節。）原係出於期望。爭得一分。則有一分之利益。然已無商改之法。可卽照前次訓令締結條約。』今也彼已領最後之訓令。有能訂結任何條約之全權。彼固非向吾儕表露此事之愚人。乃於十五日之會見。（是日余亦因病缺席）彼尙對我要求爭幾多之輕減。除再四反覆彼我連日繼續之議論外。別無新異之論。會見時間雖頗長。散會時至點燈。而其結果。彼唯有全然承諾我之要求耳。蓋李鴻章自來馬關後。彼之刻苦辯論。以是日會見爲最甚。彼已悟我決意之大體不能動。故本日談判。關於其節目苦苦爭求不已。例如初請由償金二萬萬兩中削減五千萬兩。見其目的不能達。更乞減二千萬兩。竟向伊藤全權哀告此些少之減額。請爲吾人歸途之贐儀。是等舉動。由彼之位置言之。不免稍失體面。然當係出於所謂『爭得一分則有一分之利益』之意。總之。彼以七十以上之老齡。奉命異域。連日會見毫無疲困之容。可謂尙有據鞍顧盼之感也。十五日之會見。彼我商議之後。已預定簽署我媾和條約。因之十七日之會見。（是日余力疾出席）不過儀式上實行之而已。自李鴻章三月十九日到馬關後。談判數回。彼我皆費無量之苦心。排除外交上種種之困難。茲簽訂媾和條約。發揚我國光。增進我民福。東洋之天地。再開泰平之盛運者。悉賴我皇上威德之所致

日本要求條件之減輕點

也。當初以我政府提出之媾和條約原案爲基礎。爾後雙方會商更酌改修正之重要諸項。卽奉天省割地中。原爲『由鴨綠江口溯該江至三叉子。由三叉子亙北方榆樹底下畫一直線。由榆樹底下向正西畫直線達遼河。由該直線與遼河交會點。沿該河流而下。達北緯四十一度之線。由遼河上北緯四十一度之點。沿同緯度達東經百二十二度之線。由北緯四十一度東經百二十二度之點。沿同經度至遼東灣北岸。』現縮減其東北部。變爲『由鴨綠江口溯該江達安平河口。由該河口至鳳凰城營口達遼河口。畫折線以南之地。併包含前開之城市。而以遼河爲界之處。以該河之中央爲經界。』其賠償軍額費原爲庫平銀三萬萬兩。分五年支付。第一回一萬萬兩。餘四回各支付五千萬兩。現改爲庫平銀二萬萬兩。分七年支付。其支付期限爲八回。初回卽本條約批准交換後六個月以內。第二回卽批准交換後十二個月以內。各支付五千萬兩。餘額以後分六年支付。關於通商上之讓與。原定開港地爲北京、沙市、湘潭、重慶、梧州、蘇州、杭州七處。現減爲沙市、重慶、蘇州、杭州四處。因之汽船航行之權利。亦隨之縮短。至關於帝國臣民之輸入品。納原價百分之二之進口稅時。又帝國臣民輸出在中國購買之貨物時。及供中國內地消費之中國貨物。以我國船舶運送於彼開港間。納沿海貿易稅時。應免除一切稅釐之要求。則自行撤回。祇得一切最惠國待遇而止。納予中國政府之諸賦稅。得以日本銀貨納付之條款。及開浚黃浦江口吳淞淺沙之款。亦併撤回。又爲擔保中國誠實履行條約。日本軍隊佔領奉天府及威海衞之款。改爲佔領威海衞一處。由中國每年支付駐兵費三百萬兩。減爲五十萬

李鴻章回國

伊東已代治往烟台換約

條約交換完畢

兩等條。要之。我媾和條件之大體。皆照我要求。使之承諾。媾和條約簽字。同日午後。中國使臣由馬關出發。就歸國之途矣。因之吾儕於翌十八日搭軍艦八重山歸廣島。即日參駕復奏連日媾和談判之次第。及條約簽字之結果。皇上甚爲滿足。特賜左之詔諭。

中國曩簡派全權大臣向我請和。朕認其切實。乃授卿等以全權。命與中國使臣會商。卿等折衝樽俎數日。竟得良善妥協。今卿等所奏之梗概。甚副朕旨。洵足顯揚帝國之光榮。朕偉卿等之功。特此嘉尙。

吾儕感泣天恩之優渥。荷無限之光榮。由御前退出。該媾和條約及別約。同月二十一日經我皇上之批准。尋派內閣書記官長伊東已代治爲全權辦理大臣。齎已批准之條約。特往烟台。與中國皇帝所批准之條約交換。五月二日。由京都出發。此時恰由俄德法三國政府對於馬關條約提出異議。因之該條約之批准交換。亦將遭意外之妨礙。然幸我皇上銳意以東洋之治平爲念。不喜禍機再發。雖有內外許多之困難。不搖動始終寬洪之聖謨。因之於既定日期之本年五月八日。批准交換。圓滿終了。完成中日兩國媾和條約之大局。對於中國恢復交誼。並得與列國保全和協。以濟危機於一髮。誠皇上盛德之所致也。

第十九章　俄德法三國之干涉（上）

政府對此之措置

三國干涉發端

俄國覺書之內容

三國駐日公使行動不一致

馬關條約簽字後。我皇上傳旨。不日行幸京都。而滯留廣島之閣臣中。有爲先發隊赴京都者。余爲養痾。乞假休沐於播州舞子。閣臣如此散居四方之頃。四月二十三日。駐東京俄德法公使。來外務省面會林外務次官。稱各受本國政府之訓令。提出關於中日媾和條約中遼東半島割地事件之異議。俄國公使之口述覺書云：『俄國皇帝陛下之政府。查閱日本國向中國所要求之媾和條件。認遼東半島爲日本所有。不特有常危中國首都之虞。且同時朝鮮國之獨立。亦爲有名無實。對於將來遠東永久之和平。予以障害。因之俄國政府爲向日本政府重表誠實友誼。茲勸告日本政府應放棄領有遼東半島。』（德法兩國政府之勸告。其意味與俄國政府之勸告文。大同小異。故省略之。）俄德法三國干涉之聯合。成於咄嗟之間。後文自應詳述。然該三國已約定提攜干涉。則駐東京俄德法各公使之運動。固應一致。惟彼等之進退。頗爲齟齬。甚屬可怪。四月二十日。德國公使一人來外務省。面晤林次官。謂受本國政府極重要訓令。今雖不能言明其國名。然明日當與其國之公使等來訪。欲面晤外務大臣。或內閣總理大臣。林次官答稱。伊藤陸奧兩大臣皆不在東京。尤其外務大臣現在抱病。有何事件。余當代爲接洽。該公使已預約明日與他國公使同來。然至翌二十一日。則謂發生妨礙。希延期一日。而其翌日又未同他國公使來會。如斯遷延。直至二十三日。三國公使始一齊來外務省。蓋因俄法公使接其本國政府訓令過於遲延所致。足察三國政府因事出於急遽。致訓示其代表之手續。亦缺一致。）林次官即將此事電稟於余及在廣島之伊藤總理。請示辦法。今暫將研究此事件之由來。尋繹三

三國干涉之豫測

俄國軍艦集中東洋

著者對內之苦心

國聯合之本源。並觀察其他歐美各國對此之形勢。讓諸後章。茲先述對該事變我政府所取之措置如何。先是余接駐俄西公使及駐德青木公使之電報。已察知歐洲强國之中。有必來干涉馬關條約之情勢。故由舞子致電伊藤總理云。『據青木、西兩公使來電。歐洲各大國之强力干涉。似不能免。是蓋由於最初對於歐洲各大國不言明我對中國要求條件。彼等今日始公然得知。故得提出申明妨礙之機會。卽係我政府最初若對於歐洲大國明示我要求條件則彼時應起之問題今日發生而已。然我政府已成騎虎之勢。雖冒如何危險。除表示維持現今地位一步不讓之決心外。無他法。貴大臣之意見如何。希詳細示知。』其後不久接林次官之電報。知形勢更爲重大。尤以俄國自去年以來。集中其軍艦於東洋。今在日本中國沿海。不特有强大海軍力。且覩近日之形勢。不少造作流言飛語之人。其中以俄國政府已命令碇泊東方諸港之該國艦隊。準備二十四小時內隨時可以出航一事。頗似事實。此時我政府之措置如何。實於國家之安危榮辱有大關係。固不應有暴虎憑河之輕舉。然去年以來。我海陸軍流血暴骨。積百戰百勝之軍功。政府亦盡慘澹經營之苦心。折衝樽俎。其結果得副人民之希望。博其賞贊。而今欲使皇上已經批准之條約中一部分歸於烏有。卽令當局之吾儕爲國家之長久計。忍胸中無量之苦痛。更決意不避當將來之難局。然此變報一發表於世。我海陸軍人將如何激動乎。我國民一般將如何失望乎。外來之禍機卽得減輕。而內部所生之變動。又將如何抑制乎。於是余卽斷定暫拒絕彼等之勸告。一面窺探其命意之深淺。一面觀察我軍民之趨向。爲今日之急務。此

著者之意見

伊藤之三策

日本精疲力竭不能抗敵三國

閣議暫定第二策

舞子病床會議

時恰由伊藤來電云。『關於三國干涉事件。本日（二十四日）開御前會議。請電示意見。』余卽回電云。『本大臣之意見。大抵如昨日所云。此時暫維持我地位。一步不讓。更觀彼等將來之舉動如何。再定廟議。但事頗重大。暫對俄德法三國政府各別作成回答案。仰祈聖裁。迄彼時止。請不確定廟議。』然廣島之御前會議。（當時滯留廣島者伊藤總理之外。祇山縣、西鄉陸海二大臣耳。）不能待余第二次之電報。卽行開議。而當日伊藤總理提議之要領。（第一）卽令遭遇新增加敵國之不幸。此時斷然拒絕俄德法之勸告。（第二）招請列國會議。於該會議處理遼東半島問題。（第三）此際寧完全容納三國之勸告。恩惠的交還遼東半島於中國。三策之中可任選其一。出席之文武各臣皆反覆叮嚀討論後。關於伊藤總理之第一策。當時我征清軍悉全國之精銳。駐屯遼東半島。我強力之艦隊。亦悉派往澎湖島。國內海陸軍備。殆已空虛。而去年來繼續長期間戰鬬之我軍隊人員軍需。固已皆告疲勞缺乏。今日對於三國聯合之海軍。固不待言。卽單與俄國艦隊抗戰。亦甚無把握。遂決定到底不可與第三國破裂。新增加敵國。斷非得計。次之第三策雖表示意氣寬大。然有無可奈何之嫌。廟議遂暫決定第二策。卽招請列國會議。處理本問題。伊藤總理卽夜由廣島出發。翌二十五日清晨訪余於舞子。示御前會議之結論。並欲聞余之意見。此時松方野村兩大臣恰由京都來會於舞子。故繞余病床鼎坐。再開協議。余再述前日來兩次致電伊藤總理之意思。謂暫拒絕俄德法三國之勸告。觀察彼等將來作如何運動。探究彼等之眞意後。再講外交上轉圜之策。然伊藤總理謂此時不預先推究其

著者放棄拒絕三國之意見

列國會議之失策

著者仍不放鬆中國

對三國讓步對中國決不讓

結果如何。卒然拒絕三大强國之勸告。非無謀乎。且俄國去年以來之舉動。今不須探究其眞意之深淺。甚爲明白。若更由我挑發予彼等適當之口實。其危險甚多。況當危機將暴發之際。已無講外交上轉圜策之餘地乎云云。以反駁余說。松方野村兩大臣亦均左袒伊藤總理之論旨。衆論如上。余雖不吝撤回己說。然伊藤總理所齎來御前會議結論之列國會議說。爲余所難表同意者。其理由卽現今招請列國會議。則於對局者俄德法之外。至少須加二三大國。而此五六大國。是否參列所謂列國會議。卽令承諾參加。然至實地開公議時。當須許多之時日。而中日媾和條約批准交換之期日。已迫於目前。久彷徨於和戰未定之間。徒增事局之困難。又凡此種問題。一交列國會議。則列國各主張切己之利益。爲必至之勢。會議之結果。不免傍生枝節。各國互提種種條件。終至破滅馬關條約全體。是蓋由我更招歐洲各國之新干涉。同爲非計。伊藤總理松方野村兩大臣亦以余說爲然。然則如何處理此緊急問題。蓋廣島御前會議已決定。方今之形勢。新增加敵國。誠非得計。若俄德法三國極度進行其干涉。則我不能不承諾彼等勸告之全部或一部。則爲自然之結果。而我國今日。除有此俄德法三國干涉之難問題外。尙貽與中國和戰未定之問題。若此後與俄德法三國交涉過久時。中國或乘此機拋棄媾和條約之批准。竟使馬關條約爲廢紙空文。亦所難料。故我應確然分割兩個問題。務使彼此無所牽連。約言之。卽決定對於三國卽令最後不能不完全讓步。然對於中國則一步不讓。本此方針。以一直線進行。爲目下之急務。野村內務大臣卽夜由舞子赴廣島。將該決議仰達聖聽。尋得裁可。此結論

日本思以夷制夷

先探俄國意旨

日本欲招英國爲援

向英國說利害關係

畢竟爲此後百計皆盡至萬萬不得已時所施之最後覺悟。迄此時期。尙有種種術數。且迄五月八日卽媾和條約批准交換之期日。尙存十餘日。一方對三國之勸告再三盡情盡理。期使其撤回。或使寬和。而於行如此方策之間。能觀察彼等將來出如何舉動。一方我國若於此際得引誘其他二三大國之强援。或得牽制三國干涉之勢力。稍冷却其熱度。又假令竟陷於干戈相見之不幸。尙勝於以我單獨之力冒危難萬萬也。惟行此事。以時間短促。不能期其必成。固不待言。總之。我非試行一切計策。不輕易發表最後之決心。因先確知爲此次干涉張本人俄國之意嚮尤爲必要。故卽向西公使發一電訓。略謂。中日媾和條約已經我皇上批准之今日。拋棄遼東半島。頗屬爲難。若俄國政府念及傷害從來日俄兩國長年親密之善鄰關係非得計。則貴官可要求其對此次之勸告再加考慮。且望告以『日本將來雖永久佔領遼東半島。亦不危及俄國之利益。關於朝鮮之獨立。日本政府不論如何。當使俄國政府充分滿足』之意。惟俄國政府已十分決意。爲必要之準備後。引誘德法而來干涉。單由我求彼等之再考。無輕易翻其初志之理。已不難預測。然第一不如此無由確知俄國政府之用意深淺。卽難確定我將來之決心。第二行如此方法之間。我得推測英國及其他諸大國意向之機會。或能誘致意外之强援。余致電西公使後。更電訓加藤公使。命向英國政府完全暴露此次俄德法三國干涉之事實。且命告以『俄國對於滿洲東北部及朝鮮北部之覬覦。因此次俄國之干涉。足可推察。日本政府關於此事。認英國之利害與他歐洲各國不同。在目下形勢切迫之際。我政府能希望英國之助力至如

日本哀懇美國調停

我國形勢重大

英國不參加

何程度乎」之說。以探英國政府之意見。同時又訓電栗野公使。命告美國政府云。日本政府非蔑視友邦正當異議。然遼東半島之割地。係中國讓予我者。其條約已經我皇上批准之今日。不特萬難拋棄。且日本政府不認有拋棄之必要。美國迄今為恢復和平。頗盡友誼。今若願更進一步。向反對割地之俄國勸告再考。則此未定之問題。或得滿足之妥協的解決。且日本政府恐俄德法三國之運動。或使中國不肯批准條約。再陷於砲火相見之中。為預防此種事變計。不能不望美國出而為友誼協力。同月二十七日。駐俄西公使回電云。本官根據四月二十五日之電訓。昨日與俄國外務大臣費長時間之辯論。努力使俄國政府對我請求為有利之回答。同大臣之顏色似稍有所感動。當約俟仰祈俄國皇帝之睿慮。然至今日謂俄國皇帝以日本之請求。並非有十分理由。足使俄國撤回勸告。故不予容納。風聞目下俄國政府派運送船至烏得薩。正在準備運送軍隊。預期俄國之干涉。性質重大。而加以準備為安全。余已預料俄國之回答大概如斯。又同日駐英加藤公使之電報。此時已到。加藤公使接余之電訓。即求面會英國外務大臣。述我政府之希望。吉巴利伯爵對於日本雖似頗抱好意。然謂關於此事件。英國政府已決定概不干涉。而英國今與日本協力。即係干涉。故欲事體另開一新面目。非與內閣總理大臣羅斯伯里伯爵商議後。難以回答。且俄德法三國。果主張其異議。迄如何程度。雖未確知。然形勢頗為重大。日本對之宜有十二分覺悟。英國希望和平。故不欲日本與歐洲各國交戰。而中日戰爭之繼續。亦甚非所好。若有解決目下糾葛之機會。必不辭盡力。但英國對於日本雖抱友情。而俄德法三國亦係友邦。英國此時除彼此酌量。以自己之決斷及責任行動外無他法云。加藤公使此時已由駐意高平公使之電知。推知意國政府之意見。故暗詢英國外務大臣此時有無了結事局之名案。同大臣答以一否字。加藤公使電末更云。俟英國政府對於我請求有確答後。再行電稟。頃接二十九日該公使電。報告英國外務大臣向該公使答覆。英國政府曩已決定守局外中立。此次亦欲維持同一之意嚮。英國對於日本雖抱最懇篤友情。同時亦不能不考慮自國之利益。故不能應日本之提議。援助日本。但俄國似眞有決心。要之。英國不過於半吞半吐間謝絕我請求而已。又據同日栗野公使來電。美國承諾於與局外中立不相矛盾之範圍內。與日本協力。而媾和條約批准之件。已電訓駐北京美國公使勸告中國從速實行云。由美國之政綱言之。該回答實爲相當之措詞。對於我國友誼可謂不薄。然云局外中立之範圍內協力。則不能望其極端之援助。而此時使吾人稍起意外之感者。則意國政府對於此事之舉動是也。關於此事。駐意高平公使來電。當述於後章。蓋意國近來對於我國頗抱好感。在歐洲大陸諸國中。率先容我改正條約之提議。會商僅數回。此一大事業。遂告終局。卽此可知。然當俄德法三國干涉突起。意國表示決心。自願奮起。與英美兩國合縱。立於反對此三大强國連橫之地位。則對我國之好感外。歐洲的政略關係上。有出如此運動之必要。不問意國之實情如何。今意國立於我國幫助者之位置。在我不得不謂爲意外之僥倖也。要之。關於此次事件。意國政府對於我國之意嚮。較之英美兩國。頗有積極的傾向。已無可疑。英國已言明不能於局外中立之範圍外予我

英國不援助日本

美國與日本協力

意國援助日本

日本背後無强援

援助。則意國美國雖如何對我表好意。而危機一髮之際。我背後無可依賴之强援。亦已明白。以上所述歐美强國之現象。多係我駐外各外交官數日間竭畢生之力百方周旋之結果。就其成績言之。俄德法三國非因此轉其干涉之方向。或緩和其程度。雖似博得其他第三國多少好意同情。然非得實力的强援。畢竟各項電報之吉凶。不過爲當時我政府一顰一笑之材料而已。三國干涉之來。實屬急遽。而對待計畫。亦不可不於咄嗟間籌之。關於如此重大事件。突然向素無彼此歎諾之邦國求其援助。自始卽不可期其必成。卽得上述之結果。亦誠爲不得已耳。

日本外交官努力之結果

事之成敗。暫置不論。此時我駐外外交官之苦心盡力。決非徒勞。吾人因此得知俄德法三國聯合成立之原因。得知干涉程度之如何强烈。確知其他第三國關於此事之意嚮。卽令不獲實力上之强援。尙博德義上之聲援。得隱然牽制俄德法三國矣。（此時俄國公使私向林次官云。關於本問題。希望日本政府不多與局外各國交涉。增長事局之困難。是果彼一人之私談否。不必問及。當時在我事局之困難已達極點。更無增長之餘地。可知懼增長事局之困難。在彼而不在我也）況政府自始卽在舞子議定。非至百計皆盡。萬萬不得已之時機。不發表最後之覺悟乎。

日本已不能不屈服

歐美各國之事情。已如上述。俄德法三國干涉之實情。確已備悉。第三國實力上强援之不能得。亦已明白。今也除對三國勸告容納其全部或幾分以圖事局之了結外無他法。而此時恰由西公使來電。更得詳悉俄國之內情。(西公使之電報係四月二十八日由俄都發)其概要云。在東洋俄德法同盟艦隊之全力。當已爲貴大臣所深悉。不顧開戰之危險。排斥彼等之提議。果爲

日本欲變態的永佔遼東半島

日本向俄國提對案

俄國拒絕日本對案

我國之得計否。本使不能知。是蓋由戰果如何。以決其得失故也。然從我兵力比較上。貴大臣若覺到底不能抵抗彼等。則如本使前電拋棄接續朝鮮之土地了結目下難問爲得計。本使之意見。以爲爲圖此事之和平結局。放棄永遠占有遼東半島。惟作償金之擔保。一時占領該半島。而大大增加其金額。使中國永久不能還清。爲上計。然目下俄國尙恐其勸告不爲日本所容。法國亦恐其企圖不能貫徹。故未達最後時機。前盡禮拒絕彼之勸告。亦爲一策。(關於該電文末段之俄法關係。據駐英德國大使所密告於加藤公使者。似法國與俄國不能分離之形勢已成云。)因之政府四月三十日電訓西公使。使向俄國政府提出下之覺書。卽『日本帝國政府熟考俄國皇帝陛下政府之友誼勸告。且欲表彰重視兩國間之親密關係。故於因馬關條約批准交換。保全日本國之名譽及威嚴後。對於追加如下之條文於該約中。表示同意。(第一)日本政府對於奉天半島之永久占領權。除金州廳外。完全拋棄。但日本國與中國商議後。對於拋棄領土。當定相當之報酬金額。(第二)然日本政府迄中國完全履行媾和條約之義務時止。有占領該領土爲擔保之權。』(同時電訓青木、曾根兩公使。提交德法兩政府之覺書。完全與本文相同。故省略之。)西公使五月三日。由俄都回電如下。『本使五月一日提出我政府覺書於俄國政府。極力論辯。欲貫徹我提議。至本日。俄國外務大臣言明。俄國政府對於我覺書不能滿足。且昨日開內閣會議。俄國徹頭徹尾。認日本領有旅順口爲障礙。故議決維持最初之勸告。而該決議已經俄國皇帝裁可。關於本事件。本使雖瀝滿腔熱血。痛論苦言。竟不能使俄國政

俄國已知日本野心

府翻其初志。深爲遺憾。』且四月二十九日該公使所發之另一電謂俄國之眞意。以日本在遼東半島領有良軍港。則其勢力必不能局限於該半島內。終必併吞朝鮮全國及滿洲北部豐饒之地。海陸兩方危及俄國之領土云。俄國政府猜眼視我國。其臆測雖稍過大。然其內心。總使日本不侵略中國大陸寸土尺壤。已炳若觀火矣。事已如此。我國無以砲火決其曲直之覺悟。徒折衝於樽俎之間。頗屬無益。且此時中國以三國干涉爲口實。提議延遲批准交換之期限。而中國爲此提議。全出於俄國之教唆。有頗可信據之事實。長久繼續如此形勢。使外交上兩個未定之問題錯雜。有逐兩兔而不能得一兔之虞。故余根據當初之廟議。斷定此時爲

日本實行對三國讓步對中國不讓步之政策

實行『對於俄德法三國雖全然讓步。對於中國一步不讓』政策之時機。五月四日。在京都旅寓。會合當時滯留京都之閣僚及大本營之重臣。(是日來會者伊藤總理之外。爲松方大藏大臣、西鄉海軍大臣、野村內務大臣、樺山海軍軍令部長。)縷述現在完全容納三國之勸告。先解決外交上一方之轇轕。至批准交換。則毫不猶預而斷行之之得計。出席文武重臣。皆對余提議之大體無異議。然議如此重要問題。常於主義大體

各要人皆同意

雖已一致協同。至其附帶之條目細則。往往各異其意見。因之會議殆費去全日。今試舉其一例。以三國干涉交還遼東半島於中國。實爲不得已之事。惟交還時。應要求若干償金。以爲其交換條件。或完全無條件。而作爲恩惠的交還。若以若干償金爲必要。則非預向俄德法三國言明。得其內諾默認。則他日當再惹起問題。對於將來時局。雖爲有理之議論。而余關於本問題。對於俄國。已用盡權謀術數。再三談判。彼屹不爲動。今日我

不言交還遼東之條件

一面聲明完全聽從彼等之勸告。同時就某條件求彼等之內諸默認。再使彼等疑我實情非爲得計。且當預求彼等之內諸默認時。若彼等尚硬謂交還遼東半島不許附何等條件。則今日之時機我不能抗議。故對三國之回答。祇簡單述完全容納其忠告爲止。交還遼東半島之有無條件。不必言及以留他日外交上自由之餘地。余述此意後。伊藤總理自始卽與余抱同一意見。其他閣僚亦竟表同意。衆議如斯漸定時。余卽草就回答三國之單純覺書如下。『日本帝國政府根據俄德法三國政府之友誼忠告。約定拋棄奉天半島之永久領有。』經閣議決定後。伊藤總理卽攜帶該回答案進宮仰祈聖裁。再來余之旅寓時天已黑矣。余卽訓電駐俄德法三國之日本公使。向各駐在國政府提出該覺書。

日本屈服

五月九日。駐東京俄國公使奉其政府訓令來外務省云。『俄國皇帝陛下得日本國拋棄遼東半島永久占領之通告。認日本皇帝陛下因此措置。重表示其高見。茲爲宇內和平。特述祝辭。』三國干涉之難問題於茲先告結局矣。（是日德法兩國公使各奉其政府之訓令有所宣告。其意與俄國公使所言大略相同。故從略。）

三國承諾

本章記事始於本年四月二十三日俄德法三國政府干涉馬關條約。終於五月九日該三國政府對於我政府之回答宣言滿足。此時間內皇上已於四月二十七日由廣島大本營行幸京都。伊藤總理四月二十四日夜由廣島出發。二十五日清晨來舞子。留該地二日。由兵庫扈從鳳輦赴京都。余復命馬關條約簽字事件後。賜假養痾。留播州舞子。皇上着輦京都後。余於四月二十九日赴京都。松方野村兩大臣前爲鳳輦先發隊。先赴京都。四月二十五日伊藤總理來會舞子時。該兩大臣亦由京都來該地。松方大臣即日歸京。野村大臣爲上奏舞子之決議。仰祈聖裁。即夜由舞子赴廣島。尋又爲先發隊。還京都。西鄉大臣此期間始終留廣島。後扈從聖駕赴京都。山縣大臣於舞子決議經聖裁後。即赴旅順口。向小松親王及帷幕重臣傳達關於舞子決議之聖命後。即歸京都矣。僅十七日間。皇上由廣島還京都。閣臣散在各方。故本章記事中之重要閣議開於舞子廣島或京都。不能詳述其地點及人名。茲記述此期間閣臣來去往復之日期。以便知本章中重要事件係何人在何處議決云。

第二十章　俄德法三國之干涉（中）

三國干涉之由來

俄國自始並不敢輕視日本

俄國自明治二十七年六月三十日。使該國駐東京公使彼得羅握勸告駐朝鮮國之中日兩國軍隊同由該國撤退以來。迄提出此次勸告止。對於東洋局面之利害。雖未一日不注目。然如余前所述。俄國自始並不敢輕視我國。向中國表同情。但其對於我國之論鋒。比較對於中國稍有嚴厲形狀者。蓋由我國常乘戰勝之餘威。對彼較中國强硬所致。俄國原來之欲望。雖屬遠大。現今準備。尚未就緒。故目下之急務。在使東方之該區域暫維持現狀。以便他日償其奢望時。無何等障礙。而中日兩國爭議發生之當初。俄國亦與其他歐美各

俄國始料事件不至擴大

俄國漸將中陸海軍

英俄暫時目的相同

國同樣。預料該爭議不至成爲特別大事。其後又以爲最後勝利當歸中國。東方現狀不致生重大變更。故彼等自始主張朝鮮領土之安固。希望中日兩國早日恢復和平外無他意也。故加西尼伯爵受李鴻章之依賴。俄國政府容其請求。使彼得羅握駁周旋於東京時。俄國尙欲依純然普通外交上之途徑。止息中日兩國之爭議。然平壤黃海戰後之中日戰爭。彼等始知其當發生較預期更爲重大之結果。樽俎間之調停。不能奏效。由此時起。屢增加其東洋艦隊之勢力。運送多少之陸軍於海參崴。以爲有事時之武力準備。約言之。俄國對於中日事件之舉動。其前半期。欲以純然普通外交手段達其目的。其後半期。始有不避使用多少强力之決心。而其目的在欲占成就將來大奢望之位置。固不待言。然目下之問題。不外欲保持東方局勢現狀而已。以上推斷。若無誤謬。則中日事件之前半期。將發生英俄聯合之奇怪現象。亦不足怪。英俄兩國在東方之利害。絕對相反。已不容疑。從目下之事情言之。英國根據近鄰無事之主義。欲維持東方之永久和平。俄國固無如英國維持永久和平之必要。惟此後數年間。尙不願此現狀之變更。此在今日英俄兩國尙同欲維持東洋和平之所以也。去年十月八日。英國駐東京公使以各强國擔保朝鮮之獨立及中國賠償軍費之二事爲條件勸告息戰時。曾言明關於此事。俄國公使當爲同樣勸告。當時俄國政府雖似不甚熱心贊助英國之提議。然英國尙望俄國共同干涉中日事件。故余當時屢電西公使。命探俄國之事情。乃該公使十二月一日由俄都致余電曰。『十一月二十八日。俄國外務次官密告本使。一週前駐俄中國公使依賴俄國政府仲裁戰爭。因

俄外務大臣豫示干涉態度

俄國形勢不容日本在大陸獲得土地

日本妨礙英俄親交

之該次官告以非諸强國皆取同一方針。俄國政府不能表同意。而各强國之協同殆不可望。故媾和事件不若直接與日本交涉。本使十一月三十日訪問外務大臣時。同大臣謂俄國政府關於此次戰爭約定與英國及其他諸國爲協同運動。因之本使質問現在戰爭繼續中。俄國政府將就何種問題爲協同運動。同大臣答曰。俄國政府非現在即着手協同運動。當必要時機。戰爭終局之曉。諸國研究其利益被侵害與否。爲自衛計。當互相協力。蓋日本政府不以朝鮮獨立及賠償軍費爲滿足故也。因之本使更進一步質問曰本使現雖未悉我國政府之要求如何。然必要求相當之戰勝結果無疑。若其要求雖影響他國之利益與俄國之利益無關係時。俄國政府亦與英國政府提攜反對乎。俄國外務大臣稍爲躊躇後云。當看彼時之機會。又據本使由最可信方面探聞。該國先皇帝崩御以來。滯留該地之英國皇太子。熱心勸說俄國政府與英國協同。俄國政府亦已同意。又風聞該地二三新聞紙。近受當局之內命。記載此意。忽變其筆法。頗表熱心同情。據本使朋友俄國人某某之意見。謂爲日本國計。早日收拾戰局。以得多額償金爲得策。蓋要求割地。恐誘導他國之干涉。事局陷於困難故也。本使以爲欲由此次戰爭收過當之結果。甚無把握。爲我國計。若與中國媾和。應造出割讓台灣之機會爲善。俄國政府關於割讓台灣當不抱異議。」余觀英俄關係之將漸親密。曾多方設法以防制之。其結果果奏多少之功乎。或歐洲强國之他種事件不容易使彼等聯合成功乎。雖不得知。然其後俄國似與英國漸離。別定自己單獨之方針矣。蓋所謂俄國對於中日事件前半期與後半期之差異。非起於此時

俄國漸悟須取强硬手段

乎。俄國終悟贊成英國普通外交的提議。不能達其目的。非決意於外交背後蓄多少强力。遇萬不得已之時機出果斷之行動乎。（本年五月三日莫斯科新聞載稱『關於東亞問題聯合干涉之提議。出於德國。而該事件實使西歐列國間生種種疑慮。俄國決無向西歐諸國提議共同運動之理。蓋俄國已於去年秋間。知日本媾和條件必屬非常。預料自國利害。當生大關係。去冬已取保護其利益所必要之方策。俄國無與他國共同行動之必要故也。』其高抬自己地位。輕視他國。以該新聞從來之位置言之。雖屬當然。然謂去冬已取保護自國利益所必要之方策。則足窺俄國政府增加東洋艦隊之勢力準備萬一時將取單獨行動之一斑。）

俄國希望與日豫換意見

去年十二月二十三日。余偶訪俄國公使時。該公使密語余曰。俄國皇帝聞中日兩國媾和談判將有端緒。甚爲欣喜。俄國切望早日排除中日戰爭之妖雲。速恢復和平。而日本要求於中國之媾和條件。若如日本政府所嘗約。確然不危及朝鮮之獨立。則俄國他無所求也。余因謝彼之懇切。同時推問此當係俄國政府之意向無疑。彼答實因方接本國外務大臣之電訓。具述該電訓之意耳。且該電訓謂。俄國對於兩交戰國之行動。不望局外國干涉。故此時俄日兩國政府間交換意見。預防諸外國之干涉。當有利益。俄國爲日本之利益。不辭隨時周旋盡力。又關於媾和條件。俄國對於日本之願望。固不抱猜疑之念。可將此意通告日本。彼更謂。彼個人意見。俄國對於日本占領台灣。當無何等障礙。最後彼問余曰。貴大臣曾聞英國以中國某島嶼（或係指舟山島）爲擔保承受公債之說乎。余答尙未得確報。此後關於此事。若有所聞。當卽通告。此日之談話遂終。

著者探問俄使眞意

余見彼謂俄國切望東方和平速行恢復。又謂俄日兩國交換意見。預防第三國干涉當爲便利。復提起英國占領舟山島之疑問。疑俄國有不牽入其他歐洲各國。欲單於中日兩國間密議默諾何事之意志。然彼所言。覺屬一種議論。並無何等事實。故由我自尋發生將來關係之問題非爲得計。祇爲前述之問答而止。其後至本年二月十四日。俄國公使訪余於外務省。再說及俄日兩國交換意見於兩國有益。余乘機提起事實問題之端緒。以試彼如何應對。卽謂彼曰。事至今日。我國以戰爭之結果。已不能不由中國要求土地之割讓。而日

俄國表示眞意

本政府對於第三國。欲豫知其關係利害之有無。故其關於俄國之利害。不論何事。希傾懷相告。俄國公使答稱。今也日本當要求中國割地。固不待言。而俄國欲在太平洋沿岸得自由通路。亦非一日。故如貴政府所嘗宣言。不妨害朝鮮國之獨立一事若能確實。則他無可言者。（本文俄國公使謂望朝鮮獨立之鞏固。尙謂俄國欲在太平洋沿岸得不凍港。頗爲矛盾之言。故他日三國干涉起後。西公使向俄國外務大臣質問俄國在朝鮮之利害時。羅巴洛夫公爵謂。海參崴近來因割冰器械之便利。冬時非完全斷絕交通。尙暗藏欲在朝鮮

俄使意外之失言

得不凍港之意志。而不明言。今彼得羅握一時於話頭洩之。蓋爲彼意外之失言。）而彼又以私話體。謂日本割取台灣。俄國固無異議。日本若棄島國之位置。擴張版圖於大陸。爲日本計。決非得策。余謂今日所談者。欲知俄國之利害如何耳。至日本自己之利害得失。我輩自當考量。彼卽轉變話頭。謂關於大陸之割地。歐洲各國中有唱異議者。余謂若果如此。異時或向與此事有利害關係之國直接談判。亦未可知。現在無須論究。並

俄國促日本注意

問彼不論事之大小有關係俄國利害之問題否。彼謂目下無可言者。但以後若日本軍進攻直隸省地方時。難免妨害中俄兩國之茶業貿易。此茶業貿易在俄國某部分人民。殆爲生命所關之事業。故豫望十分注意。

俄國始終希望日本承認朝鮮獨立

其後二月十六日。余經美國公使豫告中國政府。非再派有議定割地及通商條約基礎之全權使臣。其使命當復歸於無效時。（該電文已載馬關談判上章。）特使林外務次官面會俄國公使。告以該電之意思。又電訓西公使命密告俄國政府。同月二十四日。彼得羅握訪余於外務省。取出一紙而朗讀之。謂係俄國外務大臣之電訓。其電文曰『據閣下之電報及西公使之直接談話。日本政府希望中國派遣能締結朝鮮獨立。賠償、割地、及將來兩國關係之條約之全權使節。且西公使通知時。並乞勿洩漏於他強國。故日本政府若宣言名義上及事實上承認朝鮮獨立。則我政府能勸告中國政府派遣帶有上述各條件之全權使節。亦能勸誘他強國與我政府取同一方針。我政府信日本已戰勝後。倘無期限繼續戰爭爲非利益。因之關於本事件望求日本政府之回答速行回電。』該宣言意味。稍爲曖昧。俄國之眞意。雖未可測。然彼恰似謂日本若名實皆保證朝鮮獨立。則於他事。俄國無異議。總之在我如此解釋。頗爲便利。余爲確定此意味。同月二十七日致下之覺書於俄國公使。即『據四月二十四日俄國公使閣下以言詞陳述帝國政府致西公使電中所記載之媾和基礎。若日本國承認俄國政府所僅屬望之朝鮮國獨立。則俄國勸告中國應承認該基礎。且勸誘其他強國向中國爲同樣之勸告。日本政府知悉能得俄國政府此種贊助。甚爲欣悅。因俄國政府有此宣言。故帝

日本向俄國確保朝鮮獨立

著者對俄使言詞謹慎

美國國務長官向日使告密

國政府茲特宣言。日本國對於朝鮮國之政略方針無所變更。帝國政府名實皆認朝鮮國之獨立。』俄國政府兩次提議交換彼我之意見。決非外交上一片之儀式。則不容疑。若由我開誠布公。啓密議之端緒。或可得將來東方局勢上甚良好之結果。或因彼我之利害。早生外交上之轇轕。貽噬臍之悔。皆未可知。然至今推測臆斷。竟類似葬後之評論醫生而已。當時余從既定之廟議。保持務使事局不逸出中日兩國外之主義。對於俄國公使言語謹慎。以避視爲他日之質言。二月十四日會談時。由彼進而欲有所密議。頗有密議之機會。然彼除照例之朝鮮獨立云云外。不提出何等新說。當係俄國此時尙未有率先行動之準備。此兩回會見之結果。在俄國公使及俄國政府。皆有隔靴搔癢之憾。(三國干涉起後。聞彼得羅握屢向內外人曰。原日本政府疏外他强國。諸事隱密專斷獨行。故彼此情實不相通。生許多誤解。尤非難余之行爲。蓋彼所云。卽指此兩回會見。然如本文所述。二月十四日之會見。余較彼反多開誠之談。彼竟未提出何等事實問題。至後日因得德法之同盟。至從來之言行忽生重大變調。欲辯護之。至不能不藉口誤解。是亦不足深咎。)爾來俄國政略。唯急急集合爲其外交後援之武力於中國海面及日本海面。至三月二十四日。栗野公使將與美國國務長官密談之顛末急電於余曰。『美國國務大臣將其駐聖彼得堡美國公使電報大要密告本使。近來俄國之欲望。非常激昂。俄國將乘現今之轇轕。增加其勢力於中國。希望占領中國北部及滿洲。當反對日本占領該地方及爲朝鮮之保護者。三萬俄兵。已駐屯中國之北部。有漸次增加之形勢。俄國軍人屢圖使該政府變更其

日使向俄提出大陸割地問題

俄國海陸軍是否能防止日軍入北京

對日友誼的意向。故俄日兩國利害。當至衝突。』余接該電報以前。因俄國之情況。令人不安心者甚多。故屢電訓西公使。密探俄國意嚮。然當時該國政府所語西公使者。與彼得羅握管對余所云大略相同。未見何等異狀。三月三十日。西公使由俄都發電曰。『據俄國外務省亞細亞局長之談話。前次中國向俄國政府提出之請求。及該政府對此之回答。其意味皆似迂遠而不確實。又本使關於中國大陸之割地。向新任俄國外務大臣質問其意見如何。該大臣謂關於本事件俄國政府意見尚不能吐露。然對於該割地。恐他強國提出提議。此外由該大臣之談話情形及亞細亞局長之言語推察。俄國政府之意向。不見別有變異。若割地之要求。不出台灣及金州半島之外。則信俄國對之當不提出異議。要之。俄國所熱望者。在以目下之談判。速恢復和平。以見戰爭之終局耳。』其後四月十一日。該公使來電云。『因俄國外務大臣云。此次中日談判既締結永久和平後。望不因不能履行條件。再至和平破裂。故本使卽問是否以日本要求條件過重。該大臣答云。中國公使謂大陸之割地。爲中國所最難。又償金之額過大。然俄國政府尚未詳悉此中事情。故不能陳述意見。本月九日本使與駐俄英國大使面談時。該大使云。目下關於東洋事件。俄國外務大臣現似難於決斷。日本國之要求。固屬至當。英國政府對此。大概不提出抗議。又本使據近頃所傳聞。此時俄國陸海軍協同委員會提起疑問。若必要時。以俄國陸海軍能否防止日本軍之入北京。該委員會決議。卽令不能在陸上防止。然聯合俄法兩國之艦隊。當能在海上防止。本使竊思俄國大概當不以兵力干涉。爲豫防計。應爲充分準備。尤其萬一之際。我海軍必須有必要之準備。』以上栗野、西兩公使之來電皆李鴻章來日事件已發露於世界之頃。

俄國態度難決

故歐洲各國。其中尤以俄國熱心注目事局之進行。日本竟向中國要求大陸割地。俄國見之。當甚抱不安。但此時尚未確定對此應取何種方策。觀四月九日西公使與駐俄英國大使面會時。該大臣告西公使。對於目下東洋事件。俄國外務大臣現似難於決斷。足窺此中消息之幾分。蓋俄國政府見東方局面之危勢逼迫。同時又不能不顧歐洲强國之關係如何。彼此事情互相牽制。使彼等不能不隱蔽其眞意也。故對於我國雖欲提出遼東半島割地之抗議。然彼得羅握會告余。謂該半島之割地於日本不利。或歐洲强國中有異言。又羅巴洛夫公爵對西公使謂。歐洲强國中當有障礙。或駐俄中國公使訴告困難。其理由則完全推諸他事。務使不發露自家之本心。然馬關條約一顯於世。與德法兩國提攜成立。彼等猛然脫其假面具。暴露爪牙矣。其經過在五月八日駐俄西公使報告余之機密信中。頗爲詳明。故該書雖屬長文。亦記載於左。

三國干涉決於德國與俄提攜

曩者該國與德法共同干涉我國與中國之戰爭後。下官在該地盡所有能力維持我權利。然皆未達目的。已屢如前電所述。甚爲遺憾。當國運之興隆。百事進步之際。其發生如此困難。亦非奇事。且我進至可進。止於應止。已無餘念。今更說及無成績之往事。亦非完全無益。然該國忽決定干涉者。蓋由於全得德國之同盟。迄此時止。英已無干涉之意。法亦以事已過遲而逡巡。該國政府部內亦於威海衛陷落時應行干涉。然至今日。主張『卽以俄法兩國海軍以迫日本。然無支持海軍之陸軍。亦不能如何』之說者。實居多數。現此中人員爲下官之相識者。亦認大陸之割地爲既定事件。又外務大臣羅巴洛夫。當時亦抱同樣意見。例如閣下電示我要求條件大略之電達此地時。爲四月四日。當即將該電出示羅氏。述閣下訓令之意旨。該氏殆已同意。取出地圖。問金州半島爲多大區域。下官即指由金州廳北方入海之處向東在此南部之地。該氏似稍安心。謂當奏知皇上。希下官親筆畫該區域圖予彼。拙官因思事實當不祇此區域。故云俟得確報後再畫。(後爭金州一部時。引用此事。羅巴洛夫答以並未贊成。復詰以確係默諾。雙方遂無結果。)

日使欺騙俄外務大臣

此等事件固非出於該氏之故意。足見當時彼亦以爲無法也。然此時之電報尚加當有干涉云者。蓋聞海陸軍人依然有干涉之說故也。總之。馬關條約成立之報達該地時。尚不見特別變化情形。惟該報達後。不久德國加入俄法同盟。抵抗該條約之說起。諸報紙得勢。同聲說干涉之必要。刺戟愛國的感情。攻擊反對說。下官之調和策亦不見效矣。迄四月十九日。三國似尚在談判。是日或翌日。竟各訓令其駐東京公使矣。

關於該干涉。下官與該國外務大臣談判時。曾詰問之云。若俄國決心不使日本在大陸得土地。則早應說及。何故不豫先說明。羅巴洛夫答稱。彼不料及日本眞占領彼土。亞細亞局長亦謂。關於該件。曾使彼得羅握公使公然質問東京政府。當稱至時自應答復。避而不言。以上不過後日之口實。其實彼等不料能得德國自願共同干涉之勢力。故顧慮事之結果而不能答也。德國舉動之出於意外。俄國人亦屬吃驚。

德國參加俄法同盟之原因

聞其決定出此舉之原因。係嫌俄法同盟之親密。因本年夏德國在吉爾行運河開通式。法國無派軍艦之意。故益憂之。惟得俄國周旋。德國遂達其目的。偶遇中日戰爭結局之難問題發生。見英退俄窮。德國以爲好機。而遠行加入者。不外依準東西洋利害關係之大小。見俄法表謝意。而插入其同盟間而已。目下該地因日本政府之英斷。東方一大問題無事解決。上下現安心之狀。政治家中。尚慮日本放棄遼東半島當另有要求。或且名雖放棄。當行實際上永久占領之策。且三國對我共同關係尚未全了。而前述吉爾之各國軍艦會同式之說。猶不離人口之際。德國插入同盟之手段竟告成功。或三國始終提攜。竟倡朝鮮獨立實行論。亦不敢言其必無。故我若有占領遼東半島之意。並欲在朝鮮鞏固我勢力。則我更須有必要之軍備。固不待言。

英日同盟之發端

並須與英國結託。似便他日得其助力。此次談判中。下官以最後手段。論及俄國在東方將來之利害。欲使彼說出別有所望。羅巴洛夫竟答海參崴近來因有割冰機械。冬日海陸交通非完全斷絕。故不望在朝鮮得不凍港等語。而不說出眞意。

俄國不喜日本獨占朝鮮

假令目下雖無所望。然日本表面唱朝鮮獨立。內實鞏固自己威勢於該國內。亦俄之所不喜者。且目下卽非別有計畫。俄國有使滿洲全體歸其勢力下之希望。已因此次事件而判明。故關於朝鮮若有不利於俄國之處。則必提出異議。特陳明以供參考。敬具。

該書係本年五月五日我政府予最後回答於俄德法三國政府後兩三日間由西公使郵寄者。書中所論。明晰詳密。然係推測。今尚歷歷證其見解之無誤謬。眞足見該公使外交之長技。德國何以出如此行動。爲他人拾火中之栗。使俄國卒然暴發其宿志。其原因不外前述西公使書中所云。茲須逐時局之進展而詳述

德國最初態度曖昧

之。蓋德國政府自中日事件發端以來。其舉動頗爲曖昧模稜。彼等雖屢云對我國表同情友誼。而其臣民屢向中國輸入戰時禁制品。其退伍士官公然參加中國軍事。德國政府假裝不見。唯自己利益自圖。而去年十一月頃。英國政府向歐洲各國提議聯合干涉時。德國首先拒絕。其後對我國有德色。然英國之聯合干涉。英國之輿論尚有反對。決非能成功者。又本年三月八日。駐東京德國公使面會林外務次官（當時余在旅行中。故面會林。）稱奉政府訓令。朗讀下之口頭書曰『德意志帝國政府勸告日本政府締結和約。且提適當條件。中國已請求歐洲强國之干涉。二三强國大體已同意。且似互有所約。而此等强國向中國要求干涉報酬。若報酬厚。則日本所得。當因之減少。故日本在不受該干涉之前。以締結相當條約爲得策。據德國政府所接報告。日本似在中國大陸要求割地。是必爲惹起干涉之媒介。』因之余卽訓電林次官。對德國公使謝其好意。然此時我中日媾和條件。已由廟議確定。故不特不容易變更。且從來關於中日事件德國政府之言行。往往有難倚信之感。故對其勸告不十分注重。彼等他日遂至謂日本不顧此勸告。剛愎自用。終招三國干涉矣。當時向我政府爲類似之勸告者。豈獨德國而已哉。且假令在我對於德國之勸告表示謝意。或尚不足。然不至因此使德國變爲三國干涉之首唱者。甚至與其舊仇法國聯合反對日本。故余自始卽疑德國之豹變。必由歐洲政略的關係。有不得已之事情在。且此豹變頗似急遽成立。蓋四月六日青木公使電余曰。媾和條件已洩。德國政府。別無重要異議。同月十二日。該公使又來電云。媾和條約之條件。歐洲報紙上之批評尚好。

德國勸告日本勿爲已甚

尤其關於償金。卽令其額更巨。亦決無異議。又割地之要求。貴大臣宜固持不動。至翌日。該公使忽急電余曰。『若日本政府向中國求特別經濟的利益。卽德國政府亦當反抗。對於德國懇切之意思。日本諸事有詳細通知德國政府之義務。爲緩和一般輿論。希報告本使。』事僅隔一日。前後電報之意味。如此矛盾。果係何故。

德國態度忽變

是非德國政略上發生變化而何。該電文中所謂特別經濟的利益云云者。蓋係此時布蘭德爵士輩爲中國向德國政府及社會之某部分遊說。流布其謬說。故該政府卽利用其說。以爲一時之假面具也。原德國謀東亞細亞商業之壟斷。不若英國。而英國見此次之媾和條件。尙頗抱好感。德國之於通商上。決無何等障礙。固不待言。故余於同月十九日。向青木公使回電云。日本由中國所得通商上之利益。係因最惠國條款所均霑者。聞他國頗抱好感。貴電謂德國反因此惹起一般之驚懼。余不勝詫異。果也德國對通商上之苦情。爲一片之口實。

德國阻止日本佔旅順

同月二十日。青木公使由柏林發電云。『接貴大臣之電報後。面見德國外務大臣。該大臣之意向。似已豹變。該大臣云。日本占領旅順口。必受巨大之妨害。本使答以奉天省南部之占領。不特爲鞏固朝鮮獨立所必要。且以其軍人之鮮血所略取之土地。不能保有。則日本當大失望。故希望德國此時採取在中日交戰中對於日本所表示之同樣懇篤政略。該大臣更云。德國自去秋以來。已對日本表充分厚意。打破歐洲諸國干涉之企圖。並以其他種種方法援助日本矣。然日本對之。不另報酬。不增進德國之利益。甚且不顧德國及其他歐洲諸國對於中國通商上之關係。擅定和平條件。故德國已不能立於歐洲諸國共同運動之外。且日

日本將爲歐洲商業鉅敵

德國向日本告密

本似已由和平條約中之通商條款得不當之利益。本使答以各國皆在中國享受最惠國之待遇。與日本有同一利益。固不待言。該大臣謂日本不特有勞銀低廉之利。且國境相接。因此次條約。日本對於在華歐洲諸國之通商貿易。竟爲實際上無比之競爭者。且日本違背外交上之慣例。出於專橫之處置。世界決不如日本之希望及命令所左右云。大行攻擊日本。本使以爲我政府從前怠於答報德國之好意。至使德國今日反對日本與他強國共同運動。加之德國曩曾使駐日德國公使勸告貴大臣。減輕和平條件。以保護中國。今日德國之形勢。甚不平易。希望對此取相當處置。』該電中日本勞力低廉。境土接近。歐洲各國不能競爭等苦情。殆類兒戲。無一顧之價值。又以我國對於去秋來德國對我之好意。不與充分報酬。及我國不顧德國及歐洲各國在華之通商關係。擅定和平條件等爲口實。謂已不能立於歐洲諸國共同干涉之外。其論據矛盾薄弱。且彼等又謂曾反對歐洲諸國之聯合干涉。並使駐日德國公使勸告日本政府。已如前文所論。亦非應感謝之恩義。即假定我國對此感謝不充分。亦無激怒德國至與俄法提攜。以兵力迫我之理。而青木公使尙有答我政府怠慢之口氣。甚爲難解。余接青木公使該電。恰係馬關條約簽字後歸廣島之時。雖未詳悉歐洲各國之近況。然疑德國如此豹變。此表面之理由外。必別有不得已之事情存在。此時欲使德國改變態度。當無效果。不若待其行動之來也。果也。余之疑竇。爲平素與德國最親密之國所解明。即四月二十七日。駐意高平公使電稟余曰。『本使關於反對媾和條約之德國意嚮。與意國外務大臣作長時間之談話。該大臣密告本使

意國希望英美意協合反對俄德法

駐英日使訪駐英德使

曰。德國始望意國之協同。然意國拒絕之。此次使德國如此變動之該國眞意。全因歐洲大隊之政略上欲離間俄法同盟。使俄法立於孤立之地位。然德國深與俄國結託。而逞威力。亦不可默視。須制限其勢力於某程度。因有如此事情。若得英美意三國合同援助日本。則干涉問題亦不至成重大事件而得終局。然欲行此事。須由日本先請求英美意三國之協力。彼時意國當欣然引誘英美兩國。原此次之事。頗屬戲劇的突發事變。故德國與意國得不牴觸三國同盟（德奧意。）而彼此立於反對之位置。』意國外務大臣之言語。甚爲明瞭。德國之豹變。實恐俄法關係益加密切。欲躬自投入其間以冷却之。是爲關係自己死活之事情所驅。亦不遑他顧也。故意國外務大臣謂毫不牴觸三國同盟。得彼此立於反對之位置一言。外表甚爲奇異。且似過於大膽。然歐洲外交上虛虛實實之所存。亦非不能有之事。德國同盟於俄國之戲劇的外交。不特爲意國外務大臣所看破。而代表德國皇帝之駐英德國大使亦曾自認矣。據四月三十日駐英加藤公使之來電云。『駐英德國大使派書記官求面會本使。故本使昨二十九日訪問德國大使。此時該大使謂俄國之感情益形激昂。法國至今日已陷於雖欲脫退同盟亦屬不能之位置。德國從前固不待言。即今日對於日本亦尚抱友誼。故欲圓滿解決本事件之情甚切。因之本使詰問曰。若德國果如此對日本抱友誼。何故參加此次之干涉。該大使謂此則不能明言。暗示歐洲關係之政略使德國不能不參加該同盟爲眞實之原因。同時又云。德國參加該同盟。在日本爲僥倖。蓋德國曾說俄法兩國大減輕彼等之要求故也。且該大使又謂日本應以一時占領遼東半島爲滿足。而一時之占領。將來隨時能變爲永久之占領。此事不乏先例。若日本苟不占領該半島。則關於其他日本能承諾之任何條件。該大使能向本國政府提議。盡力與本使了結。』該電中之言語。決非德國大使一己之私言甚明。然德國政府何故不由正當之途徑。而使其駐英外交官與駐英日本外交官協議遼東半島問題。頗屬可疑。加之彼謂此則不能明言。暗洩歐洲關係之政略使德國不得不參加之眞實原因。又勸告日本暫滿足遼東半島之一時占領。並示一時占領能變爲永久占領之前例。由當時德國爲俄同盟國之位置言之。非類獅子身中之蟲乎。

德國之實友

法國之實友

法國亦因國家之生存上。不能一日與俄國離睽。固非自今日始。而中日交戰之初。法國對於我國民之友好。不讓德國。余寧認法國之言行較德國更爲眞誠。法國公使阿爾蠻不特屢說將來法日同盟之必要。甚且嘗對余暗示俄國軍艦繼續經過蘇彝士運河集合該方之眞意。決非可忽視。故此次三國干涉。法國政府非如德國率先奉迎俄國之意。其始稍覺躊躇。西公使書中亦曾見之。然今見德國與俄突然結託之形勢。固不能冷眼傍觀。誠爲當然之事。其後阿爾蠻對余曰。日本政府關於此次法國之舉動。當能推察其眞意。眞爲彼之實情談也。如上所述。俄國意外得德國之同盟。又得引誘從來關係不淺之法國。（此聯合干涉之談判。實始於四月中旬。僅五七日間成就。觀青木、西兩公使之電報及書簡可知。）於是俄國不特增加在東方自己之勢力。而歐洲之關係上亦至毫無內顧之憂。卽以四月二十三日向我政府提起異議。頓變前日之姿勢。其時短。其勢險。傍若無人。猛然開始示威運動矣。當將停泊日本各港之

俄國表示戰爭形勢

俄國軍艦。接受二十四時間內隨時爲出航準備之命令。各艦皆晝夜升火。禁止船員上陸。頗現戰鬬刻下即起之形勢。又海參崴急召集豫備兵。不論商賈農民皆驅之入軍伍。東部西伯利亞總督管下。合現役豫備。已集五萬之兵。且隨時出師之準備已完成。尤以該港軍務知事通牒二橋貿易事務官。謂受本國政府命令。海參崴已視爲臨戰地境。因之該地僑留之日本人。須集住於三區域內。準備再行通告後。隨時可以退去。又據此時德國某新聞所載風說。德國皇帝特致電俄國皇帝。謂俄國海軍中將梯得夫之海上技倆經驗。朕所夙知。故欲將太平洋德國艦隊司令委託同人。其虛實雖不可知。然俄國勢成騎虎。已表現決心。雖有如何阻礙。亦排除之。以向一直線進行。三國干涉之由來。大概如右。其主張人固爲俄國。然使俄國至如此急激逞其猛勢者。實因德國之豹變。德國爲行此苦肉計。亦曾向內外運行種種計畫。彼等對於素無違言之日本。忽然反目。心中當亦覺痛苦。當時德國各報紙。屢辯德國對於日本原有之友誼尚未消滅。然因實際上不得已。不能不與他國忠告日本。又謂因德國加入俄法二國同盟。減輕他國向日本之要求。並以其他類似之口調。暗慰我國之怨恨。而駐英德國公使與加藤公使之密談。及德國外務大臣告青木公使。以日本交還遼東半島之條件。當求請償金。德國政府可隨時向中國政府勸告。又駐東京該國公使語林外務次官。謂日本若有將本問題付列國會議之意。德國政府當居中周旋等等。皆俄法所不敢言者。彼等對於我國尚且如此。至其對於俄國之苦心。則有更甚焉者。已不難推知。此時莫斯科新聞。有評論畢斯麥舉動之一節。頗爲奇特。並切中德

德國暗中與日本通消息

德國之調虎離山計

國之肺腑。該新聞對畢公從來之政策略下褒貶後。謂畢公贊成此次之舉。決非爲保護遠東德國貿易之利益。實欲恢復爲德國幸福所必要之俄德親交。作成爾後提攜之階梯也。故畢公斷言德國對於俄國欲在太平洋岸得不凍港。經過朝鮮。貫通鐵路之希望。毫無表示妨害之理由。德國曾對法國之突尼斯及亞非利加政略表同情。今亦當對於俄國之東洋政略表同情。黑海在德國尚無甚深之利害關係。而况於朝鮮乎。德國政府今須一定不動。執從來之方針。始終與俄國爲共同一致之運動云。公眞不愧爲老練之外交家。對於此大事之政略。不以自己對於俄國之惡感爲標準。唯一意以德國之利益爲標準。蓋德國在危殆時。其興亡全依俄國之向背而決。德國欲其邦基之堅牢。除恃俄國外無他法。並對畢公在拉伯梯瑞演說德國應復歸本世紀初時之言語。謂俄國今不爲他國之利益。疲鈍自國之民力。畢公當亦知之。德俄兩國決無互相嫉視之理。然德國爲自國之利益。容喙俄國之政略。欲使俄國變其自國特種之政府。與舊友絕交。再援助德國之利益，則不能望云云。暴露德國政府及畢斯麥之胸中祕密。並現出自家之本面目。足使德國政府及畢斯麥發滿身之冷汗。是不過俄國一新聞對於畢斯麥之評論而已。固不宜卽視爲俄國政府之眞意。

俄法同盟之公表

俄法同盟之成立。其事雖爲世人所知。然兩國皆未曾明言。本年六月十日。法國外務大臣阿洛得對議會之質問。公言關於中日戰爭法國與俄國出於一同方針者。全爲從來兩國同盟之結果。俄法兩國政府公然言明兩國同盟之事實。蓋以此時爲權輿。德國欲離間俄法之親密。行此戲劇的加盟。反使俄法同盟堅牢矣。而同月十七日俄國皇帝特贈法國大總統以最貴至重之山達列道列洛勳章。非莫斯科新聞嘲戲畢斯麥之比。實對法國外務大臣公然言明俄法同盟之事實表彰謝意也。其他俄法兩國。關於中國外債。行所合同協力。德國尙呶呶訴苦。抑亦遲矣。要之德國政府戲劇的外交。積日之苦計。果能達其目的否。是爲將來之問題。在本篇寧屬餘事。故不深論云。

第二十一章　俄德法三國之干涉（下）

結論

明治二十八年四月二十三日。俄德法三國干涉之突起也。翌二十四日。廣島行宮開御前會議。廟議確定與第三國之和親決不可破。新作成敵國。斷非得策。而當時國中一般之狀況何如。社會猶如被襲於一種政治的恐慌。驚極而陷於沈鬱。憂心忡忡。皆恐我國之要地受三國之砲擊。高談匡救目下大難之策者。幾無一人。此時屬於對外硬派之重要人物。在京都面會伊藤總理。談及三國干涉事件時。伊藤向彼等云。今與其聽諸君之名案卓說。寧與軍艦之大砲相對熟議。彼等對此冷語。不類平日之多辯。不敢以一言相抗。亦不能言胸中有何打算。此輩尙然。況一般人民乎。人心洶洶。只默禱時難之速去耳。漸經過十餘日。遼東半島之交還。竟向俄德法三國約定。中日兩國之媾和條約。已在烟台行批准交換。世人至此始知無事變猝發之虞。漸

日本之恐怖

中恐怖而憤慨

開愁眉。同時鬱積彼等胸中不平不滿之念。一時勃發。生出昨日過於驕慢。今日蒙終天屈辱之感。其不快不滿。早晚必向何處發洩以自慰。亦人情之自然。而平日反對政府之黨派。見此社會趨勢而利用之。以一切屈辱。一切失錯。歸諸政府之措置失當。極力非難政府之外交。而勝於戰爭敗於外交之攻擊聲。起於四方。其反響今尚囂囂也。

著者著本書之目的

抑余草本篇之目的。在概敘去年朝鮮內亂以來。征清之役。至三國干涉間之極紛糾複雜之外交顛末。以備他年之遺忘耳。至與滔滔世流辯論其是非得失。則非余之素志。然政府當此非常之時。行非常之事。深斟酌內外之形勢。遠較量將來之利害。審議精慮。苟有能行之計策。無不試行。竟自信處危機一髮之間。匡救時難。保持國安民利之道在此而斷行之。則其事由余亦不得付諸湮晦也。

外交非兵力不可

方今列國割據。此之所冀。彼之所嫌也。利害互相出入。所謂戰爭之終局。不單決於砲火劍戟。若外交之運動不敏活。則交戰者往往瀕於意外之危險。然無兵力後援之外交。雖根據如何正理。終局亦不免失敗。此次三國干涉之突起時。試思我外交之背後有如何强援可恃乎。當馬關談判已過半途，媾和條約之簽字已至垂成。小松大總督殿下與帷幕之重臣。殆悉全國之精銳。進軍於旅順口。軍機戰略之得失。茲固不在議論之列。唯當時軍人社會之氣焰。非渡黃海之波。脚踏愛親覺羅氏之地。殆有不齒於同列之概。此氣焰在當時

日本國內空虛

恐不論何人皆不能抑制也。陸軍已然。加之我優勢之艦隊。殆虛沿海之守備。出征於數百里之外。故四月二

日本偶然之幸

要求割遼東係日人一般之野心

十四日之御前會議。實決於此形勢之下。而在今日不能歸諸任何一人之過失。而自去年秋冬之交。歐洲强國動輒將干涉中日戰局。若在平壤黄海戰爭後。旅順口威海衛陷落前。歐洲强國之干涉突來。則我戰局已生如何變態乎。幸而去年七月牙山豐島之海陸戰以後。數閱月間。尤以中國屢誘招歐洲强國之居中干涉。竟至低首平身。割地賠款。至乞和時止。使我軍毫無他顧之憂。一意專心北蹂躪奉天山東之山河。開直進直隸地方之途徑。南占有澎湖島。進逼台灣全島。使其住民負戴而走。其間不受歐洲强國何等干涉。豈得謂非偶然之幸運乎。然至戰爭結局時。竟不免歐洲强國多少之干涉。吾儕非不豫期。蓋本年一月二十七日御前會議。伊藤總理之奏聞中。已略洩其意。尤以關於大陸割地之俄國意見。去年以來。默默之間。已有足推測者。已能推測矣。何以竟要求將來或不能不拋棄之割地乎。余關於此點。不向世人辯其爲無豫窺外國鼻息自損戰後權利之必要。蓋窺鼻息一語。雖有語弊。然今日列國各競爭於功名利益之間。飛耳張目。互忖度他之心術。豫悉彼此之交涉。而避其所猜忌。以免他日之紛議。爲外交上重要之權宜故也。當時我國内之大勢。果能使吾儕毫無所顧慮。而施行此權宜乎。當時國民一般固不待言。卽政府部內。亦對於中國之讓與。唯欲其大帝國之光輝。益欲其揚。已如前章所述。(參中日媾和之發端。)廣島御前會議時。尚有人見余提出之媾和條約案。希望於遼東半島割地之外。添加山東省之大部分。則可知希望割地之廣大者。爲數不少。况尚有主張非大纛進至金州半島。皇師攻陷北京。不許議和者乎。在戰勝之狂熱充滿社會。浮望空想達於絕頂時。若

日政府內外兩難

俄土條約被干涉之先例

媾和條約中脫落領有軍人濺血所略取之遼東半島一條。必使一般國民失望。豈特失望。而大勢所趨。如此條約。事實上恐難施行。內外形勢如此不相容。而欲調和之。則不能不顧慮當時必然發生於內之激動。其危害當較他日外來之事變更為重大。政府處此內外兩難之形勢。較量時局之緩急輕重。常先其重且急者。而後其輕且緩者。對於內難。則緩和之。外難則制限之。卽使不能完全制限。亦務使其禍機遲日發生。蓋處此內外形勢之困難。世界各國。亦不乏其先例。千八百七十七八年俄土戰爭之結果。七十八年三月三日散斯特發洛條約簽字前。英奥兩國向俄國以他日干涉前提之口氣宣言。若俄土條約牴觸巴黎條約及倫敦條約之精神。則不能認為正當之條約。俄國當亦能推知英奥之意嚮如何。然尚批准該條約者。果何為耶。恐俄國政府亦被當時內外之形勢所制。由於無可奈何也。史家寫戈爾恰可夫公爵此時之苦心云。『公恐國民一般之激動。更不敢反抗其激動。』足可推察當時之事情。(然戈爾恰可夫豫期英奥之必有異議。同時亦陰恃畢斯麥之援助。彼不料有如柏林會議之結果。更不料畢斯麥明明抹殺其在該條約簽字前數日之演說。畢斯麥於千八百七十八年二月十九日。卽散斯特發洛條約簽字二週間前。在德國國會演說有云。『某國何故有對俄開戰之必要乎。假令開戰後。其國得勝利。然彼等決不能挽回土耳其之權力。若如此。則當以彼等之定案。代俄國之定案。而彼等果有如何定案乎。卽有某定案。何人應當其實行之任乎。若今日俄國不得簽字於千八百五十六年條約之諸強國之承允。則當仍占領現在已占領之土地為滿足。』是因當時英奥

日政府被制於內致屈於外

日本對中國收戰勝結果

有雖與俄國開戰亦當貫徹其異議之氣勢。故加以冷評。且暗示德國對於俄國仍占領其戰勝後所占領之土地無異議之意。其後德國之傾向與豫期相反。頗呈奇異之狀。英國已反對柏林會議之條件。拒絕參加。故戈爾恰可夫更密訓其駐英大使森瓦洛夫。與英國外務大臣薩斯伯里侯爵豫行協議。記載散斯特發洛條約中應修正之諸款於祕密覺書。故柏林會議之結果其實多係在倫敦英俄間所密約者。）故此次馬關條約之變改。在事後之今日。政府有屈服於外之姿。然事前之大勢。實內有所顧慮而至於此。則事實之眞相也。要之。此次三國干涉之突來。在中日媾和條約批准交換期日已迫之時。而政府爲一時處理對三國及中國之問題。百計盡後。竟快刀斷亂麻。施彼此不使錯亂之策。對於中國全收戰勝之結果。同時使俄德法三國干涉不至再擾亂東洋大局之治平。在我已進至能進之地。止於不能不止之處。余信不論以何人當此局。亦決無他策。余嘗於三國干涉概要。有『此糾紛錯雜之外交時局。僅於二週間了結。將發之危機。一髮之厄運。得以防止。將失之百戰百勝之結果。得以保存者。皆由於廟議應機得宜故也。是卽不外體奉大詔所謂「今顧大局寬洪處事。亦於帝國之光榮及威嚴無所毀損」之聖意耳』云者。亦爲此也。

余於本篇本期將朝鮮內政之改革。分爲三期。各於其適當之順序記述。而其第一期及第二期雖已記述。然第三期竟省略之矣。蓋朝鮮內政之改革。爲其後種種外來事情所阻礙。今尙未克完成。故不能爲之敍述。至於將來政略如何。此時亦不必預爲論及也。

明治二十八年除夜脫稿　伯爵陸奧宗光

附錄

李鴻章電稿 見李文忠公全集江南官書局出版商務印書館代售

中日甲午一役。李鴻章始終其事。故其電稿爲參考此事極有價值之信史。茲擇其有關者附錄於此。閱者與陸奥之書互相參證。既可糾正陸奥之曲筆及錯誤。而當日情事更加明瞭矣。龔德柏附識

寄譯署 光緒二十年四月初四日申刻

閱兵小站。接袁道電。韓全羅道泰仁縣有東學黨數千。聚衆煽亂。現派洪啓薰帶兵往捕。求調駐仁川之平遠兵船。分載韓兵赴格浦海口登岸。聊助聲勢。袁並派武弁帶丁役隨往照料等語。已電海軍提督照辦。

寄譯署 光緒二十年四月二十一日未刻

舟次迭接袁道電。全羅道匪黨勢頗猖獗。韓兵練潰敗。又添調江華鎗砲隊四百餘往剿。云韓王未請我派兵援助。日本亦未聞派兵。似未便輕動。應俟續信再酌。已速撥毛瑟精鎗千枝並子藥。派輪船解往。以應急需。鴻自山海關發。約二十三四回津。

寄譯署 光緒二十年四月二十二日午刻

袁道電覆。遵查江華兵尚未接仗。王無自將意。前日有兵船赴南道。日使曾請外署發護照。俾船員隨處往探看。韓以匪盛恐加害未許。日未聞有派兵說云。

寄譯署光緒二十年四月二十八日酉刻

袁道屢電。京兵敗械奪。韓各軍均破膽。昨今商派京及平壤兵二千人分往堵剿。王以兵少不能加派。且不可恃爲詞。議求華遣兵代剿。韓歸華保護。其內亂不能自了。求華代戡。自爲上國體面。未便固卻。頃已屬如必須華兵。可由政府具文來。卽代轉電請憲核辦等語。如不允。他國人自有樂爲之者。將置華於何地。自爲必不可卻之舉。待其文至。應請轉總署電飭駐日汪使。照約行文日外部。告以由韓所請。乙酉約華日派兵。只先行文知照。初無華派日亦派之文。日如多事。似不過藉保護使館爲名。調兵百餘名來漢。然匪距漢尚遠。日兵來反騷動。韓外署應駁阻。各洋員尤不願日先自擾。頃日譯員鄭永邦以其使命來詢匪情。並謂匪久擾。大損商務。諸多可慮。韓人必不能了。愈久愈難辦。貴政府何不速代韓戡云。凱答韓廷亦有此請。我政府冀其習戰自強。尚未核准。並探詢以乙酉約。我如派兵。應由何處知照。鄭答由總署北洋均可。我政府必無他意等語。鴻現候朝鮮政府文轉到。擬派葉提督選帶精隊千數百。乘商輪速往。並派海軍四艦赴仁川釜山各口援護。一面電知汪使。知照日外部。以符前約。容部署定再續陳。可否代奏。

寄譯署光緒二十年五月初一日辰刻

袁世凱三十夜電。頃准韓政府文開。案照敝邦全羅道所轄之泰仁古阜等縣。民習兇悍。性情險譎。素稱難治。近月來附串東學教匪。聚衆萬餘人。攻陷縣邑十數處。今又北竄。陷全州省治。前經遣練軍前往剿撫。該匪竟敢拚死拒戰。致練軍敗挫。失去砲械多件。似此兇頑久擾。殊爲可慮。况現距漢城僅四百數十里。如任其再爲北竄。恐畿輔騷動。所損匪細。而敝邦新練各軍現數僅可護衛都會。且未經戰陣。殊難用以殄除兇寇。儻滋蔓日久。其所以貽憂於中朝者尤多。查壬午甲申敝邦兩次內亂。咸賴中朝兵士代爲戡定。茲擬援案請煩貴總理迅即電懇北洋大臣。酌遣數隊。速來代剿。並可使敝邦各兵將隨習軍務。爲將來捍衛之計。一俟悍匪挫殄。即請撤回。自不敢續請留防。致天兵久留於外也。並請貴總理妥速籌助。以濟急迫。至切盼待等語。鴻已飭丁汝昌派海軍濟遠揚威二艦赴仁川漢城護商。並調直隸提督葉志超率同大原鎮總兵聶士成選淮練勁旅一千五百名。配齊軍裝，坐招商局商輪船先後進發。一面電駐日本汪使。知照日外部。以符前約。請代奏。

寄譯署光緒二十年五月初一日

袁道三十日電。頃日署使杉村來晤談。意亦盼華速代戡。並詢華允否。凱答韓惜民命。冀撫散及兵幸勝。姑未文請。不便遽戮韓民。如請自可允。杉云。儻請遲匪至公州。漢城甚危。擬先調兵來防護。華何辦法。答或調兵護。或徙商民赴仁川，待匪近再定。杉云。韓送文請告知。以慰盼念。儻久不平。殊可慮等語。杉與凱奮好。察其語意。重在商民。似無他意云。鴻昨晤駐津日本領事。語意略同。告以韓請兵。勢須准行。俟定議。當由汪使知照外部。事竣即撤回。該領事甚謂然。允先告外部。

寄譯署光緒二十年五月初四日

頃駐津日領事持外部電來謁。謂韓事多警。日本已派兵往保護使署領事及商民。鴻告以漢城仁釜各口。現俱安靜。中國派兵專剿內地土匪。並不至漢。及通商各口。汝國似不必派兵。致人驚疑。該領謂兵已派。未言多少。鴻謂如已派保護官商。斷不可多。且非韓請派。斷不可入內地。致華日兵相遇生衅。該領允轉電外署與伊藤。

寄譯署光緒二十年五月初五日巳刻

汪使支電奉電遵已行文。頃晤外務云。派兵護商事非得已。業已電令彼使知照總署。並切誡大鳥及統將嚴束兵士。毋生事端。請中國亦嚴切申諭云。惟因文內屬邦二字。大費辯論。彼欲使館商請酌改。已正詞拒之。意猶未解。祈裁示等語。鴻覆以文內我朝保護屬邦舊例。前事歷歷可證。天下各國皆知。日本即不認朝鮮為中屬。而我行我法。未便自亂其例。固不問日之認否。礙難酌改云。

寄譯署光緒二十年五月初五日巳刻

袁道支電。刻接日署使杉村密書。謂刻奉其外部來電內開。我國亦派兵來韓云。已遣譯員詢其派兵何事、何處、何時登岸。頃譯員回稱。杉答日兵照日韓壬午約調護使館。無他意。計三四日可到。由仁川下岸。日已知照總署云。刻已屬外署遣員詰以漢近靜謐。日兵來必騷動。殊非友誼。且乙酉夏曾知照各國。有事由韓派四十兵護館。切勿來漢。反生事等語。儻其不理。即代韓擬文駁論。並屬外督辦屬各國助詰云。

寄譯署光緒二十年五月初六日午刻

袁道微電。頃外督辦來述。與日使談駁阻兵各語。日語塞。惟謂由我政府所爲。可向商辦。凱屬駐日韓員向日外部詰阻。並代擬稿。具文申論。未知究能阻否。惟日近年因韓人輕侮頑疲。迭有應照約駐兵挾制之議。今果乘機行。似非口舌所能阻。既來又恐非暫時所能去。聞日來告韓署。謂我既有約。即無事時亦可遣兵。是行我應有權利。並請韓速照約修備兵房等語。

寄譯署光緒二十年五月初六日申刻

袁道魚電。頃外督辦趙秉稷稱。日無故派兵。騷動人心。曾面詰日使不理。送文姑無覆。今王派外參議赴仁逕阻。恐未必聽。倘竟來。必有他慮。極可危。屬求憲臺設法阻之云。頃英歐使（陸奧書內譯作爲可拉爾）過談。亦不以日派兵爲然。謂已致駐韓領事駐日英使。設法勸解。但慮他國有以日派兵爲是者。該使刻即赴京。

寄譯署光緒二十年五月初六日申刻

汪使魚電。外務僅以伊政府未視朝鮮爲中屬照覆收科。不復請改。聞日派三千餘兵。已陸續發。確數難探云。

寄譯署 光緒二十年五月初七日午刻

袁道虞電頃外署送示日署使函告大鳥於初七早四點鐘隨帶護衛水師兵三百名由陸來漢云。已屬韓覆函阻止。殊未能聽。又據仁川魏丞電稱日兵三百。並砲四尊下岸。俟下齊閒一二日內同大鳥赴漢。再聞水兵明日亦派一百二十五名同往。又丁提督所派龍鎮擬即附二小輪暫赴牙山。察看葉提督等兵駐處即回。設須水兵下岸已商方伯謙派巡察劉登龍帶往漢城云。（按大鳥即大島。）

寄譯署 光緒二十年五月初七日申刻

袁道虞電頃據仁川電稱昨夜日兵下岸。前後共約四百五十名。今早四點。大鳥帶兵四百由陸赴漢。分五十名帶砲四尊。由順明小輪赴漢。又韓使金思轍自日電稱往問日廷答由華照會出兵。須待大鳥來電議妥。似大鳥來漢必有挾議。韓人日間驚恐。必將無所不從云。

覆朝鮮袁道 光緒二十年五月初七日申刻

大鳥到後。議論行徑若何。韓屬美調兵百餘兵從何來。漢城平安無事。而日獨調兵。各使當有公論。我宜處以鎮靜。若各調兵作聲勢。徒自擾也。

（按此電語意似袁曾電請增兵。）

寄譯署光緒二十年五月初七日酉刻

電詢袁道。屬各國助詰日兵。頃袁覆稱。前與外督辦商屬各國助詰。因俄法使均去。現只譯員暫代。英德均領事美新使老甚。恐無濟。故先由韓力阻。今早由外署遣告各國員。然日來甚銳。似非有得不肯遽去云。

寄譯署光緒二十年五月初八日酉刻

袁道齊午電。遵告韓人。日與華爭體面。兵來非戰。切毋驚擾。迭阻不聽。即聽之。速設法除全匪。全復華兵去。日自息。如有要挾。仍可堅持不許云。與庚電尊旨暗合。已轉袁。

袁道來電光緒二十年五月初八日酉刻到

頃據仁川電稱。日兵船筑紫開。再頃聞日兵一千。約明日乘商船廣島三泛來仁。日人現已備船駁兵上岸。初聞日兵八千。陸續來韓云。

寄譯署光緒二十年五月初九日辰刻

袁道齊電。頃外督辦來稱。晤大鳥談駁良久。鳥堅稱韓匪不能自除。請華代戡。自無力能護日人。故率兵自衞。俟匪平即撤等語。已告葉提督及韓人。欲速退日兵。惟有速剿匪云。

寄譯署光緒二十年五月初九日辰刻

袁道電。迭有華人自仁來者稱。沿途各要害。有三四處日兵。或百餘。或數十。在彼駐守。華人經過者間被。

搜身。未免欺人太甚。容查明。酌詰大鳥。由仁至漢。共計日兵近千名云。

寄日本汪使 光緒二十年五月初九日申刻

袁道佳電。昨大鳥已帶兵四百赴漢城。頃據仁川電。接日領事函稱。日馬步兵一二日到仁。抵港後卽赴漢。又閱稅司接該領事信。其政府已雇商船十四隻。運兵來仁。到港時請勿延礙。查漢城無事。全州已復。已屬外署詰問。並請各國員查詰。日調兵過多。自非意在護館。究屬何意。望向外務詢阻。

寄朝鮮袁道 光緒二十年五月初十日午刻

佳電均悉。汝既與大鳥約定。已到漢之日兵暫駐。卽撤續來者。勿登岸。原船回日。未發者卽電阻。云華自應不加派兵來漢。卽葉聶前敵。亦不添兵。聶隊初十已赴公州。葉暫駐牙。派弁往全確探。再審進止。望速電葉聶。勿再前進。如匪已散。應聽韓軍自辦。我軍卽當陸續撤回。以免韓人疑怨。日人藉口留兵。是爲至囑。

朝鮮漢城速寄葉軍門 光緒二十年五月初十日午刻

頃由袁道轉電。屬緩進兵。又接佳電所探全州賊情。與韓報太不符。韓人既不願我進兵。徒費力不討好。日人亦謂須待我撤兵。彼纔肯撤。是於中外大局有關。望加審愼。姑駐待爲妥。圖南回津。令暫候。盧隊檢馬勿去。

寄譯署 光緒二十年五月初十日午刻

袁道佳電頃大鳥來謁。談論二時久。堅謂實護館而來。並相機幫韓禦匪。凱婉與商辦。相訂今到仁之八百兵來漢暫駐卽撤。現在漢之水師兵候八百到卽回船。續來者毋登岸。原船回日未發者卽電阻。華亦不加派來漢。凱詢大鳥以十四船載兵若干。答每大隊八百共三隊。其各項雜役及隨效不又有多名。凱謂韓事已漸平。我兵擬早撤。免暑雨。如聞日遣大兵。自將加兵前來。因相防必生嫌。倘韓西人伺隙錢弄或西人亦多來兵。候收漁利。不但韓危。在華日亦必有損。華日睦亞局可保。倘生嫌。徒自害。我輩奉使應統籌全局以利國。豈可效武夫幸多事。我深知必無利。故尚未調一兵來漢。鳥答甚是適有同見我廷視韓匪太重。驟遣大兵。我年逾六旬。詎願生事。卽電阻後來各船兵。凱又以悳意勸令少駐漢兵。分留仁。鳥答。我廷原派實不止八百。况一隊一將。未便分駐仁漢。匪聞貴軍至。雖逃散。兵仍未解。待事定。卽全撤。必不久留。鳥又謂接津電。聞華發兵兩千將來漢。如然。恐彼此撤去又須時。凱答我廷聞尙遣大兵或將加兵來漢。果汝能阻續來兵。我亦可電止加派。鳥云。我二人卽約定我除八百外盡阻之你亦電止華加兵我二人在此。必可推誠商辦云。鴻本擬添派。接袁電卽止。並電屬葉聶暫駐公州牙山。確探全州一帶賊情再審進止。

（按大鳥奉其政府命。帶兵赴韓。其任務在挑釁。陸奥已確言之矣。今觀其與袁世凱一段談話。逞其兩副舌頭。既騙袁世凱。又騙李鴻章。李鴻章增兵之謀。被其欺騙之言所阻。而中日兩國之命運決矣。夫李袁號稱中國近代之大滑。竟皆爲大鳥所騙。然則日本人之騙。豈非天下之大騙乎。吾人於此得知日本政治家外交家言語之價値矣。）

朝鮮漢城速寄葉軍門 光緒二十年五月初十日申刻

袁道電。頃接韓政府函稱。前因南道土匪猖獗。懇請天兵前來代勦。乃該匪聞知此情。已卽膽落。先後逃竄者甚多。敝邦各軍士人民。均因膽氣大振。迭次堵勦。斬獲無算。昨夜又得捷報。餘匪聞大軍下陸。均已逃散。全州省城卽亦克復。現速飭地方官吏。入城安撫。並飭各軍分頭捕勦。孑孑餘孽。指日可平。此皆仰仗天威。暨中堂聲援之所致也。東海士庶。感何可銘。容卽啓請我殿下。分別奏咨。伸達謝悃。至大軍一到。巨寇卽除。不戰而克。神武昭著。刻自不敢再勞天兵前進。且該匪散伏叢深。惟敝邦卒役。易圖捕獲。似非上國士卒堪執此責。更有危機。尤須通情。日本以天兵來勦。忌疑多端。日前突發五六百兵。駐我都下。屢由外署駁論阻止。終不聽從。意似必須天兵撤回。始肯同撤。傳聞仍有數千兵繼來於後。敝都警備素疏。有强敵包藏禍心。入據心腹。東人臣民。危在呼吸。度日如年。人情大騷。不堪設想。幸値該匪已除。冀可解禍。卽懇貴總理迅卽電中堂。酌量援救。非敝邦所敢瀆請。如荷始終庇護。望卽施行。情急勢迫。企望維殷云云。函內所稱該匪散伏叢深。韓兵易圖捕獲。非我能執此責語甚近情。若再前進。殊無趣味。應卽迅調所部回牙山整飭歸裝。訂期內渡。以便派商輪往接。一面函商袁道。催日本同時撤兵。勿再觀望遲疑爲要。

覆朝鮮袁道 光緒二十年五月初十日酉刻

頃韓政府函。已電葉緩進。暫回紮牙山。整備歸裝。一面商尊處與大鳥約定。彼此同時撤兵。再派商輪往接內渡。俄兵由海參崴來確否。此關緊要。勿謊報。

寄譯署 光緒二十年五月十一日辰刻

袁世凱電。朝鮮屢求緩師。未允。今全州復。賊散。欲請我速撤兵。解日急。而大鳥又謂。華撤兵。伊即同撤。幸韓軍稍能自振。搜捕善後。力所當為。似未便久留。致生枝節。鴻已電屬葉志超等緩進。暫紮整理歸裝。一面由袁道與大鳥約定。彼此同時撤兵。再派商輪往接內渡。請代奏。

寄朝鮮袁道 光緒二十年五月十一日午刻

汪使蒸電。遵電面詢伊藤。據稱恐韓亂亟。道遠接應難。故派兵稍多。然運軍需止十艘云。言外有留兵代議善後意。據韓使云。接王電。初八賊盡滅。確否。

寄譯署 光緒二十年五月十一日午刻

袁道灰亥電。頃回視大鳥。告以照昨訂。華勿加兵。日續兵原船回。鳥云。多兵在船數日。聞下岸稍憩。即回刻已派參贊杉村專往。與陸將商。如能不登岸尤妙。凱謂昨已面訂。應毋下岸。鳥答。必力阻。凱又勸減在漢八百兵。免韓懼生事。鳥允商酌減。凱又以亞局反復辨論。鳥亦稱善云。

寄朝鮮袁道 光緒二十年五月十一日未刻

頃已據朝鮮政府函電奏撤兵。但須日兵同時並撤。大鳥既與汝約定。日兵究何時必撤。是否盡撤。須取伊信函或回文爲據以便派船往接各隊。儻彼游移。或仍留兵若干。我亦應酌留若干。商妥後速卽電知並電葉軍門酌辦爲要。

覆譯署光緒二十年五月十一日酉刻

韓軍既分投捕勦，彼又速求我兵勿進。人地生疏。山徑叢雜。若無嚮導。玉石難分。似難冒然深入。葉聶仍駐牙山。候袁道與大鳥妥議撤法。再行酌辦。儻日倘擬留兵。彼留若干。我亦應留若干。與之相持。此時防日較重於防匪也。承詢韓日從前定約。查光緒十年十二月。朝鮮國王奏謝摺內附鈔日本續約。咨署有案。第五條日本獲衞兵弁營舍。以公館附近。照壬午續約第五款施行。注云。日本使館置兵弁若干備警。若朝鮮兵民守律一年後。日本公使視做不要警備。不妨撤兵等語。是以十一年三月伊藤來華會議。彼此盡數撤回。以免兩國滋端。茲恐日復申前約。則彼此均應酌留。而前約事定仍卽撤回。不再留防之條。又成虛設。

覆朝鮮袁道光緒二十年五月十一日亥刻

日韓甲申續約。雖有使館置兵弁備警。次年津約盡數撤回。又聲明將來若有變亂派兵。事定仍卽撤回。不再留防。是必照約同撤。大鳥若謂須留護館。未必肯移駐港口。則我軍酌留若干。應駐何處。汝須查照前約。與鳥妥議。再請示遵。

寄譯署 光緒二十年五月十二日卯刻

袁道真電。頃屬日譯員告大鳥以津約僅可照護館。有定數。乃爾突派大兵。意自有在。爾不撤漢兵。我牙兵亦應來。惟兵至甚遠。久持蠅集。必有損。現匪已散。勦衞均落空。何苦空相持。我兵本擬即去。因爾兵添。故未便動。儻鳥以大局爲念。應與我速設法了結。免啓他國釁。否則兩相持。必遺悔等語。該譯密告日信謠防華遣兵太率。徒足貽笑。鳥甚急云。

寄朝鮮袁道 光緒二十年五月十二日巳刻

汪使真電。韓使以賊平告外務。彼云大鳥無電不足信。各報謂韓造此說。冀謝外兵。應請飭袁確查。果實。再與日商撤兵。姑戒韓靜持勿急云。即確查電復。

寄日本汪使 光緒二十年五月十三日午刻

韓政府函告。賊聞我兵上岸。即逃散。現飭韓兵分頭搜捕。餘孽可平。我軍往探屬實。全羅道已入全州安撫。韓帥洪派兵追捕。無須藉客軍之力。自應與日互商。照乙酉條約。事定仍即撤回。不再留防。以免韓人疑懼。各國生心。現袁道與大鳥妥商。雖允撤。尚遲疑。望晤外署及伊藤。切實言之。如彼留兵在韓。則我亦當酌留。轉非了局。

寄譯署 光緒二十年五月十三日亥刻

汪使元電聞日派兵增至五千餘。意叵測。正擬電聞。適外務晤稱。韓亂未平。擬併力共勦。冀賊速平。而師有光。經與外力辯。始請電商。謂鈞處如實有辭。亦可允作罷論。至所言善後。意在更革韓政。另函陳。祈轉署云。

覆朝鮮袁道 光緒二十年五月十四日酉刻

連接汪使電。日廷疑賊猖獗。尚欲派兵會勦。謂未得大鳥確信。豈日韓電斷耶。鴻已將近情電汪轉告。文電與鳥擬同撤分留辦法尚妥。候日復即定。葉軍在牙苦雨可念。須常通信。

汪使來電 光緒二十年五月十四日戌刻

日志在留兵脅議善後。經與力爭。伊藤始允如約。然大拂衆意。昨外務至斥爲徇私。意圖翻議。復經折辯。乃定。仍謂必探確賊盡平爲度。奉元電即往告以偵其情。則謂大鳥並無電至。察日頗以我急欲撤兵爲怯。狡謀愈逞。其佈置若備大敵。似宜厚集兵力。隱伐其謀。俟餘孼盡平。再與商撤。可望就範。祈轉署。

寄譯署 光緒二十年五月十四日戌刻

頃日領來謁。陸奧電知大略三條。一擬日軍與我軍會勦韓賊。一兩國派員整理更革韓政及稅務。一兩國派員訓練韓軍。使其自能靖亂。已商由汪使請示。鴻即電汪。以韓賊已平。我軍不必進勦。日軍便無會勦之理。乙酉伊藤與我訂約。事定撤回。又日韓條約均認自主。尤無干預內政之權。均難於約外另商辦法。請直截回復云。袁電正與大鳥商。日軍已到千名。撤四分之三。留二百五十駐仁。華撤五分之四。留四百駐仁川附近。

均俟匪清全撤。惟大鳥未奉日廷命。候電復乃定等語。是日廷意甚狡肆。韓政雖闇弱。豈日所能更改。嘗試可恨。

寄譯署 光緒二十年五月十五日卯刻

汪使隨電。日志在留兵云云。祈轉署云。鴻迭據韓文袁報。賊可即平。故商日照約撤兵。免日要挾。乃與袁密商。分別撤留暫資鎮壓。日性浮動。若我再添兵厚集。適啓其狡逞之謀。因疑必戰。殊非代謀上計。現飭再確探賊蹤酌辦。

覆葉軍門 光緒二十年五月十五日午刻

欲即統兵赴漢。仁似太急。泊日廷調兵五千。陸續來仁。我兵不及半。切不可移近韓都挑釁。鴻正與汪使電商。日照前約撤兵。日廷以賊未盡平爲詞。俟賊全平再撤。弟當堅忍約束。以待後命。如果日議不成。必須赴漢。則宜另添調。不可輕視。切囑。

覆朝鮮袁道 光緒二十年五月十五日未刻

大鳥訂約屢變。汪電謂日意在留兵脅議善後。告以賊已漸平。則謂大鳥并無電至。我欲撤兵。彼狡謀愈逞等語。汝須力阻大鳥。勿調新到兵赴漢爲要。餘俟相機商辦。如不可商。當再籌添調大兵。但慮積疑成釁。致壞大局。

葉軍門來電光緒二十年五月十五日申刻

接袁道電。日人跳梁。意在防我。強以大兵入我藩都。終將相機狡圖。我如一振。日必自疑。惟兵來意在保局息事。殊無奈何。麾下不妨先擺進漢聲勢。而不必遽進。看其如何變態。即電達云云。超意先擺虛聲無益。恐反添日兵。惟日在漢仁。已密布戰備。應如何籌辦。候示遵行。

寄譯署光緒二十年五月十五日酉刻

袁道删電。日至仁兵四千餘。分駐各國租界內。英員詰之不理。今各國員均憤。約今會議往詰。然日勢甚兇悍。各國員姑亦無可如何。再華屬毋多派兵。而竟派五千。屬不入內地。而反請會勸。凱迭與商。均反復。極可恨。恐非口舌所能爭云。

寄譯署光緒二十年五月十六日巳刻

袁道删電。凱與鳥訂。華不加兵。日續到兵稍憩即回。今卸完船回。意將久駐。且韓餘匪以數百兵可除。何須五千兵久駐。韓人迭以公法條約駁詰。各國員亦迭詰。均不理。惟稱護館。自屬狡誕。各洋人亦謂。華應預備。未可信日乞籌備。但日知今年慈聖慶典。華必忍讓。儻見我將大舉。或易結束。否則非有所得不能去也。又删戌電。現漢城人心鼎沸。莫可遏止。惟望中國阻退日兵。儻日兵在仁之四千又來漢。漢必逃空。韓王恐亦逃往北漢。聞已密備逃。果爾。必大亂。又删亥電。迭力阻鳥毋令新兵來漢。伊已允。然前言俱食。後言何可信。況日廷意在脅韓。鳥自不能主。難與舌爭。似應先調南北水師。速來嚴備。續備陸兵。一面電汪商辦。並由總署酌請駐華各國使調處。或不致遽裂云。頃已電飭丁提督添調數船往仁。聊助聲勢。餘請核酌遵示。

寄葉軍門 光緒二十年五月十六日巳刻

匪既無須勦。日隊到城過多。漢城騷動。我軍未便移紮仁漢。致相偪。易生事。可速移全隊紮馬山浦。距仁漢較近。將來若續調。亦令赴馬山浦併紮。與漢城聲息易通。以後撤還亦便。韓王宜勸其鎮靜。儻必欲逃。俟葉軍至馬山浦。可徑赴營。必能保護。日庶不敢脅議。丁提督添調水師。即令赴浦。互相依輔。餘已請總署核示。

寄日本汪公使 光緒二十年五月十六日午刻

袁與大鳥議明。華日各留兵四分之一。俟賊盡平。全撤。其續來兵不上岸。原船回。鳥以爲可。須俟日廷覆。乃日來五千兵。全到仁川登岸。又商令勿入漢城。鳥難自定。漢已大嘩。華韓商民多逃避。望切商外署伊藤。重兵宜早抽調回國。否則華亦必遣重兵。恐誤大局。

寄譯署 光緒二十年五月十七日午刻

前英歐使過津。鴻面商電英勸阻日本進兵。伊允照辦。恐日不聽。昨英領事持歐函來告。已電其外部。屬駐英日使轉致。未知聽勸否。頃俄喀使過晤。鴻又與提。前使那得仁會議。彼此不侵高麗地界。此次日本派兵太多。似有別意。俄切近緊隣。豈能漠視。屬其速電外部。轉電駐日俄使。切勸日與我約期同時撤兵。以免後患。

喀深謂然。日內卽電致。想外部亦同此意云。素稔日忌英不如畏俄。有此夾攻。或易就範。外間謠言。海參崴亦將發兵。英兵船遊奕巨文島。看喀使口氣。實無發兵意。歐謂各國均派兵船。英亦續派護商。尙無他腸。

寄譯署光緒二十年五月十七日午刻

汪使銑電。遵電切商陸奧。謂商民慌避。容電查情形。再議辦法。往復申辯。終無撤兵意。轉云善後三條。已電彼使知會總署。屬催覆信。擬俟接添兵抵韓信。卽往回絕。又餘匪萬一復熾。容否合勦。託再請鈞示。統祈轉署云。鴻覆以餘匪僅三數十成羣。無須重兵。我已派小隊前往捕逐。不日必可肅淸。未便兩軍合勦。致生嫌衅云。

譯署來電光緒二十年五月十七日未刻

昨歐使來談。日兵在仁。必不到漢。歐與小村密交。其言度非懸擬。韓驚擾已甚。似宜電袁。喻以鎭靜。袁欲各國調處。似於中屬體制有損。歐使亦謂非宜。未便照辦。小村昨亦來晤。並交陸奧電寄三條。與來電同。已照尊處電汪使復語復之。小村無辭。但云照電外務。

寄朝鮮袁道光緒二十年五月十七日未刻

總署本日電。昨英歐使來談云云。但照電外務云。頃俄喀使過晤。鴻屬其速電外部。轉致駐日俄使。力勸日與我同時撤兵。或漸就範。

寄譯署光緒二十年五月十八日辰刻

袁道篠戌電。頃俄法員來談日兵事。凱告以與大鳥談辯各節。及與反復不踐言。兩員甚非日是華。稱即謁鳥。限日（明日）與凱定議。否則即電俄法廷。謂華欲撤兵息事。日反之等語。再英員亦來謁。詞甚依違。意似簸弄生事。英人外和內譎。殊難信云。

寄譯署光緒二十年五月十八日辰刻

汪使覆電。日要我三端。索復。奉諭徵示其意。茲就管見擬答四條。一日認韓為中屬。二華允日會勦。三亂定照約撤兵。四中日皆不干預韓政。惟勸韓自行清釐。此以認屬替會勦。隱與相持。彼肯收場固妙。否亦謝之有辭。如鈞意可。祈轉署裁示。仍俟添兵抵韓後。再與開談。鴻復以昨署電詢外務三端。尊處並未明晰電告。僅由日使及領事傳述。而署與鴻所面答彼族者。即是前請直截回復之詞。今來電擬略更變。日認華屬自乙酉伊藤會議後。迄今絕不肯認。徒說無益。韓賊將平。實無庸多兵會勦。日係韓與國。用兵內地。向無此例。豈可由我代允。惟勸韓以後自行整頓內治。彼此皆不干預。尚是正論。望酌量答之。俄使過津。極願兩國撤兵。昨已電俄京七百餘字。請駐日俄使力勸。如不聽。則俄必從事於後。祈密探駐日俄使議論何如。

寄朝鮮袁道光緒二十年五月十八日午刻

日索三端。署與我均力拒。彼若藉兵脅韓允行。則斷不可允。內地賊無與國進勦之例。派員改革政事。日尤無能干預之權。華日派員教練。乙酉伊藤會議第二條已聲明勿庸。韓欲我先撤兵亦謬妄。原議華日同時撤兵最妥。此外如有別項要求。任他多方恫喝。當據理駁辨。勿怖勿餒。

寄譯署光緒二十年五月十八日亥刻

頃回拜喀使。告以日以重兵脅議。實欲干預韓內政。爲侵奪之謀。華決不允。喀謂俄韓近隣。亦斷不容日妄行干預。並謂使華以來。惟此件交涉於俄關係甚重。務望彼此同心力持。喀在津尚留數日。候其國回電。

復譯署光緒二十年五月二十日辰刻

葉昨已派小隊往探捕餘匪。實無須多兵。韓君臣堅稱賊平。求我速撤。冀我先撤。日亦卽撤。但日未必爾也。漢城日兵二千。仁川四千。韓豈能不畏。屢電袁勸其鎭靜。日使要挾。必須固拒。未知何如。汪袁皆請添撥重兵。鴻思日兵分駐漢仁。已占先着。我多兵偪處。易生事。遠紮則兵多少等耳。葉駐牙山。距漢二百餘里。陸續添撥已二千五百。足可自固兼滅賊。我再多調。日亦必添調。將作何收場耶。今但備而未發。續看事勢再定。丁提督添鎭遠鐵艦。廣丙超勇兩快船到仁。兵弁約六百。均未便登岸。

寄譯署光緒二十年五月二十日亥刻

汪使號電。頃外務文稱。貴政府不容我勸定朝鮮變亂。及辦理善後。我政府不能同見。甚以爲憾。惟朝鮮朋黨相爭。內變踵起。究其事變。必於全其自主之道。有所闕如。我國於朝鮮利害關係尤重。終不能將該國慘狀。付之拱視。如措而不顧。不啻有乖交鄰之誼。亦背我國自衛之道。所以百方措畫。以求朝鮮國安。今而遲疑。則該國變亂彌久彌大。故非設法辦理。期保將來邦安而政得宜。竟不能撤兵。我之不輕撤兵。非止遵照天津約旨。亦善後預防之計。本大臣披瀝意衷如是。設與貴政府所見相違。我斷不能撤現駐朝鮮之兵等因。謹電聞。祈轉署俄使謂日派兵本孟浪。苟可收場。彼必自撤。俄京尚無電至云。

寄譯署 光緒二十年五月二十一日巳刻

總兵林泰曾仁川馬電。昨有現在船日兵登岸往探領事。據云。在船在仁日兵。定夜進漢。飛虎船主並稅務司來稱。日因中國派兵六千。日內到漢。可往探阻。以免啓端。泰約同劉理事、繙譯官蛀泰。探詢日領事。兵因何乘夜入漢。稱聞我國派兵六千。由日使電調進漢云。泰告以此信不確。故來說阻。如兵乘夜進漢。儻生事端。責歸汝。日領事將此情形電稟日使。日兵仍進漢。聞日兵擬駐漢城七里外云。派兵六千並無此事。

寄譯署 光緒二十年五月二十一日午刻

頃喀使接俄廷回電。令伊暫留津與鴻商辦韓日交涉事件。其如何商辦。訓條隨後電寄云。鴻已派盛道將日外署復文大意告知。再行會商。

寄譯署 光緒二十年五月二十一日午刻

袁道馬電。頃仁電。日兵赴漢共三千餘名。又馬兵百五十名。水陸運去軍裝甚多。龍山慶利亦運軍裝赴麻浦云。

寄譯署光緒二十年五月二十一日申刻

袁道馬電。迭據仁電。日本大隊陸續來漢。日間以自主革政告說韓人頗炫惑。盼革政者尤多。察韓人語意。漸有攜貳。迦日隊至漢後。嚇騙均易着手。我以空口勸韓。恐無濟。勢已未易挽回。日稱扶韓自主。不但韓王及群小樂聞。即各國亦多默許。今特派金嘉鎬爲內參議。金爲附日之尤黠者。韓意已見一斑。再昨迭催韓進勦。迄不復。惟堅稱無匪可勦云。

寄譯署光緒二十年五月二十一日酉刻

據德璀琳呈。赫德電稱。中東因韓事危險之處。中應小心防備。東洋用兵在上海長江登岸。我得此信息。東有此意。頭一着即在該處下手。北洋各口兵不可比現時少。亦不可再添兵至韓。重激東人之怒等語。赫聞此謠。或由東洋傳來。長江尙有防備。諒難遽逞。北洋各口兵未調動。已密飭各將領愼防。

寄譯署光緒二十年五月二十二日巳刻

林鎭泰脋馬電。頃日領事復泰云。日陸提稱。昨夜阻進兵凾六款。一兵不聚漢城。二兵駐漢江上流水便之處。三因仁川水少不敷兵馬之用。四恐仁水少發瘟。蔓延於各商民。五此次進軍。決非有他意。故一半猶留在仁。全兩國退兵之議成。即當立刻退回云。然詭詞難憑。愼防如故云。

復葉軍門光緒二十年五月二十二日申刻

小隊無嚮導，卽不必深入。暫駐全相機妥辦。日兵來牙窺探。可置不理。彼斷不能無故開戰。切勿自我挑釁。移軍陽城，距牙十里。電報易通否。祈妥酌辦。仍堅忍勿張皇。

寄譯署光緒二十年五月二十二日酉刻

喀使奉該國電復。卽令巴參贊來告俄皇已電諭駐日俄使轉致日廷。勸令與中國商同撤兵。俟撤後再會議善後辦法。如日不遵辦。電報俄廷。恐須用壓服之法。俄以亞局於彼關係甚重。現幸平安。若任日人擾亂華。俄未便坐視。至韓王闇懦。國政貪苛。須令設法更改。凡與通商各國。均所深慮。鄰邦應善協助。斷不得用兵强迫。喀詢日肯撤兵。華應照辦。鴻答本有此議。請喀放心擔保。韓匪星散。必不致再滋大變。俄日續議。再電請示。

寄譯署光緒二十年五月二十二日酉刻

袁道養電，頃美俄英法員來文。譯開，韓廷因現勢。請我等平和調處。擬請華日同時撤兵。解現紛難。請裁酌照辦。存兩國大局。我各政府同華日均睦。現在情形。攸關各國局勢。深知貴總理定洞悉。他國兵仍駐韓。易生枝節。有礙我商民安穩。儻將此速詳貴政府。甚感佩。至韓懇文件。已速達我政府云。已照例復以已速達我政府。查此文德領未附名。因其久在日。或未肯助韓云。

復朝鮮袁道光緒二十年五月二十二日戌刻

擬復各國文甚妥。頃俄使來告，已奉俄皇電諭駐日俄使轉致日廷，勸令照華議同時撤兵，再妥議善後云。似日不能不遵。速電葉仍靜待，勿妄動爲要。

復劉公島丁軍門光緒二十年五月二十二日亥刻

日雖添軍，謠言四起，並未與我開衅，何必請戰。林鎮等膽怯張皇。應令靜守，相機進止，豈可遽調回威示弱。現俄出爲調處，或漸就範。傳語在外各船及威海水陸各將，勤操嚴防。

寄譯署光緒二十年五月二十四日午刻

袁道電稱大鳥除面述外，呈奏文內開：使臣大鳥圭介謹奏。恭維大君主陛下，聖德日躋，兆民沐化，邦治彌隆，寰宇獻頌，無任欽仰之至。竊匪南擾，蠢爾梗化，敢抗有司，跳梁一時。王師爰發，大張撻伐。復虜滅此朝食之不易，竟有借鄰援之舉。我政府有聞於此，以爲事體較重。乃奉大皇帝陛下諭旨，令使臣帶領兵員回任闕下，藉衛使館商民。併念貴國休戚所繫，如有所求，兼可一臂相助，以盡敦鄰友誼。使臣聞命抵京，適聞全城克復，餘黨竄退。於是班師善後，漸將就緒。此莫非威德所被，實爲內外所共慶頌也。願我本國與貴國共處東洋一方，疆域偪近，洵不啻輔車脣齒。況講信修睦，使幣往來，今昔不渝。徵之史冊，歷有可稽。方今觀列國衆邦之勢，政治、教民、立法、理財、勸農、獎商，無非富強自致，逞長專能，而欲雄視宇內耳。然則泥守成法，不思變通達權。

廣開眼界。不力爭勢自主。何能相持互立乎列邦環視之間也。是以又命使臣。以會同貴朝廷大臣。講明此道。相勸貴政府務舉富强實政。則休戚相關之誼。於此可始終。輔車相依之局。於是乎可保持矣。伏望陛下垂鑒降旨。飭令辦理交涉大臣。或專揀大臣。會同使臣。俾盡其說。庶幾無負我政府篤念鄰誼至意。則大局幸甚。使臣圭介不勝仰望屏息之至。爰祈陛下鴻福無疆。謹奏云。

寄譯署 光緒二十年五月二十五日巳刻

汪使敬電。探悉俄使昨晤外務。勸撤兵後再商善後。本日日會議。從違參半。尚未定。韓使述榎本密告。若由韓廷自懇撤兵。並速清內政。當有濟云。已電袁道酌辦。

寄劉公島丁軍門 光緒二十年五月二十六日午刻

關東電阻。頃忽接袁由海參崴長崎急電。日又添兵三千上岸。偪韓認非華屬。否則失和。事甚急迫。又聞擬發魚雷艇轟我兵船。林等是否移牙山口。望派快船往探。或與龔道商派大號雷艇速往巡護。事定即回。希妥酌。

寄譯署 光緒二十年五月二十六日午刻

袁道昨夜急電。日續來兵三千餘下岸。加兵來漢。爲照詰韓係華保護屬邦否。限明日覆。據稱備兵兩萬如認屬。即失和。韓怯貳難持。乞速設法示。鴻覆以電阻兩日。忽得急電。日添兵不確。偪韓不認華屬。斷不可從。

俄在日議正緊。略忍耐必有區處。望諄切轉屬云。

寄譯署 光緒二十年五月二十六日申刻

龔使有電。日已在英訂造兩大鐵艦。其堅利為東方海面所無。頃馬格里密函。東方水面之輪。日欲盡雇運兵械。刻在英議買在東海大輪。有契友密告。中日戰事在即。果爾。恐無利中日而利俄等語。瑗前晤俄使言及新聞紙敍韓亂。各國派兵輪往。俄使笑云。俄不插手。窺其意。似暫不插手。日覺已啓臺灣尤緊要云。

寄劉公島丁軍門 光緒二十年五月二十六日酉刻

日韓失和在即。仰蘧電告。日在英議買在東海大輪。並欲盡雇東方海面之輪。運兵械勢將大舉。我軍應速預備。林鎮廿三日電。仁港泊船戰守均不宜。擬以一二駐仁探信。餘船駐牙備戰守。請速派雷艇三艘來牙。並派弁兵帶水雷五十個。藥線雷械一切由商船速裝來牙云。與尊電前所擬調度稍異。威防但令雷艇砲船輔砲台太單。但牙防鎮濟等船。若有大雷艇防護。能否得力。路遠是否能去。關東電仍未通。恐龔道尚未得信。殊焦急。望妥籌見示。

寄譯署 光緒二十年五月二十六日亥刻

袁道敬電。頃據仁川電稱。據關員探報。日兵船浪速武藏護商船八隻。七裝兵。一裝煤。共來兵約三千零。馬二百七十八匹。砲六尊云。

覆譯署光緒二十年五月二十六日亥刻

覆袁以俄議正緊。欲藉解韓王怯貳。咯電詢駐日俄使。尚無回音。汪亦無續報。咯前謂壓服。恐亦空言。

丁軍門來電光緒二十年五月二十七日辰刻到

林鎮要雷艇。已分電張道龔道。惟龔尚無復電。鎮濟等牢住牙山。縱備雷艇。萬一失和。必要截音信。煤糧中阻。必被所困。兵分力單。兩難濟事。前請調鎮濟丙回防。奉諭恐示弱。故未敢瀆請。祗得照林議籌備。倘見水陸添兵。必須大舉。若零星調往。有損無益。現擬仍申前請。將三船調回。與在威各艦齊作整備。候陸兵大隊調齊。電到即率直往。併力拚戰。決一雌雄。儻蒙允可。雷艇暫可留威。請示遵辦。

覆劉公島丁軍門光緒二十年五月二十七日辰刻

龔電須由關東。今阻斷。如何能達。故屬汝派船往送要信。林鎮已移牙山口。袁電難通。更難達林。仍由汝派一船往牙。與之察商。如慮該處煤糧難濟。亦可調鎮濟丙暫回整備。其留牙船如何巡探接濟。亦須妥籌辦理。前後兼顧也。

寄譯署光緒二十年五月二十七日巳刻

昨將袁電轉汪使。詢俄議若何。茲接汪電。頃訪俄使。適他往。來函訂明晨往談。日逼我至此。恐乏轉圜。如失和。諒須撤使。各口商民共五千餘。身家財產。應否由署商託與國保護。抑由港雇船載回。祈商署示遵云。袁無續電。日與韓失和否。韓果從日否。須彼間定議。再請酌辦。汪議似過急率。

寄劉公島丁提督南洋台灣閩粵各督撫光緒二十年五月二十七日申刻

總署沁電。二十五日赫德來署言。接上海電。日有水雷船十二隻預備出口。不知何往。此船甚利害。應電各海軍預防。又龔使電。台灣尤緊要等語。應由尊處函電南洋閩粵。並邵撫知照。不動聲色。妥籌防範。以備不虞云。日以重兵逼令韓王認非我屬。意甚叵測。希密籌防。

寄譯署光緒二十年五月二十七日酉刻

頃喀使派巴參贊及領事來稱。駐日俄使電。謂往晤陸奧。不肯撤兵。若無別項緣故。日兵不先開仗云。並無他語。鴻謂喀前稱俄皇電諭勸令撤兵。如不肯撤。俄另有辦法。現俄廷意旨若何。巴謂駐日使必報知本國或外部。已有電復在途。喀本日又電請本國。俟回示再通知。據局報。喀電俄京五百四十字。似所言不虛。喀又電駐日使。以伊勸我不添兵。而日又添三千赴韓。我對不住中國。再看回信若何。至三國會議善後一節。係日間私議。巴等未提。鴻不便深問。

覆丁提督光緒二十年五月二十七日酉刻

日外部告俄使。在韓之兵。如無他緣故。不先與華兵開仗。袁電韓已不認華屬。即行回國請兵。汝既派康濟赴韓。應先往牙山。令林鎮察看。如該處可穩紮。即將平操併紮牙。或再抽一船回。留三船與陸軍聯絡。相機應變爲要。

寄漢城袁道 光緒二十年五月二十八日辰刻

韓未認非華屬。應留密勸堅持。俄廷疊諭該使調處。必有收場。日允不先與華開衅。豈能拘送使臣。要堅貞。勿怯退。

覆龔使 光緒二十年五月二十八日申刻

葉曙青二千五百人。仍在韓內地剿撫餘匪。台灣已飭嚴防。俄現調處無他意。英使亦在調處。但須外部用勁。

覆南洋劉峴帥 光緒二十年五月二十八日申刻

派郭鎭往布置甚妥。現俄出調處。日廷謂不先與中國開衅。但未可信。兵船進口只准一二處。魚雷船本非護商。攔阻進口。似均有理。望密飭滬道與日領事妥商。勿著跡。

譯署來電 光緒二十年五月二十八日酉刻

昨袁世凱電。韓密結不認華屬。此信如確。決裂即在指顧。但現在究無實據。袁若遽歸。日又將引爲口實。似宜先行電止。並知照汪使。均令少待。俟有失和確據。再行撤回。又此次赴韓之軍。原爲屬國定亂。現在事情已非。防日方亟。遠處牙山。轉似置之無用。否及時調回。或暫移仁川備用。並望熟籌辦理。至中日失和以後。一切措置機宜。籌必早有定見。此時事機已迫。務望迅速覆奏。上慰宸廑。是爲至要。再本日另有廷寄由四百里馳遞。

覆日本汪使 光緒二十年五月二十八日酉刻

俄使力勸日。有實信否。袁續電韓覆日。只按條約。自爲不答保屬語。雖首鼠。儻俄出力可了。擬在漢切勸云。華軍現入內地剿匪。署電請少待。如有失和確據。電令撤回。

寄譯署 光緒二十年五月二十八日辰刻

袁續電。韓未不認華屬。仍留漢。並電汪使令少待。葉軍已屬袁與商妥策。或撤或移。議定再奉聞。彼衆我寡。仁距漢太近。未可相偪。籌辦大略。二十七辰已馳奏矣。

寄譯署 光緒二十年五月二十九日未刻

頃喀使遣巴參贊等來稱。接駐日俄使電云。陸奥謂必須中國先允三國議定改韓內政條款。方能撤兵。否則無言對議院。如可即允。或徑復日本。或由俄使轉告。鴻答曰。前請議三條。已經駁回。並未允其商議。令俄國出爲調停。中國亦僅能允會議。至若何議法。必須先同撤兵。巴謂日恐兵撤後。中國梗阻。乃議不成。可否允許中國必勸朝鮮酌改內政。俄日一同助力。其條款俟三國會議。意見相同乃定。鴻答朝鮮內政。向係自爲。欲其酌量更改。中國可勸他辦理。俄日鄰邦亦可幫助勸他。但俄國仍應照初議。勸令先行撤兵。再各派使會議。

巳允告喀。惟窺俄使轉述語氣。並接汪使來函。日甚堅持。其駐韓已一萬人。恐非空言所能勸退。

寄譯署 光緒二十年五月二十九日申刻

昨電汪使探俄使實信。並傳署電令少待。頃接鹽電。俄使忌浮議。戒勿往。約得實卽告。迄尚無信。密探愈艱。能由喀電詢否。商民籲護迫切。須豫定辦法。以慰其望。乞再商署示悉云。

譯署來電 光緒二十年五月二十九日戌刻

韓不答非屬。尙未至決裂。連日英使來署。述其外部來電。屬令從中調停。免致啓衅。詢問中國如願將整理朝鮮內政。同保該國土地。勿令他人佔據兩節。彼此和商。伊卽電覆外部。令駐日英使。催日商辦。諒亦願意。各國亦可責備日本。促令撤兵。因思此事如能善了。自較用兵易於收束。已告以中國本意。原欲保全朝鮮。但必須無礙中國體制權力。儘可相商。惟辦法有無窒礙。須俟屆時斟酌。如果事不能行。仍可罷議。此與籌備兩無關礙。未識尊見何如。希電覆。歐使已接寶電。英派兵艦赴日之說。歐似不以爲可。未電本國。

寄譯署 光緒二十年五月二十九日亥刻

頃奉鹽未電。英使調停。語似含混。日照會汪使文。今始鈔到。三條。一查核度支。一淘汰京官。並地方官吏。一使朝鮮政府設置所需兵備以保國。與日領事署使譯述者大異。是所謂整理內政。與英待埃及相似。韓固不願。中國向辦不到。何能遽允。連日與俄使商論。只允會議。勸令韓自行整理。未便預定條款。至勿佔據韓土地一節。俄已允載入會議款內。英最忌俄。蓋指俄言無足慮也。望尊處再與歐切實言之。如照日原議之事。斷難商辦。卓見以爲何如。

煙臺遞旅順轉朝鮮交葉提督 光緒二十年六月初二日辰刻

平壤有路可繞。應速設法移紮。勿爲敵乘。愼密爲要。吾將派大隊由北進爲接應。

寄譯署 光緒二十年六月初二日巳刻

袁道二十六電。王遣趙秉稷等來稱。現甚危。只可暫照約認自主。事過再改變。出示稿皆自主語。凱告以應照各國聲明照會辦。趙答丙子日約。無聲明照會。伊時約稿鈔呈。是華已允自主。現何能與論云。刻已電葉聶同回牙堅守。聞日兵八百。今駐赴牙路。意叵測。日韓相結。我兵可危。又俄法署使來稱。韓廷犒賞日兵米肉甚多。韓喜日殊不可解。華人在此甚辱。凱在此難見人。應下旗回。擬留唐守看館探事。俟見韓文稿不認屬。卽赴仁。電阻難請示云。現電葉提督相機繞赴北路平壤駐紮。較得形勝。亦易應援。

寄朝鮮袁道 光緒二十年六月初二刻午刻

韓覆日文照約。不答保護屬邦四字。尙妥汝屬外署具文函聲敘。仍向華保護。更周密。彼卽不照辦。似無大礙。俄諄勸甚力。應俟後信。牙兵聲稱匪散撤回。擬密飭商輪至中途折赴大同駐扼。但日是否派兵船在大同江口。頃已電葉。設法繞移平壤西。又勸葉軍先撤。則日軍久留更無理。公論更有勁。望速與葉妥商定議電示酌辦。

寄譯署 光緒二十年六月初二日午刻

袁道二十七電謹呈韓復日文。照得我朝本月二十五日接准貴來文，內開云云等因。准此。查丙子修好條規第一款內載朝鮮自主之邦。保有與日本國平等之權一節。本國自立約以來。所有兩國交際交涉事件。均按自主平等之權辦理。此次請援中國。亦係我國自用之權利也。與朝日條約毫無違礙。本國但知遵守朝日定立條約。認眞舉行。且我國內治外交。向由自主。亦爲中國之素知。至中國汪大臣照會。逕庭與否。應與本國無涉。本國與貴國交際之道。只可認照兩國條規辦理爲妥。相應備文照覆貴公使。請煩查照。將此轉達貴外部大臣可也云云。韓已覆日。只按條約爲詞。不答保護屬邦四字。儻俄果出力。即此或可結束。然未駁回。擬囑外署具文函聲敘日威逼情形。鈔往來文。仍向華認明保護。以全體制。果照辦。凱應不赴仁云。

寄譯署 光緒二十年六月初二日酉刻

汪使蕭電。頃俄使遣員來告。向日力勸後。昨據覆稱。須善後粗定。始可撤兵。已電俄京請示。察日非略佔便宜。終難歇手云。密探所報略同。查日海陸設備日嚴。絕無轉意。僅仗俄勸。恐尚不得力。祈轉署云。

寄朝鮮袁道 光緒二十年六月初二日亥刻

總署電覆。韓爲中屬。本准自主。若但認自主。未認非屬。尙不甚妨。袁道遽欲下旗回國。轉似與國失和。辦法悤遽。希速電止。萬勿輕動云。應遵辦。

覆譯署 光緒二十年六月初三日卯刻

昨汪使電。俄力勸未允撤兵。已電俄廷請示。會議係喀使調停之說。據稱轉商日。定否不可知。小村謂不願他國干預。若兩國能自行商妥。自更直截。歐使請一開議。先商撤兵。看大鳥在韓舉動。似要撤兵。彼必挾我以難允之事。則仍不能撤。擬請鈞署試與開談。何如。此間仍不拒俄。亦不與說明。據喀屢言。俄主保全東方和局美意。特令留津商辦。其向旁人密言。十二年九月。俄遣拉得仁會商韓事。議垂成未允。俄廷頗歉。此次仍申前論。無他要求。欲以牽制日人。不令日權於韓太重。小村慮牽制。誠畏俄也。如能與小村先議後。鴻再與喀婉商。彼當恨日。不應怪我。

寄譯署 光緒二十年六月初三日午刻

冬申電。令袁道勿輕動。頃接袁冬申電。韓忽派金宏集爲總理外務大臣。兩日未遣人與凱商事。坐鼓中難知。韓意以華不可恃。將派金與日商改政。凱難干預。日在韓專忤華意。凱爲使繫一國體。坐視脅陵。具何面目。如大舉。應調凱回詢情形。妥籌辦。暫不舉。亦應調回。派末員僅坐探。俟議後舉，庶全國體。乞速示遵。再日載兵十船。昨由日開。又遣電工數百。分抵釜。決無息和意云。可否調回。祈酌示。

龔使來電光緒二十年六月初三日申刻到

格里密函英外部云。揣日意不肯退兵。恐俄干預。會議章程恐難合。又英法新報云。日逼韓宣告不屬中而屬日。撤中駐韓華官等語。確否。頃哈外部約晤慶常云。法頗願調停。不知中願意否。常云。足徵睦誼。哈云。但須兩處立言其輕重。即往請總統酌定。准明午面告。中似應立確有備戰之勢。

（按此電由巴黎來。）

寄朝鮮袁道速轉葉提督光緒二十年六月初三日酉刻

鹽西電甚合機宜。牙口下船費力。然事急。須妥籌。應需商輪幾隻。或添調民駁船。俾全軍速渡上大輪。俟議定電知。但商輪難即齊。或陸續往載。何如。鄙見仍先撤回營。秋初再合力大舉。

寄譯署光緒二十年六月初三日酉刻

袁道二十九電。日兵萬人分守漢城四路各要害。及我陸來路。均置礮埋雷。每日由水陸運彈丸雷械甚多。兵帳馬廄架備多處。觀其舉動。不但無撤兵息事意。似將有大兵續至。日蓄謀已久。志甚奢。儻俄英以力勸令。或可聽。如只調處。恐無益。徒誤我軍機。日雖允不先開衅。然削我屬體。奪韓內政。自難坐視。阻之即衅自我開。日狡以大兵來。詎肯空返。欲尋衅。何患無隙。葉軍居牙。難接濟。日再加兵。顯露無忌。應迅派兵商輪。全載往鴨綠或平壤下。以待大舉。韓既報匪平。我先撤。亦無損。且津約日已違。我應自行。若以牙軍與日續來兵相持。

衅端一成。即無歸路云。鴻已電商葉袁。或設法移平壤。或暫撤回另圖大舉。候議定即籌辦。

寄譯署光緒二十年六月初三日亥刻

袁道東亥電。大鳥今赴外署稱韓釁生亂。日重相關。會畫策示汪使。屬達華廷協理。乃華斥不顧。日廷難易。現按原議。獨向韓勸擬綱五條。一改制度。二整財政。三整律法。四理兵備。五施學政。請王委員會商云。韓員堅持須撤兵再議。鳥力言與兵無干。久相駁。日意似非革政不已。又江午電。日昨又催韓派員議革政。限今午復。似非派不止。韓何能終持。且恐激生變。今又添兵至仁川千五百。決無和意。我欲和。應速以韓現情與日商。冀可挽。欲戰應妥密籌。凱在此無辦法。徒困辱。擬赴津面稟詳情。佐籌和戰。儻蒙允即行。以唐守暫代。唐有膽識無名望。日不忌。探消息密助韓較易。乞速示云。

宋宮保來電光緒二十年六月初四日午刻到

先探恐難得詳。韓事勢在必爭。毋論是否背華。我宜先佔義州。早立脚步。免為他族先得。鈞見如以為然。乞派商船運全隊前往。候示。

（按宋宮保即宋慶時駐旅順。）

覆宋宮保光緒二十年六月初四日午刻

日必不佔韓地。義州去漢城千餘里。更不必慮。龔道請留隊一半為旅口後勁。尊意何如。希稍緩決策。

寄朝鮮成歡交葉提督光緒二十年六月初四日申刻

現俄英正議和。暫宜駐牙靜守。切毋多事。如議戰。再遣船載移邊界。另圖大舉。聞日內外俱備。我備未齊。不宜先露兵機。

寄譯署光緒二十年六月初四日亥刻

頃屬西人密詢。喀巴接俄廷電稱。駐東使調處。日告以韓亂未平。兵不能撤。若亂平必撤云。喀今午電俄京甚切實。大意謂中國自始至今。均照公法條約辦事。無一錯處。俄應不准東洋一國在韓作主。日不但不撤兵。且又添兵。韓亂黨聞已逃散。日兵不問亂事。只圍住王京。是何意。務要外部定見。或辦或不辦。以免失信中國等語。想此電到俄。或有辦法。

寄譯署

上海西報初四倫敦來電。外部宣言下議院。中日事現經本國朝廷發書。力勸兩國保泰為主。經此竭力解勸。想可仍歸和好云。

寄譯署光緒二十年六月初六日午刻

袁道微電。今會議各國員均謂應免漢城及各口戰事。鳥謂先免仁。餘處俟請日廷定。各員不允。久未決。約初八再議。凱謂韓與各國無失和。此議或疑在此華日兵多事。然我知在牙華兵。不多事。如韓及各國視為公允。無論何處均可免犯等語。韓員竟不出一語。可惡。又疊屬韓堅持革政。今已派申正熙、曹寅承、金宗漢三員將赴鳥處密議革政。韓人無主見。任日嚇。久必自酌變。反覆籌思。在此殊無辦法。近有韓員來謁者。均首鼠探華意。或謂調處不可恃。凱惟支吾應之云。

寄朝鮮成歡交葉提督光緒二十年六月初六日午刻

日兵多病。此間亦有所聞。非畏其强。不肯添兵。實因朝命不令先開衅生事。各國皆正勸和。日自向總署說合。若貴軍移水原。與日相逼。日轉有詞。兩國交涉。全論理之曲直。非恃强所能了事。仍望靜守勿動。彼時如至決裂。必派水陸大隊相機分進也。

寄譯署光緒二十年六月初七日酉刻

頃喀使遣巴參贊來領事過晤。稱頃接俄廷電復。日韓事明係日無理。俄只能以友誼力勸日撤兵。再與華會商善後。但未便用兵力强勸日人。至朝鮮內政應革與否。俄亦不願預聞等語。鴻詰以五月二十二喀遣爾等來告。俄廷要勸令日撤兵再議。如日不聽。尚有第二層辦法。是前後語意不符。巴謂我等亦覺不符。恐俄廷另聽旁人間阻。喀擬將來中日會議。彼亦毋庸干預云。英日本不願俄會議韓事。鈞署正可與小村商議辦法。無虞牽制。

寄彼得堡許使光緒二十年六月初八日午刻

韓土匪不靖。求我派兵助剿。照約知會日本。乃日自行派兵萬餘入漢城。脅韓。干預內政。俄喀使過津。電請俄廷。令駐日使力勸撤兵再商。英法亦出調處。德在東方商務攸關。似未便坐視。望商德外部。電飭駐日韓各使。力勸日撤兵。再與華商辦善後。否則將開釁。恐擾大局。

寄伯兄粵督 光緒二十年六月初八日申刻

密。總署庚電奉旨。前因邵友濂請調南洋兵輪三四艘赴台灣協助。當令劉坤一酌派備用。茲據電奏。南洋兵輪不敷分撥。擬調南琛兵輪。及威靖運船兩號前往臺防。恐難得力。請於北洋廣東再調數號赴臺等語。著李鴻章電商李瀚章。酌量派撥。欽此。查北洋兵輪。昨已奏明。依護各口礮臺。巡防渤海門戶。尚可自固。現又分防朝鮮仁川牙山各口。如和議不成。內意須聲罪致討。則雇用商輪。裝送陸軍。尤須得力兵輪護送。實未便遠調臺灣。廣乙丙暫留備調。廣甲頃亦赴威歸隊。以便遠征。廣東是否另有兵輪可派赴臺。如南琛威靖之類。請就近酌調一二號應命。示覆以便彙奏。總之中國新式得力兵輪。實不如日本之多。臨事再東抽西撥。必如往年法越故事。徒滋貽誤。

寄朝鮮袁道 光緒二十年六月初八日亥刻

總署庚電密。昨小村來署。告以頓兵非約。鄰將尤效。西亦蠭起。亟先同撤兵。並先訂期宣布。再商韓事。彼允轉達。且待回信。三國會議之說。英日深忌。昨不駁撤兵轉圜。似由於此。來電俄不干預。祈勿宣露。即電袁告韓。以堅忍靜待，毋惑鳥言，致貽後悔云。

寄譯署 光緒二十年六月初九日巳刻

頃接袁齊電：今申力疾赴外署會議日兵免犯仁漢事。大鳥不至。遣書謂仍由仁港下兵轉運，並屯兵。如有攻者，將拒禦。否則斷不同見。此外不允免云。各國員均憤，無如何，遂散。免仁亦未成。大鳥又力催韓今日內派員，刻不容緩。韓擬今酉派三員改在老人亭聽講云。

寄朝鮮成歡交葉提督聶鎮 光緒二十年六月初九日巳刻

總署現與日使議商，我軍應暫靜守勿動。日仇華，時思挑衅，切戒弁兵勿與計較。如議和不成，再另調度。

覆華盛頓楊使 光緒二十年六月初十日卯刻

日兵萬二千，圍漢城內外，勒逼韓改革內政。俄英力勸照約撤兵再商，未允。望謝外部，仍屬電催駐東使會各使力勸，共保和局為要，否則勢將決裂。

寄譯署 光緒二十年六月初十日午刻

葉提督佳電：倭日益猖獗，韓急望救援，各國調處卒無成議。此時速派水陸大軍由北來，超率所部由此前進，擇要扼紮，託名護商。若至決裂，免致進兵無路。此上策也。否則請派商輪三四隻來牙，將我軍撤回。蓋我軍為勦匪來，匪既受撫，隨即撤回，亦係正辦。撤後行文各國公使並日廷，申前次同撤之約。如彼不依，秋初再圖大舉。是爲中策。若守此不動。徒見韓人受困於日。絕望於我。且軍士既無戰事。久役露處。暑雨受病。殊爲可慮。請速賜電示遵行等語。鴻按鈞署現正與日商。未便遽添大軍。致生疑阻。上策似須緩辦。其中策與袁道同見。前鈞電有或撤或移之説。鴻初慮示弱。惟所稱軍事露處受病。亦係實情。可否照辦。請速核示。

覆日本汪使光緒二十年六月初十日申刻

總署現與小村議商。據稱候政府核復。英、俄、法、美、德均電飭駐東使。力勸撤兵。現究何如。

覆倫敦龔使光緒二十年六月初十日酉刻

喀議甚是。日海關卽來津。日廷令駐京署使與署商。尚無成議。恐是緩兵計。東使在韓偪改內政。英甚出力。能合法俄嚴催速撤兵再議爲妥。否則我必大舉。省三謝病不出。

寄譯署光緒二十年六月十二日巳刻

袁道眞電。日運來柴糧軍械炸藥。水旱雷甚多。以萬人計之。可敷年餘。現運仍不已。恐無撤兵意云。

寄譯署光緒二十年六月十二日巳刻

俄參贊密述。駐日俄使電稱。日外署復俄國催請撤兵回信語雖謙順。而於韓事只求有益。自與韓會議。不與別國相干。別國無須過問云。俄廷電喀。俄何以不能立刻幫中國辦日韓之事。一因武備水師未能速爲備齊。一俄不要催中國到開仗地步。英俄立允相助。恐中國辦事太驟。應先試探能否講和。一俄要使天下皆知不因此機會在韓插手。仍有意約同別國催勸東撤兵等語。略與駐東使意均不平。仍電俄廷。以日如此舉動。不獨給中國不好看。實與我俄國不好看。明拒華。實係防俄云云。

譯署來電光緒二十年六月十二日亥刻到

初七與小村商先撤兵再商韓事。小村允電本國。頃據照會。接覆電。謂中國仍主撤兵之言。而不依更正內政之意。是無意息事。嗣後即有不測之變。政府不任其責等語。詞意甚為決絕。似無轉圜之機。本日已有廷寄命決進兵之策。戰事宜慎。必須謀出萬全。希將如何分別先後次第布置之處。先行電覆。

寄劉公島丁提督光緒二十年六月十三日巳刻

葉軍現居絕地可危。擬十六派商輪大小五隻往牙。將全隊下船。駛洋後繞赴大同江。移紮平壤。必須兵船五隻護住。即留該兵船守江口。以便盛軍續往。此為目前最要最急之事。望密派定。候輪過威同行。即覆。

寄署譯光緒二十年六月十三日巳刻

日覆雖甚決絕。不知倘有法轉圜否。論理即應撤使絕交。惟彼在漢城內外。已布置嚴密。無懈可乘。我僅葉軍二千五百在韓。孤危絕地。必先遵旨擇地扼要移紮。方為穩着。查我進兵。須由北路平壤最為扼要進退裕如。要先集葉軍入生地。再派隊由此合進。得勢。現擬派商輪五隻。剋日往牙。將該軍載運入大同江。移紮平壤。並派海軍分船往護。即留防江口。以便他軍繼進。似合尊示分別先後次第布置之意。

寄譯署光緒二十年六月十四日巳刻

昨欽奉十二密諭。速爲籌備等因。查漢城仁川附近一帶。日兵水陸分布嚴密。歷來中國進兵朝鮮。皆由平壤北路進發。現派總兵衛汝貴統盛軍馬步六千餘人進平壤。宋慶所部提督馬玉崐統毅軍二千進義州。均雇商局輪船分起由海道至大東溝登岸。節節前進。相機妥辦。所需軍火器械糧餉轉運各事均剋日辦齊。俾無缺誤。並電商盛京將軍。派左寶貴統馬步八營進平壤。會合各軍。圖援漢城。至葉志超一軍。昨已電商該提督移紮平壤。厚集其勢。俟其覆准。即派丁汝昌酌帶海軍能戰之船。往朝鮮海面巡護游弋。以資策應。此目前布置大略情形。至沿海各口。如旅順、大連灣、威海衛等處。早經布守嚴整。此次除抽撥旅順後路毅軍二千外。其餘各將。屢告奮勇赴韓。均因要防。未敢輕調。仍嚴飭各口妥密籌備。盛軍本係津沽游擊之師。今移緩就急。擬即選將添募塡紮。加緊訓練。以備前敵後路接應。請先代奏。仰紓聖廑。俟辦理一切就緒。再詳細覆奏。

寄譯署光緒二十年六月十四日酉刻

許使眞電。德外部允電駐日德使偕同調處云。

寄盛京軍督裕帥光緒二十年六月十五日巳刻

盛軍六千餘人。擬由黃海赴平壤太險。今改赴大東溝登岸。毅軍二千人。亦赴大東溝登岸。約十八開駛。乞飭印委多雇剎船渡兵。酌雇車馬。由營備價。感荷曷任。

寄譯署光緒二十年六月十五日巳刻

唐紹儀寒亥電。聞日人又加兵三千。已自日行。我軍未集。議未定。兵機先露。日兵愈多。愈生事。恐更難措手云。

寄朝鮮成歡交葉提督光緒二十年六月十五日巳刻

尊意以船移平壤。不敢擅責。擬仍由陸扼要移紮。稍有把握。且梗日兵南路。若併軍而北。日以全力專顧北面。勢益張云。惟貴軍過單。恐不足當一面。再四籌思。除蘆榆馬隊添調外。擬令吳育仁挑精隊千五百交江自康帶往牙口登岸。歸弟調遣。合之將及五千。氣力稍厚。以後但籌濟餉需。如電報中阻。應由釜漢日電借發。不知順手否。北兵尙早。貴部不可距漢過近。俟北南能通氣會合時。再行前進。望相機穩愼籌辦。勿性急。聞日又添兵三千。我去兵愈多。彼必不肯減退。

覆譯署光緒二十年六月十六日未刻

日兵在漢。無甚動靜。二十開仗之說。似是謠傳。喀使適來談。俄廷電告。仍願從旁調處。如日本肯即撤兵。中日會商善後。俄不干預。免人疑謗。但不願居間。英似願日踞韓。以阻俄也。詢摩闊崴大操兵船何意。答俄係鄰疆。應戒備。中國想亦豫備。告以日偪我太甚。不得不添兵。設和局裂。中日交戰。俄當何如。喀謂屆時俄未便袖手。是鷸蚌爭。漁人利。尤宜豫防。葉提督覆。南路緊要。不宜遠移。擬設法添隊。稍厚兵力。容續報。

覆葉提督光緒二十年六月十八日巳刻

日雖竭力豫備戰守。我不先開仗。彼諒不動手。此萬國公例。誰先開戰。卽誰理詘。切記勿忘。勿性急。頃奉寄諭。亦密屬此節。袁調回。尙有唐紹儀代辦。無礙。十九愛仁開行。滿德隨往照料。餘如前電。

寄譯署光緒二十年六月二十日亥刻

龔使效電頃金云。勸日退漢仁兵。日未覆。英駐日公使將歐使派人到津中堂所言。以後可與日各派兵平韓亂。可與日商辦在韓商務。兩可利益。可與各派大員商辦韓興利除弊各事。勸韓王照行。但不能勉强。可與立約兩國不佔韓地。惟遇韓大典。日不能與中平行。韓本係中屬國。無庸商議。六條告日。日云。一切可允商辦。惟日前訂有二十五條。已告韓照行。不能改毁。中有添數條則可。遇韓有大典。日與中平行。韓有不遵數條處。須兩國勒令行之。此議請中國於五日內自向本國言之。如五日內中添兵到韓。卽作爲殺日人論等語。英廷於十八電令駐日公使卽向日云。此議與前允諸事可商之言不符。如汝執己見。以後有開戰事。一肩擔當云。其意謂將來各國開釁之罪。必問日。金尙未接復。祈轉署云。

寄譯署光緒二十年六月二十日戌刻到

義州電局報。本日卯刻。前途至漢城線阻。測量在近漢處。恐爲日兵所斷。雖屬韓人設法修通。未可靠。（按是日卽西曆七月二十三日。日兵已圍韓王宮。戰事已開。）

譯署來電光緒二十年六月二十一日戌刻

俄以日不聽勸。意在動兵。其力固足制日。然謂非欲收漁利。其誰信之。此時俄若派兵驅日。我固未能阻止。但不可倚以爲助。致事後別生枝節。我軍會辦一節。殊未妥協。宜再酌電復。遵旨電達。（按據此電觀之。中國不特不要求俄援助。且恐俄藉援助爲名。從中漁利。）

覆日本汪使光緒二十年六月二十四日申刻

二十三日日兵船在牙山口遇我兵船。彼先開砲接仗。由陸赴平壤之軍。甫入韓境。英俄與法德義又合力令日退兵。未知如何。

寄譯署光緒二十年六月二十四日辰刻

前派津隊二千餘。雇英商輪三隻。分運牙山。接應葉軍。因英輪掛英旗。當可進口。並派海軍濟遠廣乙兩船往牙口迎護登岸。頃濟遠管駕方伯謙回報。二十一二日英輪愛仁飛鯨裝兵抵牙。均陸續上岸。二十三晨。突有日兵船多隻。在牙口攔截我兵船。彼先開砲。聚攻濟遠等。竭力拒敵。鏖戰四點鐘之久。濟遠中彈三四百箇。多打在望台煙筒舵機鐵桅等處。致弁兵陣亡十三。受傷二十七。幸水線邊穹甲上有鋼甲遮護。只一處中彈。機器未損。日船傷亡亦多。午時我船整理砲台損處。日船緊追。我連開數砲。中傷其望台船頭船腰。彼即轉舵逃去。但見廣乙交戰中。中敵兩砲。船已歪側。未知能保否。又運送軍械之操江差船。適抵牙口。被日船擊拏。

英輪高陞裝兵續至。在近牙小島西南。亦被日船擊中三砲。遂停車而沈。等語。鴻查華日現未宣戰。日船大隊遽來攻撲我巡護之船。彼先開砲。實違公法。我船甚單。賴濟遠鋼甲尚堅。苦戰支持。未至大損。廣乙則閩廠所造鐵皮小船。中砲即形歪側。現尚未知下落。至高陞係怡和商船。租與我用。上掛英旗。日敢無故擊沈。英人必不答應。除接仗詳細情形。及傷亡弁兵查明再奏外。已飭海軍提督丁汝昌統帶鐵快各船。赴朝鮮洋面。相機迎擊。繼再馳報。乞先代奏。

覆倫敦龔使 光緒二十年六月二十五日午刻

日兵船在牙山口遇我兵船。彼先開砲接仗。濟遠轟壞日船一。惜所租怡和高陞裝兵船。被日擊沈。有英旗。未宣戰而敢擊。亦藐視公法矣。南省兵輪不中用。豈能嚇日。

覆譯署 光緒二十年六月二十六日辰刻

日先開戰。自應布告各國。俾衆皆知釁非由我開。似宜將此案先後詳細情節據實聲敘。鈞署擬稿。必臻周妥。內屬國一節。朝鮮與各國立約時。均聲明在先。各國雖未明認。實已默許。可否於文內輕筆帶敘。斯我先派兵非無名。後來各國調停議結。亦暗伏其根。汪使應撤回。日駐京使及各口領事。應諷令自去。日士貨多賴華銷。應檄行各關。暫停日本通商。日貨不准進口。是否均乞核辦。

寄倫敦龔使 光緒二十年七月初六日亥刻

日兵船擊沈高陞一案。聞日向英謝罪。議賠船貨。惟華人搭船者。原賴有英國旗保護。乃日於未宣戰之先。忽轟此船。致斃千餘人性命。並器物等件。死者家屬寃苦。應請英向日索賠撫卹。漢納根親供明日電呈。兇慘如繪。望與格里商聘著名狀師詢此案。中國照理照例應索賠。即交其覈辦。再與交部商訂。名雖向英索。仍應由英向日索。趁此議賠未定時。可將此款列入。緩則無及。

寄譯署光緒二十年十二月初八日辰刻

滬局沈能虎遇電。昨晚英律師擔文。與英水師裴提督密談。知英廷不准倭至吳淞外核與英外部復龔使。不得有事於引進之路。此路即上海與揚子江平常往來之路相符。又邇日英廷電詢。就現有師船。力能禦否。答以能恃。復奉有英主命。設日擾長江。即應轟擊云。又談悉俄備精兵九萬於伯力海參崴一帶。並添派頭頭鐵甲五艘於東路。明與英親近。實爲約日侵華。並欲與英作難。故英主已命裴察探豫備云。

寄譯署光緒二十年十二月十五日申刻

倫敦電。英國泰晤士新聞紙刊有報章云。日本攻取旅順時。戕殺百姓四日。非理殺伐。甚爲慘傷。又有中兵數名被其執縛。先用洋鎗擊死。然後用刀肢解云。據云。日兵亦有數人被中兵所殺。惟日本士卒。行徑殘暴若此。督兵之員。不能臨時禁止。恐爲終身之玷云。

寄譯署光緒二十一年正月初十日戌刻

路透電。日本以中國議和大臣。所齎國書文理不全。不允開議。華使仍不卽離倭。倭乃遣員護送該大臣等。前赴長崎。英法俄三國駐華駐倭公使。已接到各該國政府訓條。出而調處中東戰事，言歸於好云。

寄張侍郎 光緒二十一年正月二十四日巳刻

漾辰電悉。請罷斥必不允。鴻獨行無助。徒與外人商辦。恐爲所賣。焉得有熟悉公法條約而有智略文筆者。襄助。公速爲我籌之。無用之人不必請帶。昨已電署照伊陸互換之東文。敕字句辦妥。俟到京祇領旨催甚急。擬二十五交卸卽起程。來電謂倭慮勝兵太驕。歸國難制。豈必欲藉已佔之地。安置勝兵。鴻雖死不能畫諾。內意亦必相同。此事恐無了法。若借英俄扛幫。不致另生枝節。否聞俄英法頗有此議。

寄駐英俄龔許二使 光緒二十一年正月三十日戌刻

奉派頭等全權往日議和。日電非有商讓地土之權勿往。上意不允。允之北則礙俄。南則礙英法。須商各使。電知本國。祈速赴外部密商。託。仍電示。

龔使來電 光緒二十一年二月初二日申刻

晤金外部時。歐使電亦至。金云奉全權命。必晤有限制。赴日議和。日言讓土地。不能允。則可遵停商量之權。歐洲各大國昔有戰事。常行此權。無傷體面。赴日後各國知日索項。自有商酌。否則日有以藉口肆行。各國難以干預。俄法同此意見等語。瑗云。若言讓土地。或南或北。英法俄如何處。金云。未有定見。刻下不便言。瑗云可電歐使。或告總署李傅相。金首肯。約初四晤敍。又執手云。赴日緊要。

龔使來電光緒二十一年二月初五日申刻

已晤金外部。閱各國皆用全權國書。以使臣所允卽旨所允爲首條。詢知雖如此云。實仍電請旨後甫押。彼國不能禁電各國一例。日說出索項。卽請擔未定議以前。密告英俄法。

復龔使光緒二十一年二月初六日未刻

各使所論與外部相符。說出索項後。如與英俄無甚礙。未必出力。聞另有電旨。託各國君轉達日主。奉到如何答復。希電示。鴻擬初八請訓出京。

譯署來電光緒二十一年二月初十日申刻

奉旨。美使接日本復電云。敕書底稿均已妥協。須於中曆二月二十一二日行抵長門。再訂晤期等語。李鴻章所雇商輪計卽可到。若卽日放洋。總以二十前到彼爲要。行期定後。卽電奏。欽此。

譯署來電光緒二十一年二月十一日申刻

田使譯送日本來電云。日本欲先預備接待一切。李中堂須俟西三月十九。卽中二月二十三日到馬關後。再訂兩國欽差會晤日期。定於何日由津起程。隨員若干。須速電知等語。望將行期員數。先行電知。以便轉告。

（按田使卽陸奥書中鄧璧。）

寄譯署光緒二十一年二月十二日辰刻

本照辦。蒸電敬悉。田貝寄初八原電約於西三月十九卽華二月二十三日到馬關。再訂兩國欽差會晤日期。是起程須扣算到日。不先不後。乃得體。鴻定於十九日由津登輪。出沽口後。計四日可到馬關。擬到彼卽駐船上。隨員十餘人。現尙未齊。請署酌告田使轉致國電內有停戰定約字樣。宜令各駐使速呈。遼瀋危急。津榆亦有警報。藉此可紓急。請代奏。

譯署來電光緒二十一年二月十二日辰刻

田使函接註倭美使電稱。倭政府云。中國大臣出海坐船。雖掛頭等全權大臣之旗。仍須坐局外之船。有局外旗號。現欲知中國所坐係何國船及何船名。先行電復以便告田使轉達。

復譯署光緒二十一年二月十五日辰刻

已定於十七晚登舟。十八開駛。前議雇生義商輪。今改雇公義。亦德商。仍掛德旗。隨帶文武員弁共三十三人。跟役在外。祈代奏。並知照田見。

寄譯署光緒二十一年二月二十四日申刻

二十三日晨抵馬關。倭派全權伊藤陸奥亦至。約期會晤。二十四申齊集公所。互閱敕書妥協。伊陸言。住船不便。諄請移寓公館。預備整潔。允明日暫移。以便就近議事。函請先停戰。意似游移。約二十五再會議。並開所索條款。容續電聞。伊藤言別來十年。中國毫未改變成法。以至於此。同爲抱歉。探知前六七月。有運兵船多隻出馬關。約五千人。云往澎湖台灣。確否。遼瀋榆關軍情若何。乞示。請代奏。

寄譯署光緒二十一年二月二十五日酉刻

頃會議。伊藤等交到停戰要款云。日本兵應佔守大沽、天津、山海關所有城池堡壘。我軍駐各處者。應將一切軍需交與日本軍隊暫管。天津至山海關鐵路。由日本軍務官管理。停戰限期內軍事費用應中國支補。如允以上各節。卽停戰。期限及兩國駐兵守劃界及其餘細目再商等語。要挾過甚。礙難允行。伊限以三日。卽復。又詢所索條款。伊已預備。俟此議復到。再給閱商。看來昨添調出口之兵。恐仍赴北。將分攻榆關津沽。請密飭各軍嚴備堵勦爲要。乞代奏。候速電復。

譯署來電光緒二十一年二月二十八日午刻

奉旨。李鴻章兩電均悉。二電中未載辯論之詞。不知日內又有續議否。閱所開停戰各款。要挾過甚。前三條萬難允許。必不得已。或姑允停戰期內認給軍費。但恐祇此一事。仍難就範。昨飭奕劻等與各公使面商。均以先索和議條款爲要。可告以中期既允議和。無不推誠相與。可允必允。無須質當。其停戰期內認給軍費一節。可以允許。若彼仍執前說。則以難允各條。暫置勿論。而向索和議中之條款。務將朝廷誠心議和之意。切實講論。婉與磋磨。總以先得議款爲要。與有辯論續電。撮要以聞。各國公使中俄德英三處。均已致電本國矣。再此時和款尚未交到。李經方熟悉彼中情形。諒能得其底蘊。宜如何密籌斧底抽薪辦法。使和議不致中梗。應飭該員盡力爲之。此數月內各海口尚無警信。該大臣電末數語。大意已諭劉坤一王文韶知之矣。欽此。

寄譯署光緒二十一年二月二十八日未刻

沁電奉旨謹悉。二十五會議。當告以前三條地未失先佔。無此情理。設限滿和議未成。京畿門戶險要何恃。屬其另議辦法。伊堅不允。故略停頓。今已辦定駁復文。約申初面交。將停戰姑置勿論。索取議和條款。至認給軍費一節。係停戰常例。所有似不足動之。俟議款接到再電聞。據倭新報。兵船二十隻在大沽北塘海面游弋。查察商輪來往貨物。廈門電。二十五午倭兵已在澎湖西島登岸。倭主派小松親王赴旅順督師。其志不小。慾甚奢。停戰議略如此。要挾已見發端。恐難就範。請代奏。

寄譯署光緒二十一年二月二十八日酉刻

今申刻會議。已將停戰擱起。向索和議條款。允明日午後面交。歸途忽有倭人持手槍對狙。擊中左頰骨。血流不停。子未出。頓時暈絕。伊藤陸奥均來慰問。姑令洋醫調治。此事恐不能終局矣。再伊面稱現要攻取台灣。並聞。請代奏。

寄譯署光緒二十一年二月二十九日酉刻

昨夕面傷稍甦。即致伊藤等。以遇茲可悼之事。翌午不能會議。面聆約款。擬令李經方屆時代往晤索。頃陸奥來寓晤經方問疾。交到復函稱。因此凶虐狂悖之事。萬分憂愁。舉國上下。皆抱此情懷。該大臣等應先奏明日皇。難免有躭延。俟可以知會李參議。當迅速照辦等。因並據密稱。伊藤今早俟日皇派來御醫診傷後。已乘輪親赴廣島稟商。後日可回。中堂身受重傷。幸未致命。中堂不幸。大淸舉國之大幸。此後和款必易商辦。臨行復云。請寬心養傷。中日戰事將從此止等語。無論是否確實。語尚近情。原擬條款。或冀少減。稍遲亦必送到。鴻受傷時昏暈輿中。血滿襟袍。元氣大傷。幸部位恰當顴骨。若上下半寸。必即致命。實仰託聖主洪福。諸醫診視再四。子嵌骨縫。礙難取出。皮肉醫痊。約須月餘。現惟靜養。俟和款送到。再力疾妥議。隨時電聞。凶手已得。俟其訊有端倪。令伍廷芳前往重審。促令看辦。再頃陸奥送日后電旨。因李中堂受傷。特派看護婦兩名。帶親製之綳帶前往云。請代奏。

復北洋王夔帥光緒二十一年三月初一日午刻

承念感甚。二十八會議。申正歸途。遇刺客用手槍擊中左頰。血流不止。眩暈時許。復甦。隨帶洋醫及日主遣醫診治。子入骨二寸餘。難取出。幸部位尚不致命。倭舉國震悚。慰問紛來。和議冀漸就範。

寄譯者光緒二十一年三月初一日未刻

欽奉鹽電恩旨垂詢醫藥能否應手。甦醒後精神脈氣如何等因。現今各洋醫藥物應手。精神雖減。脈氣尚平。據洋醫稱子入三寸餘深嵌骨縫。非割開兩邊皮肉不能挖取。高年恐難禁此大痛。日用藥水洗治皮肉可望補復。堪以仰慰聖廑。頃日主及小松親王各遣專使自廣島來慰問。是小松尚未出征。乞代奏。李經方稟。

寄譯署光緒二十一年三月初一日戌刻

日外部送到日皇明降諭旨。中國現在與我國兵爭未息。而按照儀節格式。欽派頭等全權大臣前來締結和局。經朕派遣全權大臣等前赴馬關會議。我國應有責成確遵萬國通例。優待中國欽使。方與國家體面相符。並應優予護衛。以資保安。朕業已疊降特旨。飭文武官員懍遵辦理。去後現查遽有不法兇徒。下賤已極。竟敢傷及中國頭等全權大臣之身。朕心深爲憂愁惋惜。其兇犯自應飭吏按照國律內最嚴之刑辦理。茲特明降諭旨。通飭官民欽遵旨意。保我國家榮耀聲名。庶不致再有此等狂悖不法情事。而損我國之光譽也云。

復譯署光緒二十一年三月初三日申刻

冬電諭旨欽感無似。鉛子難出。據醫云無大妨礙。祗好暫顧目前。今午陸奥來臥室密談。並呈節略云。倭皇電諭將前所不許不索要款之停戰一節。現行應允。惟須限以期限以界。彼已將停戰節目預備。今晚可令經方往取。以期覈定早辦等語。俟節目取到。再酌辦電聞。似無庸先電各路將帥。又外署鈔送兇犯小山豐太郎供稱。東京郡馬縣人。因鴻主戰。不能保持和局。欲往中國行刺。今聞來馬關。欲殺害二十八甫到。擬狙擊胸部。誤中左眼下云。並未供另有指使。俟其定案後電陳。請代奏。

復譯署光緒二十一年三月初六日巳刻

支酉鈔呈停戰約稿。用新法明碼。應先到。頃奉歌酉電。知未接閱。必由華電局沿途緝閱。輾轉遲滯。望飭盛道根查罰辦。以儆將來。昨晚外署函稱。兇犯小山豐太郎。由裁判所定以無期徒刑。即終身徒罪。與前刺俄太子之罪相同。並將山口縣知事及巡捕長革職。馬關隸山口縣也。伊藤已回。催送和款。請代奏。

寄譯署光緒二十一年三月初七日酉刻

本日未正。日本交到締和條約。訂明第四日內未正回復。或將約內各款全行承允。或將某款更行酌商等因。第一款。清國認明朝鮮確為完全無缺之獨立自主。凡有虧損獨立自主體制。即如該國向對清國所修貢獻典禮等。詞嗣後全行廢絕。第二款。清國約將管理下開地方之權。並將該地方所有堡壘軍器工廠及一切屬公物件。永遠讓與日本。第一。下開劃界以內盛京省南部地方。從鴨綠江口起。溯該江流以抵三叉子。從此向迤北畫一直線。抵榆樹底下。從此向正西畫一直線。以抵遼河。從該線與遼河交會之限起。順該河流而下。以抵北緯四十一度之線。再從遼河上劃線起。順此緯度以抵東經一百二十二度之線。再從北緯四十一度東經一百二十二度兩線交會之限。順此經度。以至遼東灣北岸。並遼東灣東岸及黃海北岸屬盛京省諸島嶼。第二。臺灣全島及所屬諸島嶼。第三。澎湖列島。散在於東經一百十九度起。至一百二十度。北緯二十三度起。至二十四度之間諸島嶼。第三款。前款所載及黏附本約之地圖所劃疆界。俟本約批准交換之後。兩國應各選派官員二名以上。爲公同劃定疆界委員。就地踏勘。確定劃界。若遇本約所訂疆界。於地形或治理所關。有礙難不便等情。各該委員等當妥爲參酌更定。從速辦理界務。以期奉委之後。限一年竣事。但遇各該委員等有所更定劃界。兩國政府未經認准以前。應據本約所定劃界爲正。第四款。清國約將庫平銀三萬萬兩。交日本國。作爲賠償軍費。該賠款分爲五次交完。第一次交一萬萬兩。嗣後每次交五千萬兩。第一次應在本約批准交換後六個月之內交清。所餘四次。應與前次交付之期相同。或於期前交付。又第一次賠款交清後。未經交完之款。應按年加每百抽五之息。第五款。本約批准交換後。限二年之內。日本國准清國讓與地方人民。願遷居讓與地方之外者。任便變賣所有田地。退去界外。但限滿之後。尚未遷徙者。宜視爲日本國臣民。第七款。日本軍隊現駐清國境內者。應於本約批准交換之後三個月內換回。但須照次款所定辦理。第八款。清國爲保明認眞實行約內所訂條款。聽允日本軍隊暫行佔守下開各處。盛京省奉天府。山東省威海衛。日本查收本約所定應賠軍費第一第二兩次之後。撤回佔守奉天府軍隊。末次賠款交完之後。撤回佔守威海衛軍隊。但通商行船約章未經批准交換以前。日本仍不撤回軍隊。所有日本軍隊暫行佔守一切需費。應由清國支辦。第十款。本約批准交換日起。應按兵息戰云。科士達擬請總署密告英俄法三公使。現日本已將和局條款出示。其最要者。一朝鮮自主。二奉天南邊各地。臺灣、澎湖各島嶼讓與日本。三賠兵費庫平銀三百兆兩。

查日本所索兵費過奢。無論中國萬不能從。縱使一時勉行應允。必至公私交困。所有擬辦善後事宜。勢必無力籌辦。且奉天為滿洲腹地。中國亦萬不能讓。日本如不將擬索兵費大加刪減。并將擬索奉天南邊各地一律刪去。和局必不能成。兩國惟有苦戰到底。以上情節。并祈詳密告知三國公使。至日本所擬通商新約詳細節目。一時務乞勿庸告知各國。恐見其有利可霑。彼將協而謀我云云。鴻按。第六款重訂通商新約節目甚多。並添開口岸北京、沙市、湘潭、重慶、梧州、蘇州、杭州七處。皆各國多年願望不可得者。容卽續電請先核明代達詳示。（按科士達係美國前國務長官。此時為中國顧問。）

寄譯署光緒二十一年三月初七日戌刻

日本和約第六款。日清兩國所有約章。因此次失和自屬廢絕。清國約俟本約批准交換後。速派全權大臣與日本全權大臣會同訂立通商行船章程及陸路通商章程。其兩國新訂約章。應以清國與泰西各國現行約章為本。又本約批准交換之日起。新訂約章未經實行之前。所有日本政府官吏臣民及商業、工藝、行船、船隻、陸路通商等。與清國最為優待之國禮遇護視。一律無異。清國約將下開讓與各款。從兩國全權大臣畫押蓋印日起。六個月後照辦。第一。現清國已開通商口岸之外。應准添設下開各處。立為通商口岸。以便日本臣民往來僑寓。從事商業、工藝、製作等。所設口岸。均照向開通商海口或向開內地鎮市章程。一體辦理。應得優例及利益等。亦當一律享受。一直隸順天府。二湖北省荊州府沙市。三湖南省長沙府湘潭縣。四四川省重慶府。五廣西省梧州府。六江蘇省蘇州府。七浙江省杭州府。日本政府得派領事官於前開各口駐紮。第二。日本輪船得駛入下開各口附搭行客。裝運貨物。一從湖北宜昌溯長江以至四川重慶府。二從長江駛進洞庭湖。溯入湘江。以至湘潭縣。三從廣東省溯西江以至梧州府。四從上海駛進吳淞江及運河。以至蘇州府、杭州府。日清兩國未經商定行船章程以前。上開各口行船。務依外國船隻駛入清國內地水路現行章程照行。第三。日本臣民運進清國各口一切貨物。隨辦理運貨之人。若貨主之便。於進口之時若運進之後。按照貨物原價。納每百抽二抵代稅。所到地方。勿論政府官員。公舉委員。私民公司。及有何項設立之名目。爲何項利益。所有課徵、抽稅、鈔課、雜派一切諸費。勿論其根由名目若何。均當豁除。日本臣民在清國所購之經工貨件若自生之物。一切聲明係爲出口以至由口岸運出之時。除勿庸輸納抵代稅外。亦照前開所有抽稅、鈔課、雜派一切諸費。均當豁除。又日本船隻裝載清國內地所需經工貨件若自生之物。運販清國經商通口。一經輸納口岸通商稅鈔。除勿庸輸納進出口稅外。亦照前開所有抽稅、鈔課、雜派一切諸費。均當豁除。但逐時所訂洋藥進口章程。與此款所定。毫不相涉。第四。日本臣民在清國內地購買經工貨件若自生之物。或將進口商貨運往內地之時。欲暫行存棧。除勿庸輸納稅鈔派徵一切諸費外。得暫借棧房存貨。清國官員勿得從中干預。第五。日本臣民在清國輸納稅鈔及規費。可用庫平銀核算外。亦得以日本國官鑄銀圓照公定之價輸納。第六。日本臣民得在清國任便從事各項工藝製造。又得將各項機器任運裝進便口。止交所訂進口稅。日本臣民在清國製造一切貨物。其於內地運送稅、內地稅、鈔課、雜派、以及在清國內地霑及存棧房之益。即照日本臣民運入清國之貨物一體辦理。至應享優例豁除。亦莫不相同。第七。清國約博采專門熟練者之說。務速濬黃浦江口吳淞沙灘。雖在落潮時。亦須足二十幅深。永勿任其阻塞。遇上開讓與各節內有更須訂定章程者。應於本款所定通商行船約章內備細載明云。請飭總署迅速酌核應准應駁之處。或摘要密商赫德速復。但令不得告知各使。又第九款本約批准交換後。兩國應將是時俘虜盡數交還。清國約將由日本所還俘虜。並不加以虐待。或置於罪戾。清國約將認為軍事間諜或被嫌逮繫之日本臣民。即行釋放。並約此次交仗之間。所有關涉日本國軍隊之清國臣民。概予寬貸。並飭有司。不得擅為逮繫云。此條似可酌准。請代奏。

寄譯署光緒二十一年三月十二日申刻

昨將駁復說帖。送交伊藤等。今午接復信稱。所交說帖。幷非和約底稿逐條答復之詞。亦未將中國所欲允之意說明。用兵以後所索之款。非尋常議事可比。望即將約款能否全數應允。或某某款不能應允。實在說明。勿再延緩等語。鴻查說帖大意。於讓地一節言奉天南邊割地太廣。日後萬難相安。賠費一節言中國財力短絀。萬辦不到。非大加刪減不可。通商權利一節言子口半稅減為值百抽二。並將一切稅鈔豁除。與各國定章不符。又機器進口。改造土貨運入內地免稅。亦難准行。以上已摘要答復。而彼嫌未說明所欲允之意。注意仍在讓地賠款二條。實在着落。若欲和議速成。賠費恐須過一萬萬。讓地恐不止臺澎。但鴻斷不敢擅允。惟求集思廣益。指示遵行。停戰期祇賸十餘日。事機急迫。求速代奏。請旨示覆爲幸。

譯署來電

奉旨。昨據李鴻章十一日電奏。已將讓地一條。由該大臣決定取舍。電復。賠費通商各節。應行磋磨之處。亦大概諭知。茲復據十二日申刻電奏。所交說帖。但云奉天南邊割地太廣。而於臺澎如何置辯。並未敍及。電後又稱。讓地恐不止臺澎。究竟說帖數千言中。及面晤伊藤等時。曾否辯論及此。電語殊覺簡略。總之。南北兩地。朝廷視爲並重。非至萬不得已。極盡駁論而不能得。何忍輕言割棄。縱敵願太奢。不能盡拒。該大臣但須將何處必不能允。何處萬難不允。直抒己見。詳切敷陳。不得退避不言。以割地一節歸之中旨也。該大臣接奉此旨。一面將籌定辦法及意中所欲言者。切實奏復。一面遣李經方前往。先將讓地應以一處爲斷。賠款應以萬萬爲斷。與之竭力申說。彼信中原有某某款不允之語。不嫌反復辯駁也。停戰期迫。該大臣傷病未痊。似與之商議展期。在我亦屬有辭。着李鴻章酌量辦理。欽此。

復譯署光緒二十一年三月十四日午刻

元申兩電奉旨敬悉。前據伊藤等專員來稱。須先將某款應准應駁。逐條切實聲明。送交閱核。方能約期會議。現已據鄙見將原約各款酌改。而將讓地賠費兩款提出。另函請訂期會商。並將擬駁原約各節詳細答復。另備節略。一併於今晚送交。俟其回信如何。方能面議。澎湖已失。昨接唐撫電。敵未來犯。軍民心固。似可堅守。鴻斷不敢輕允割棄。已於另備節略中駁論及此。但窺日意。仍逐日由廣島運兵出口。恐添赴臺。將有南北並吞之意。旨飭讓地以一處爲斷。極是正論。自應如此立言。不知將來能否辦到。日原圖所劃奉天經緯線度。竟連遼陽、田莊臺、營口均包在內。遼陽未失。尚易辯駁。此外日兵已據之地。彼已設官安民。極力爭論。未易退讓。可俟會議時察酌妥議。似難由我預爲決定。總之敵之所已據處。爭回一分是一分。其所未據處。絲毫斷不放鬆也。賠款一節。前說帖今節略內均將力難多措實情告之。而伊等十二函復。竟稱中國自家爲難之處。并不在此次應議之列。狡強可知。通商一節。前後節略。均令將稅則照各國一律。添口僅先允重慶一處。餘俟會議時再酌。停戰期迫。二十日後相機商展。若彼不願議和。恐難多展耳。至蒙垂詢傷病情形。傷口漸已生肉。精神尚可勉支。惟食眠俱減。未能照常。若訂期會議。當密授機宜。令經方代往。元酉電遵告知伊藤等。但原約未能禁日船游弋海面。請代奏。

寄譯署光緒二十一年三月十四日酉刻

前電甫發。伊藤等專人請經方到寓密談。謂此次停戰。伊力持乃允。各武員預備兵馬糧械齊足。必欲分道直攻北京。再行議和。現期已迫。斷難再展。經方即將現擬各款大略告知。惟讓地賠費兩項。須俟面議再定。伊謂此二款最爲緊要。尊意欲將奉境全行收回。萬做不到。南北二處均要割讓。僅割讓一處。亦斷不行。該國已用兵費實係太鉅。所索三萬萬。即欲減少。能減無幾。此我國上下文武熟商而定。特據實密告。經方與反復辯駁。毫不鬆口。囑將此二款如何還償。切實聲明。方可再行會議。儻中朝嫌我開價太大。不欲商行。則我國另有辦法。時日甚迫。限於明日回信。勿再延誤等語。經方祇得將原擬約款節略帶回另辦。鴻再四籌思。時迫事急。姑據鄙見。將奉天之鳳凰廳、安東、寬甸、岫巖四廳邊境割讓。海城俟後再說。較之伊所劃經緯線界。已少大半。澎湖既被佔據。亦暫允讓。賠費卽遵電諭。以一萬萬應之。明日再將約稿送交。看其能否轉圜。會議後。再詳晰電奏。讓北地以海城為止。賠費以一萬萬兩為止。儻彼猶不足意。始終堅執。屆時能否允添。乞預密示。否則祇有罷議而歸。停戰展期已經望。請飭各將帥及時整備為要。請代奏。

寄譯署光緒二十一年三月十六日亥刻

申正伊藤約同會議。言停戰期迫。業將約款酌減改定。萬勿再有移易。內開。一讓地劃界。從鴨綠江口起。溯至安平河口。又從該處通至鳳凰城及營口。劃成折線。以南地方。所有各城市邑。皆包括在界線內。幷遼東岸及黃海北岸盛京所屬各島嶼。又臺灣全島及所屬諸島嶼。又澎湖列島。照英國東經一百十九度起。至東經一百二十度。及北緯二十三度起。至二十四度之間諸島嶼。鴻查所劃界。寬甸已不在內。營口至金州均在界線之內。一中國將庫平二萬萬兩賠償日本軍費。分八次交清。第一第二次各交五千萬兩。在本約批准交換後起。每六個月交清一次。其賸款約六年內分交。仍按十二個月算交一次。又從交付賠款第一次起。未經交完之款。按年加每百抽五之息。但中國無論何時。可將應賠之款全數或幾分交清。照免算息。一保明認眞實行約內所訂條款。允日本軍隊暫佔守威海衛。又於所訂第一第二次賠款交清通商船行約章批准交換後。兩國政府商定辦法。將通商各口關稅作為賠款本息之抵押，日本允撤回軍隊。儻不確定抵押辦法。則未經交清末次賠款之前。日本應不允撤回。但通商行船約章未經批准交換以前。雖交清賠款。仍不撤回軍隊。所有日本軍隊佔守一切需費。應由中國支辦。以上三條。伊藤聲明此文武熟商再三核減盡頭辦法。謂三日內回信。兩言而決。能准與不能准而已。鴻與反復辯論二點鐘之久。毫不活動。看其口氣過緊。未便申論營口為通商口。萬不能讓。伊云兵力所得。舉國咸爭。我亦不能讓。鴻云臺灣日本兵所未及。何不能讓。伊云彼水陸雲集。無慮終不能得。應請早讓。賠款二萬萬。勸其再減五千萬。亦堅不允。似此乘勝貪橫。悍然不顧。實非情理能喻。伊請三日回信。儻不准定。即添兵。廣島現泊運船六十餘隻。可載兵數萬。小松親王專候此信。即日啓行。鴻力竭計窮。懇請速旨定奪。再東文條約尚未細繙。大致於通商添口重慶、沙市、蘇州、杭州四處已減三處。原約第三條稅則亦刪去。餘俟查明續電。望速核酌覆為幸。請代奏。

譯署來電 光緒二十一年三月十七日卯刻

奉旨。李鴻章十四日午刻酉刻。十五日辰刻三電均悉。所稱敵所已據處。爭回一分是一分。所未據處。絲毫斷不放鬆。李鴻章於此事通籌熟計。全局在胸。駁論允許。皆有步驟。於朝廷規畫之艱。庶能深相體會。閱之稍慰系懷。至請預示允添之處。卻難即時懸定。仍在李鴻章相機以應。視其情詞緩急。以為迎拒之方。彼垂涎金州之礦。台灣此利尤鉅。該大臣現與力爭兩處土地。能允固善。必不得已。或許日以礦利。而土地人民仍歸我有。此姑備一說。無非爲保全境土起見。伊藤口氣雖緊。殆爲武員所迫。觀其相邀密語。究似尚可與言。總應以中東唇齒大局攸關。毋令西國攘漁人之利。所索條款。往返磋磨。正爲將來不肯爽約。永保和局地步。令李經方將此向其反復開陳。毋因無益費詞。遂爾中止。停戰展期。仍當以病傷未愈。據情與商。陸奧知照鞍山站一事。已電諭長順等通飭各營。勿得違約生事矣。欽此。

復譯署光緒二十一年三月十七日午刻

頃細繹伊藤昨改訂第六款通商。除刪去順天、湘潭、梧州添口外。餘四處照舊。蘇杭生意久經歸滬。似無甚礙。又將原約通商第三條所稱進口出口每百抽二抵代稅概行刪除。係因連日辯論。通例正半稅不容減改。故自行刪去。而將第四第五第六原條。向前移置。其第七條疏浚吳淞江亦刪。現約通商共祇五條。可無甚駁改。又原約第八款。留軍佔守奉天府。亦經駁刪。僅佔威海衛一處。其留軍隊需費。議在償款內總算。伊仍不允。候事定詢明人數再議。再諫電奉旨敬悉。金州已據固難爭回。彼垂涎台灣甚久。似非允以礦利所能了事。伊等驕狂太甚。屢以西人攘利開導。毫不爲動。經方亦無能解說。英已坐視。未知俄廷意見如何。請代奏。

天津德稅務司來電光緒二十一年三月十七日申刻到

巴蘭德電稱。各國議論中國讓地事。均不以爲然。中國應勿急於成議。

寄譯署光緒二十一年三月十七日戌刻

頃接伊藤函稱昨呈所改約款。實係末尾盡頭辦法。務祈四日內切實回復。前交節略。所稱中國爲難情形。我已細看細想。故跌至無可再減之處。賠款減三分之一。分期交款較長。留軍佔守減去奉天一處。賠償勝款抵押。不指地而指關稅。不提內地釐稅。不提挖吳淞。此皆使中國易於籌款。便於償費。又減少奉天前索地界。設戰事日進一日。將來無所底止。到那時再議和。斷不能如此便宜等語。鴻所索各款。惟台灣日兵未到。卽欲相讓。無理已極。斷難輕允。然伊昨面談語已決絕。今又來此函。似是哀的美敦書。應如何應付之處。伏候速示遵辦。請代奏。

譯署來電光緒二十一年三月十九日巳刻到

奉旨李鴻章十六十七兩日電奏三件均悉。日本續送改定酌減條款。雖通商各條。所爭回者甚爲有益。惟兩大款關係最重。賠費已減三分之一。若能再與磋磨減少若干。更可稍紓財力。讓地一節。台澎覺欲全佔。奉省所退無幾。殊覺過貪。前電姑許礦利。該大臣慮其不允。爲今之計。或允其割臺之半。以近澎臺南之地與之。臺北與廈門相對。仍歸中國。奉天以遼河爲三省貿易出海之路。牛莊營口在所必爭。著該大臣將以上兩節。再與竭力辯論。冀可稍益大局。伊藤連日詞氣極迫。儻事至無可再商。應由該大臣一面電聞。一面卽與定約。該大臣接奉此旨。更可放心爭論。無慮決裂矣。欽此。

寄譯署光緒二十一年三月十九日巳刻

頃接嘯電。奉旨敬悉。伊藤十七晚送到哀的美敦書。詞已決絕。無可再商。昨雖復函略加駁論。必置不理。即使會晤再行磋磨。割臺之半與之。亦必不允。一島兩分治。口舌既多。後患亦大。至奉省劃界至營口。牛莊已不在內。營口稅利豈能遽舍。此皆不妨辯論及之。實恐難望轉圜。且停戰第六款內稱。如期內和議決裂。此約亦中止云。若議不合。必致決裂。察看近日日人舉動。已遣運兵船二十餘艘。由馬關出口赴大連灣。並令法美觀戰。探事人隨隊往前敵。其意可知。恐非即訂約不可。不得不先奏明。

寄譯署光緒二十一年三月十九日酉刻

頃派伍廷芳往伊藤處。告知總署已飭前敵將帥勿再違約。據伊面稱。華軍不諳公法。動輒妄爲。恐不待停戰期滿。已將開仗。並催允定和約復信。謂廣島已派運船三十餘艘出口赴大連灣。小松親王等明日督隊繼進。若再商改約款。故意遲延。即照停戰款內和議決裂此約中止辦法等語。是其愈逼愈緊。無可再商。應否即照伊藤前所改訂條款定約。免誤大局。乞速請旨電飭遵辦。

復津海關盛道光緒二十一年三月二十日辰刻

伊藤兩次哀的美敦書云。無可商。現約明日會晤即定。欲保京城。不得不爾。以後看各國辦法。朝鮮准自主。商令兩國勿干預內治。伊不允。非據而何。

譯署來電光緒二十一年三月二十一日辰刻

奉旨。李鴻章十九日三電均悉。十八日所諭各節。原冀爭得一分有一分之益。如竟無可商改。卽遵前旨與之定約。欽此。

譯署來電光緒二十一年三月二十一日午刻

二十日酉刻來電悉。昨奉旨。十九日三電均悉。十八日所諭各節。原冀爭得一分有一分之益。如竟無可商改。卽遵前旨與之定約。欽此。二十日午刻電發。想夜間必可接到。希卽遵旨辦理。以免延誤。

寄譯署光緒二十一年三月二十一日亥刻

午前接皓馬電。卽約伊藤在公所會商。賠款讓地二端。無可商改。遵旨卽與定約。大致照三月諫洽兩電改定各款。而於第六款通商小節目酌加删易。僅四條。威海衛留軍一節。詢其人數曰一萬。餉數曰歲二百萬。再四磋磨。允兩國各認一半。鴻僅允給五十萬。伊謂此約批准在烟台互換。限二十日。留軍費始可照允。蓋因原約第十款批准交換日起始按兵息戰。重兵久屯各處。恐生事端。故急催互換。應否准行。乞速電示遵辦。現擬二十二繕清約稿。二十三已正畫押。萬難久待。鴻於畫押後卽登輪回津。再將和約原本專員送京。敬候批准。請代奏。

寄譯署光緒二十一年三月二十二日辰刻

昨與伊藤商定讓地劃界一節。末添營口之遼河。以河心爲界。則東岸屬彼。西岸仍歸我。賠款一節。末添如從條約批准互換日起。三年內能全數清還。除將已付兩年半利息。於應付本銀扣還外。餘仍全數免息云。計可省息銀一千數百萬。惟鉅款不易借貸。伊藤亦知中國支絀。謂借外債可三四十年分還。期長利輕。力亦稍紓。可備參酌。又第五款讓地遷民一節。末添臺灣省應於本約批准互換後。兩國立即各派大員至臺。限於本約互換後兩個月內。交接淸楚云。磋磨再四。始允照辦。鄙見似宜派唐撫就近與日員妥議至臺民願遷與否。曉諭不服。恐生事變。與華官無涉。伊謂交接後責任在日官。必不怨華。唐撫前電有臺民誓不兩立之說。務祈密諭。未交以前。妥爲撫循開導。又第六款通商內地租棧一節。刪去官員勿得干預。又納稅用庫平與關平不合。日本銀元難强收。此條全刪。又日商僅准在通商口岸用機器製造。合併聲明。至日本運兵船多隻。由馬關出口赴灣旅屬實。原約雖定於批准互換後停戰。未互換前。彼此均應按兵不動。明日畫押。當再商辦。經述請假省親。自係未知已定約畫押。請飭勿來。乞代奏。

寄譯署光緒二十一年四月初二日申刻

頃倫敦初一來電。駐日本東京之德法俄公使。業經照會日廷。不許其割據中國毗連之疆土云。

寄譯署光緒二十一年四月初三日午刻

頃據倫敦路透電報。日本覆俄德法三國公使云。日本百姓。因屢戰皆捷。現在無殊酒醉。如將中國擬讓奉天之地。辭而不受。則必激成內亂。英國新報以英國國家不肯與聞此事爲甚是。德法兩國徒受俄國所指使。法國新報則以法國干預此事爲非是。雖見好於中國。必得罪於日本。非計之得云。

譯署來電光緒二十一年四月初六日未刻

奉旨。連日紛紛章奏。謂臺不可棄。幾於萬口交騰。本日又據唐景崧電稱。紳民呈遞血書。內云公法會通第二百八十六章有云。割地須商居民能順從與否。又云民必順從。方得視爲易主等語。臺民誓不從倭。百方呼籲。將來交接。萬難措手。着李鴻章再行熟察情形。能否於三國阻緩之時。與伊藤通此一信。或豫爲交接地步。務須體朕苦衷。詳籌挽回萬一之法。迅速電覆。欽此。

譯署來電光緒二十一年四月初八日戌刻

貴大臣前奏會議和約已成一摺。本日已奉硃批依議。惟聞俄德法三國。現與日本商改新約。將來如有與此約情形不同之處。仍須隨時修改。欽此。伍廷芳現在都中。明日用寶後。即令齎約赴津。一面由貴大臣預備由津赴煙大小輪船聽用。煙台接待東使一切事宜。飭關道備辦。昨本署遵旨。屬田貝轉電日本。現聞俄德法三國與日本商改中日新約。須候定議。十四日商約之期太促。擬展緩十數日。再行互換。望轉商候覆等語。恐日本覆到需時。應先預備一切。以免臨時貽誤。貴大臣即將業經批准一節。電知日本。俾亦派員來煙。以便互換。

寄譯署光緒二十一年四月初九日辰刻

夜間接伊藤初八戌初英文電開中國政府請暫緩互換批准和約一節。當經日本政府答以無論因何情形。互換批准。必不能緩。且因締結兩國和好。互換一節。更不容緩。並經告明。如以俄法德三國請改約款爲慮。則互換之後更易商改。向來辦法。係屬如此。日本全權大臣於限期互換之前。必到煙台。今爲兩國有益起見。本大臣特此反覆丁寧電告貴大臣。務請將此批准條約於續展停戰限期未滿之前。卽行互換。是爲至要。伊藤博文自日本西京發云。田貝想亦接覆電。昨接庚電。知和約已奉批准。日本既不肯展緩十四期。迫應由鴻卽覆伊藤。已批准。派員如期互換。應請速派全權大臣前來。現飭留公義商輪在津守候。計由津出沽口須一日又一夜。至煙台必須十二日。到煙布置一切。以便會商。庶無貽誤。請代奏。

譯署來電光緒二十一年四月初九日午刻到

本日奉旨着添派三品銜升用道聯芳與廷芳同往煙台換約。欽此。

寄譯署光緒二十一年四月初九日申刻

頃覆伊藤電云。昨電已收到。新訂和約。雖中國舉國不以爲然。本大臣總想和約當奉批准。現蒙大皇帝俯順所請批准。該約定可如期互換。當勸請大皇帝批准之時。本大臣所有意見與貴大臣來電相同。如果從速批准。則俄德法所有請於我兩國商改之事。較易商改。本大臣奉有諭旨。速將前事設法辦理。並緣臺灣各色人等。現正萬分憤亂。應將臺灣一事。重爲考慮。及另行籌商。以上各節。極望貴大臣和衷體諒。相助爲理也。等語。因來電有俟三國商改和約之語。特電將臺灣一事提及。如有覆電。再行奉聞。

龔使巴黎來電光緒二十一年四月初十日未刻

聞法外部云。現俄德法兵輪。均在日海口。勸日減索項。日雖未覆。已有和商意。英仍坐視。

寄譯署光緒二十一年四月初十日申刻

伍廷芳等關防已照刊。科士達甚正直。熟悉交涉機宜。在馬關諮商一切。頗獲其益。昨自京來晤。適接伊藤電。即商令代擬覆電。渠即附日輪回國。鴻勸暫留。同伍廷芳赴煙襄助。以後三國干預。口舌必多。鈞署及敝處宜有妥人參謀。可否挽留一二月。俟大局稍定。再取進止。頃略示其意。尚不固執。即添給薪酬若干。似不惜此小費。乞速酌示。

寄譯署光緒二十一年四月十一日戌刻

倫敦路透初十電。法國報稱。聞日本已允除旅順口外。將遼東交還。但須以他項相抵。此事尚未定奪。但即將定云。

寄譯署光緒二十一年四月十二日午刻

昨與科士達商擬換約時另給日使照會云。今日互換批准之先。奉中國政府訓條。特聲明宣告如左。查本約第二款讓地一節。當中國全權大臣應允之先曾經指駁。此係向例所無。殊非情理。嗣經日本全權大臣限期迫脅。如不應允即再行開仗。後此所索之款。必較此更重等語。中國全權大臣。祇得勉讓。至和款為各國共知之時。中國所與交涉通商親睦友好之三大國。將約內讓地一款。向日本指駁。並向中國殷勤陳說。謂踐行該約所應有辦法。請暫延緩。至三大國於所關讓地一事得遇有商改之機會而止。中國政府因即向日本政府電商。將互換批准和約之期展緩。日本內閣總理大臣前允議約全權大臣因有此項酌商之事。電催中國頭等全權大臣內開。為兩國有益起見。批准和約。務屆期互換。至俄德法所請商改約款。互換之後。更易商辦等因。茲為日本內閣總理大臣陳說之語。並中國政府與日本政府辦理交涉事宜謹慎確實起見。中國全權大臣。現在即按照約內所定日期。將所批准和約互換。為此特行宣告。此約雖經互換。而約內所開讓地各節。非俟俄德法三國籌商辦理定議。即不能設法按約辦理。中國與各大國。或因交界。或因通商。久締盟好。不得不如此辦理。且日本內閣總理大臣既有前項陳說。則日本政府自必允照該大臣所說者更無疑義等語。已屬伍廷芳等屆時用漢洋文繕交日使。彼似不能駁回。若與商另立專條。彼必云無權可辦。祈酌核奏准。飭伍廷芳遵辦。

寄煙台伍道等光緒二十一年四月十二日酉刻

頃總署來電。本日遵旨。擬給日本換約大臣照會二件。希速電伍廷芳等。先行繕就。蓋用關防。於換約時交給爲要。照錄照會於後。第一件。中國政府爲照會事。前由頭等全權大臣李奏請批准換約一摺。奉旨依議。該衙門知道。惟聞俄法德三國與日本商改中日新約。將來如有與此約情形不同之處。仍須隨時修改。欽此。爲此恭錄知照。請貴大臣轉達貴國政府査照可也。須至照會者。第二件。中國政府爲照會事。前接美國田大臣覆信。述貴國政府云。按期互換和約最爲緊要。如謂因俄法德三國所商改之事。若係須照辦者。互換以後。較未換之先。更爲容易等語。與中國之意相同。屆時如有改易情形。自須另立專條。以資遵守。再在臺灣各色人等。萬分驚擾。勢將變亂。以後應將臺灣一事。重爲慮及。另作辦法。除已由頭等全權大臣專電達知外。特再具照會聲明。惟希貴大臣轉達貴政府査照可也。須知照會者云云。似科士達所擬照稿可不用。即照此兩稿繕就。於換約時面交。

覆譯署光緒二十一年四月十二日酉刻

本日午刻電呈科士達所擬照會稿。頃奉遵旨擬就照會二道。似更簡潔。即轉伍廷芳等遵辦。

寄譯署光緒二十一年四月十三日申刻

頃許使文電。俄廷接日本覆。允退全遼。已電喀使告署云。頃德國司領事來言。外部電詢中國借債。應請令德國銀行承借。不應專向英借。鴻告以德商利輕可借。彼問息若干。鴻告以四釐或四釐五。不折扣。查三國幫我出力。俄法各有私意。德無所圖。如其銀行利息與他國一樣。我應藉以牢籠。俄法必無異詞。德使與署提及。乞加意。

寄譯署光緒二十一年四月十三日申刻

劉道含芳文電東使公館已備定德國大客寓一所。樓宇院落頗寬。自碼頭至館及廣仁堂。來往道路。與孫鎭分派妥當弁兵巡護。以期愼重。英國斐提督今晚乘鐵甲到煙。近日海參崴來人傳稱。該處俄兵有五六萬。由北路來者居多。未知確否。又皮子窩民船傳稱。日兵紛紛赴韓等語。伍聯兩欽使。申刻到。酉刻登岸。同往廣仁堂。又元電頃有日本商船到口。聞伊使在船。已派員前往引導。昨夜半又到俄艦三艘云。

伍道員來電光緒二十一年四月十三日申刻到

接文申文酉兩電。敬悉。科士達擬稿。遵示不用。惟文酉電內照會二件，起首有中國政府爲照會事云云。逕達日使。似於體例不符。擬由廷芳等具文照會。起首云爲照會事。本大臣奉中國政府電飭照會貴大臣云云。可否。請速電遵。

覆煙台伍道等光緒二十一年四月十三日酉刻

兩電已轉署催飭換約。政府第一件照會可用。起首云云。應照擬辦理。第二件德稅務司謂再提台灣。恐日本藉口中國欲反全約。布告各國。謂我理詘。不如科士達所擬照會爲妥。日本已覆俄國。已允還全遼。臺灣不可自我廑翻。已電商總署。仍用科稿。

寄譯署光緒二十一年四月十三日酉刻

劉含芳元電。日本伊東大臣係乘橫濱丸商船。同來者一武官。四隨員。已備小火輪馬轎。接赴使館云。

寄譯署光緒二十一年四月十三日戌刻

路透電。臺灣黑旗黨殊欠安靜。英德水師業在安平登岸。英國艇船現在打狗地方週巡云。

急寄譯署光緒二十一年四月十三日亥刻

伍廷芳元未電。日使伊東雖到。地方官備妥行館。往請登岸未允。據繙譯回稱。日使云。停戰換約。均明日期滿。務須今日先行議妥。明日准十二點鐘以前互換和約。方肯上岸。廷等奉諭旨。不敢遽答。應如何辦理。懇速電示云。望速徑電飭遵。勿遲誤。

寄譯署光緒二十一年四月十四日辰刻

劉道含芳元電。日本伊大臣照會。日本帝國欽派全權大臣伊東為照會事。照得本大臣膺本國大皇帝簡命。蒙授以全權辦理大臣。為互換經奉本國大皇帝批准日中兩國全權大臣於明治二十八年四月十七日在下之關所訂和約及另約。特派前來。既經本國政府電咨貴國政府。今於五月十七日早晨行抵煙台。應經貴道將本大臣行抵本埠。轉行告明貴國政府。併求知照貴國為互換和約及另約來此欽差全權大臣。務請遵照約內訂期。與本大臣會晤。以便互換經奉兩國大皇帝批准和約及另約。如何辦理之處。從速賜覆。本大臣不勝翹望之至。理合照會。請貴道查照可也。職道覆伊大臣照會。爲照覆事。案照本月十三日。本監督接到貴大臣照會。知貴大臣已經行抵煙台各等因。卽經電李中堂轉電本國政府。本國欽派全權大臣伍聯。已於昨日到此。所有貴大臣行館。已經本監督飭屬豫備妥當。並派員帶領先鋒輪船往迎貴大臣登岸。至於訂期會晤各事。自應由伍聯兩大臣與貴大臣約訂。相應備文照覆云。芳查伊東堅持換約停戰皆明訂日期。兩欽使又須待電旨。但恐內城偏聽俄法。則誤事非小。期限已迫。惟盼電旨云。

急急寄煙台伍道等 光緒二十一年四月十四日巳刻

頃總署元電。三國勸還遼東。已有頭緒。均屬暫緩互換。奉旨由田貝轉電日本政府。再商展期。田電已發。內云。請將換約停戰日期另行改訂。以期從容定議。俟日本政府詳籌速覆。中國已飭換約大臣在煙靜候。並請日本政府電知換約大臣。一體辦理等語。此實因俄德法三國屢屬暫緩互換。俟信辦理。我國與日本及俄德法均爲共敦睦誼起見。並非故爲耽延。請酌量函商伊東大臣登岸。候信商辦。並致東海關監督知照。

譯署來電 光緒二十一年四月十四日未刻到

奉旨。現已接三國覆信。著伍廷芳聯芳卽與日本使臣換約照會二件。面約交付。昨商展期。已由田貝電日本作爲罷論。欽此。此旨卽電煙台。並電告日本。已如期換約。照會第二件。提及臺灣。係照貴處致伊藤電內慮及之意。並無別論。似無礙。

譯署來電光緒二十一年四月十四日未刻到

奉硃筆。近自和約定議。廷臣交章論奏。謂地不可棄。費不可償。仍行廢約決戰。以冀維繫人心。支撐危局。其言固出於忠憤。而於朕辦此事熟籌審處不獲已之苦衷。有未深悉者。自去歲倉猝開釁。徵兵調餉。不遺餘力。而將少宿選。兵非素練。紛紛招集。不殊烏合。以致水陸交綏。戰無一勝。近日關內外情事更迫。北則逕偪遼瀋。南則直犯畿疆。皆現前意中之事。瀋陽爲陵寢重地。京師則宗社攸關。況二十餘年來。慈闈頤養。備極尊崇。設使從御有驚。則藐躬何堪自問。加以天心示警。海嘯成災。沿海防營。多被衝沒。戰守更難措手。是用宵旰旁皇。臨朝痛哭。將一和一戰。兩害兼權。而後幡然定計。萬分爲難情事。言者章奏所未及詳。而天下臣民皆當共諒者也。茲將批准定約。特將先後辦理緣由。明白宣示。嗣後我君臣上下。惟期堅苦一心。痛除積弊。於練兵籌餉兩大端。實力研求。亟籌興革。毋生懈志。毋鶩虛名。毋忽遠圖。毋沿積習。務期事事核實。以收自强之效。朕於內外諸臣有厚望焉。

寄譯署光緒二十一年四月十四日酉刻

本日申初。用英文電告伊藤云。奉旨傳諭。現在煙台之中國全權大臣。速將批准條約互換。應電達貴大臣察照。所有前請暫緩互換各電。均作罷論等語。至政府照會第二件。並電伍道等照辦。

譯法國駐津總領事來函光緒二十一年四月十四日酉刻到

三國力爭之事。著有實效。我駐京公使。屬爲轉陳。日本將遼東南部。並旅順海口在內。全行退出。是則於今日應換批准之約。無所阻礙矣。

寄譯署光緒二十一年四月十四日戌刻

路透十三電稱。日本已行文各國。謂現棄遼東並旅順口。目下各國水師。薈萃在煙台云。

寄譯署二十一年四月十五日辰刻

日本伊藤博文十四日申初來電。中國現請展緩互換批准條約。並停戰日期。因近日俄德法勸告中國。條約中有商改之處。應於互換之前。引入而商改之處。現在三國尚未與中國議定也等語。日本覆中國電如左。日本告明中國。日本現已全遵俄法德三國相勸之語。不擬永據遼東之地。三國自必心滿意足。毫無疑義。至於日本棄遼東之地。如何辦法。兩國自應從容商議。日本政府諄請中國先將批准條約互換。毋任遲延。至於條款應行商改之處。及應作如何辦法。嗣後再行整辦。今爲互換之期已偪。如再用兵。於兩國利益均有損害。日本政府應將停戰展限五日。批准條約。應於限前互換。愈速愈妙。日本前接貴大臣來電內開。批准條約。准於限期內互換。現中國覆有是電。日本政府曷勝詫異。今爲中國利益起見。日本政府辦事極爲和衷。故即應允展期。祇此一次。按照以上所陳情形。本大臣應向貴大臣再行反覆聲明。批准條約。應行迅速互換。是爲極要。如有延誤。其重大變故。勢必因之而起也等語。伊藤接昨日申初電告。自必轉致伊東。與伍廷芳等商定互換。請代奏。

寄譯署光緒二十一年四月十五日辰刻

伍廷芳等鹽亥電。廷等遵旨。今晚十點鐘。與日使互換條約。同時面交照會三件。日使閱後。力辯不收。辯論至再。始允暫收。廷等帶所換之約。明日坐公義船回津云。

寄譯署光緒二十一年四月十五日午刻

頃又接日本伊藤博文十四亥正電稱。奉到貴大臣本日來電。欣悉中國將所有以前請緩互換批准條約。均作罷論。並諭中國全權大臣。速卽互換。當經飭知日本全權大臣查照辦理。應請貴大臣前電作爲註銷。並祈轉達貴國政府可也。鴻卽電覆云。連接貴大臣十四日申亥兩電。欣悉一切。貴大臣辦事和衷。遵允俄法德友邦相勸。棄讓遼東原佔各地。其條款應行商改之處。嗣後再議。具徵力顧大局。從此兩國和好永敦。中外欽佩。據換約大臣伍廷芳等電稱。遵旨於十四晚十點鐘。業經會同互換條約。所有日本政府允再展限互換之處。應照來電作爲註銷。並已轉達中國政府知照等語。請代奏。

寄譯署光緒二十一年四月十五日申刻

劍含芳咸電。和約已換。伊東寅初登舟。卯初開輪。向西北行云。似赴旅順知會小松。

寄譯署光緒二十一年四月十九日酉刻

頃接伊藤博文十八日戌正電稱。十七日來電收到。日本一俟應先預備之事整辦之後。卽可與中國開議奉天南邊之地。至臺灣一節。日本現已告明中國政府。今日皇已派水師提督子爵樺山貲紀作爲臺澎等處巡撫。並作爲日本特派大員辦理按照馬關和約第五款末條之事。約兩禮拜該巡撫卽可履任辦事。於行抵該處時。卽預備辦理特派之事。日本政府盼望中國政府立卽簡派大員一人或數人與該巡撫會晤。並將該大員等銜名告明日本政府。按照如此情形。本大臣告知貴大臣。日本政府謂。如中國政府查照日本所請。速派大員一人或數人。與該巡撫樺山會晤。毫無延宕。則貴大臣所慮危險之事。卽可免矣。該巡撫一經到任之後。則境內保全平安之事。一惟日本政府是問等語。玩其語意。似已電由田貝告知鈞署。適科士達來晤。密與商籌。科謂和約既經批准互換。除日本允還奉天南邊另議外。其餘應逐一照辦。斷不可游移。藉故諉延。以致另起波瀾。生出意外危險。卽請他國保護。卽使辦到。亦必枝節橫生。鴻告以臺灣官民。不肯交接。奈何。科謂皇上批准。中國官民。豈可任聽梗阻。致失國體。如國家納鄙言。應由政府屬田貝轉告日本。以中國派大員商交臺灣。日本應同時商交遼東方爲公允云云。可否仍責成唐署撫與日員妥爲商辦。乞代奏請旨。

寄譯署光緒二十一年四月二十二日酉刻

倫敦二十一日路透電。在神戶之泰模斯訪事來信。因日棄遼東一事。民人大失所望。甚爲憤激。故目下在日之各國使館。皆有戒心云。

譯署來電光緒二十一年四月二十四日辰刻到

奉旨李鴻章二十一日電奏已悉。茲據張之洞電奏接全臺紳民電稟云台灣屬日。萬姓不服。既爲朝廷棄地。惟有死守。據爲島國。並據唐景崧稱臺民堅留該撫署與劉永福。不聽開導。求死不得等語。是臺灣難交情形。已可概見。該大臣仍熟籌辦法。以期補救萬一。伊藤回電如何。卽行電覆。張之洞唐景崧原電。並由總理衙門照錄電知。欽此。遵照錄張之洞電。頃接臺民二十一日公電云。全臺紳民敬電稟。臺灣屬日。萬姓不服。疊請唐撫院代奏臺民下情。而事難挽回。如赤子之失父母。悲憤曷極。伏查臺灣已爲朝廷棄地。百姓無依。惟有死守。據爲島國。遙戴皇靈。爲南洋屏蔽。惟須有人統率。衆議堅留唐撫。暫仍理臺事。並留劉鎭永福。鎭守臺南。一面懇請各國。查照割地紳民不服公法。從公剖斷。臺灣應作何處置。再送唐撫入京。劉鎭回任。此舉無非戀戴皇情。圖固守以待轉機。情形萬緊。伏乞代爲轉奏。全臺紳民同泣叩等語。謹據情轉達。請代奏之洞肅。禡。照錄唐景崧電。密。臺民知法不可恃。願死守危區。爲南洋屏蔽。堅留景崧與劉永福。經反覆開導。再三力拒。無如衆議甚堅。臣等雖欲求死而不得。至臺能守與否。亦惟盡人力以待轉機。此乃臺民不服屬日。權能自主。其拒日與中國無涉。懇旨飭下總署商日外部。彼員從緩來臺。則臺與日尚可從容與議。若卽以武相臨。不過兵連禍結。彼斷難馴致全臺。以上各節。是否有當。伏乞皇上訓示。請代奏。景崧肅養。

寄譯署光緒二十一年四月二十四日 刻

頃接日本伊藤二十三日戌正英文覆電云。四月二十一日來電業經接到。查按兩國批准馬關和約。臺灣所有主治地方之權業已交與日本。其了結地方變亂之法。勿庸兩國會議。是以中國政府。祇須將治理臺灣之事。並公家產業。查照條約及前電。卽派大員。交與日本大員。按照以上情形而言。樺山巡撫啓程日期。勿庸暫緩。查該巡撫已於本日由西京動身矣。至於奉天南邊之地。日本之意。已於前電聲明等語。鴻查伊電詞意甚爲決絕。樺山已於二十三日起程。計日必可到澎臺。應先電知唐署撫籌備爲要。至臺地紳民公電有云。請各國查照割地紳民不服之公法剖斷。詢科士達。查洋文公法原本所載。並非戰後讓地之例。難以比擬。且日既不肯會議。俄法德亦不過問。孰爲剖斷。應請傳諭。毋得誤會。此事恐開衅端。並連累他處。務祈愼重籌辦。大局之幸。請代奏。

寄譯署光緒二十一年四月二十六日亥刻

照譯洋報。日主四月十九日明發諭曰。前者中日兩皇。各派使臣議成和約。嗣經俄法德三國告知日本。以永據遼東南界。非所以保東方和局。勸我退讓。日本向願東方常保太平。近與中國交戰者。亦以爲立太平之基耳。卽俄德法諄諄勸告。無非與我意見相同。我既願和。且不願再兆禍基。致民人罹患。使境內無安寧之福。所以不執意據守遼東者此也。中國明認日本所爲。無不合理。而廢絕邦交。彼已深悔。此固宇內所共知。日本亦何爲而不順從俄法德之請乎。至於讓回之事。將由中日兩國商辦。現和約已換友誼重修。邦交益固。所望局外諸國。其官民亦深知此意云云。日廷因其國人不願讓遼東。故宣示以免內訌。鴻三月十一日給伊藤等說帖第二條。卽將讓遼一節。剴切言之。伊置不理。今爲三國威脅允讓。乃爲此飾詞自解。然必無變局可知矣。

譯署致臺撫光緒二十一年四月二十六日酉刻到

奉旨。署臺灣巡撫布政使唐景崧著卽開缺來京陛見。其臺省大小文武各員。並著唐景崧飭令陸續內渡。欽此。

譯署來電光緒二十一年五月初一日酉刻到

署臺撫電云。聞日歸遼旅索加費一萬萬。臺灣係未失地。大可援此案加費贖回。原議兵費償二萬萬。又贖遼贖臺之費。請各國公評價值。卽可指臺灣押與他國。抵借鉅款。所有賠款。均由此出。似此辦法。則遼旅臺灣均退還中國。而賠款數萬萬。均由臺出。據江督電稱美國曾估臺灣可押十萬萬。卽不如數。大約數萬萬可押。請旨飭下總署與李鴻章向日本速議。灣民誓不服日。日難收取。李經方來臺交割。臺民憤極。定中奇禍。卽澎亦斷不可往。實相愛非相忌之辭。改派他員來臺。恐亦無善全之策。伏思償款二萬萬。又加贖遼旅費。部臣如何措手。借用洋債。各省海關全爲英國所踞。已屬難堪。借必應還。我又何以立國。不如贖臺而轉押臺。則費有所出。至將來贖臺之費。從容計謀。自有衆擎易舉之法。容再續陳。惟押臺之說。臺無外洋互商。請飭江督與議。總之。朝廷不忍割地棄民。人心感奮。百事可為。一失人心。斷難再旺。臺民聞李經方偕日酋卽日收臺。變在旦夕。儻蒙俯采末議。乞速諭知。請代奏。此電遵旨寄閱。

寄譯署光緒二十一年五月初二日辰刻

頃接伊藤初一申正電稱。李中堂閣下。本月二十三日。卽中曆四月二十九日來電。所示各節。當經轉達樺山提督去後。頃准該提督復稱。兩國特派大員。應以淡水作為會齊之所。中國特派大員。如以淡水地方有礙難之事。該提督應將特派大員安穩護送至澎湖或福州暫住。如果該處有憤亂之事。應俟至彈壓平靜後。再行前往。該提督與李經方同時登岸等語。本大臣相應迅將以上各節電達貴大臣知照。并望李經方卽徑赴淡水云。似此尚為穩妥。除電經方酌辦外。請代奏。

伯行上海來電光緒二十一年五月初三日酉刻到

江電敬悉。季同密電其家。令轉告。臺將自主。法可保護。危險勿登岸。日船二隻。現在臺海面遊弋等語。昨洋報稱。臺民擁唐自主。並有國旗布告各國。證之唐電。益可相信。頃令福電詢長崎美領事。查樺山蹤跡。各事明日齊備。俟呂文經到。得樺山到淡消息。可卽日啓程。屆時報啓程。將逕到關防開用日期及隨帶各員名。并為一電。乞代奏。擬不具摺馳驛。并不行文各處。（按伯行卽李經方。）

寄伯行光緒二十一年五月初四日辰刻

唐撫冬電總署四月二十六日奉電旨。臣景崧欽遵開缺。應卽起程入京陛見。惟臣先行。民斷不容。各官亦無一保全。只合臣暫留此。先令各官陸續內渡。臣再相機自處。臺民聞割臺後。望有轉機。未敢妄動。今已絕望。公議自立爲民主之國。於五月初二日齊集衙署。捧送印旗前來。印文曰臺灣民主國總統之印。旗爲藍地黃邊。強臣暫留保民理事。臣堅辭不獲。伏思日人不日到臺。臺民必拒。若礮臺仍用龍旗開仗。恐爲日人藉口。牽涉中國。不得已允暫視事。將旗發給各礮臺暫換。印暫收存。專爲交涉各國之用。一面布告各國。並商結外援。嗣後臺灣總統。均由民舉。遵奉正朔。遙作屏藩。俟事稍定。臣能脫身。卽奔赴宮門席藁請罪。昧死上聞。請代奏云。如此奇文。竟出意外。汝可無庸前往。往亦無地可交。候旨再定。

寄伯行光緒二十一年五月初四日午刻

頃接伊藤初三亥初電稱。李中堂閣下。本日來電已接到。樺山提督明日早晨可抵淡水。本大臣詳審料量。深信當此時節。兩國特派大員會晤之期。愈早愈妙。此事極有關係。極屬緊要。是以本大臣盼望中國特派大員立卽啓程。不必以所處艱礙。鰓鰓過慮。萬一果有不虞。樺山提督自必按照本大臣前寄貴大臣之電所陳者出力助護云。聞臺灣已自立爲民主之國。布告各國。恐無出而援助者。紳民義憤。固無如何。惟不應奉署撫唐景崧爲總統。使朝廷號令不行。日本豈不明知。必有責言。慮生他衅。李經方奉命前往交地。茲既無地可交。此外各事。無從過問。伊藤仍催赴淡水會齊。原係照約辦理。李經方既去。亦不過作壁上觀戰。斷難設法排解。究應如何處置。及經方應否速往。伏乞電旨迅速指示機宜。請代奏。以上電署。汝應一面料理。仍候旨遵辦。呂文經今早搭飛鯨前去。可令子梅招呼。此人可爲嚮導。

伯行上海來電光緒二十一年五月初五日辰刻到

支午電謹悉。福接淡水稅務司電稱。臺民自主是實。日來必有戰爭云。福已電樵野達署。伊藤催赴淡水。旨必飭速往。各事早齊。初六晚可起程。初七早在吳淞口候呂文經並船。

寄伯行光緒二十一年五月初五日戌刻

本日奉旨。李鴻章電奏已悉。臺民刦制生變。事出意外。無從過問。李經方既經照約派往。若不速行。轉令生疑。伊藤電內既有出力助護之說。自應剋日前往。相機商辦。卽使不能排解。彼亦無可藉口也。欽此。各國均疑臺民自主。係由朝廷嗾使。日人不能無疑。汝往晤樺山。彼若謂唐撫主使。直告以旨令開缺來京。本已無官。乃爲臺民強留。卽不得目爲華官。彼卽戰爭。應在臺地。不當波及他處。致礙和局。一切進止機宜。務宜妥慎籌商防護。如有可設法通電之處。隨時電知。以釋系念。呂文經初五早開。須初八到吳淞。能少待否。何日起程。候電轉奏。

寄譯署光緒二十一年五月初六日辰刻

欽奉電旨飭李經方剋日往臺。相機商辦等因。遵即轉電飭遵。俟啓程定期即報。並密勵以各國均疑臺民自主。係由朝廷嗾使。日人不能無疑。樺山若怪唐撫主使。應告以已奉旨令開缺來京。乃爲臺民強留。即不得目爲華官。彼即戰爭。應在臺地。不當波及他處。致礙和局。如日兵上岸攻勦。聞該處有勇百營。豈能一鼓潰滅。臺民素悍。竹圍甚多。伏莽到處抗拒。勢須曠日持久。汝似未能久待。自應查照伊藤四月二十三日電云。按照兩國批准馬關和約。臺灣所有主治地方之權。業已交與日本。只須將治理臺灣之事。並了結地方變亂之法。一併照約交給日本特派大員自行經理。備文知照樺山。俟其照復到後。酌量回舟。以後應與我國無干云云。請代奏。事勢至此。似只有如此辦法。

寄譯署光緒二十一年五月初六日未刻

李經方魚電。旨令速往。準初七日啓程。力疾前往。隨帶道員馬建忠。西文繙譯伍光建。東文繙譯盧永銘。陶大均。文員張柳、黃正、洪冀昌、邵守先。武員呂文經、高斬春等十員。餘謹遵辦理。乞代奏。

寄伯行光緒二十一年五月初六日酉刻

頃電覆伊藤云。西五月二十六日即中五月初三日來電。業經接到。樺山提督既剋期往抵淡水。中國特派大員本應即往會晤。前因臺地民情大變。深恐會商無益於事。未免躊躇。茲貴大臣電稱。此事關係緊要。不必以所處艱礙過慮。並允按照前電出力助護等語。本大臣已奏明。飭催李經方迅速啓程。據該員電報。準於五月初七日由上海前往。若途間無風霧阻滯。初九十日可到淡水。惟近聞臺灣紳民公議。已自立爲民主之島國。不服我國家號令。李經方必更呼應不靈。且恐激生意外之變。回憶西五月十七日卽中四月二十三日貴大臣來電。按照兩國批准馬關和約。臺灣所有主治地方之權。業已交與日本。其了結地方變亂之法。勿庸兩國會議。中國政府只須將治理地方等事。交與日本所派大員云云。是李經方到淡水後。自應查照貴大臣前電語意。與樺山提督會商。想樺山自能設法辦理。臺民已爲自主之島國。中朝實難遙制。卽中國特派大員。亦只能照約交出臺灣。此外一切。均無從過問。祈貴大臣電致樺山提督。格外原諒。通融辦理爲幸。至來電謂果有不虞。樺山必按照前電所陳者出力助護。具見友誼關愛。尤感盛情於不盡也云。除電總署代奏外……

寄譯署光緒二十一年五月初八日午刻

劉含芳虞電。頃民船盛連敏初四午自旅順開。據稱旅僅日艦一隻。每日來往裝運商輪五六隻七八隻不等。臺局之物。無不運去。存兵寥寥。聞三禮拜皆去等語。

寄譯署光緒二十一年五月初十日午刻

李經方住已滬尾來電。初九寅刻到淡水。樺山留兵船名千代田在口外候。並送初七函稱。本委員曾經如約前往淡水。何計在該處兵丁等放鎗要擊。無由進口。乃取道基隆附近。將入臺北府。因此特派兵船候貴委員來。卽請轉駕此兵船。或與之同航速來會云。方祇得卽刻同千代田前往基隆。與樺山接晤。據日船兵官稱。樺山帶兵船四。陸兵二萬。已登基隆岸。再此電託海關代遞云。

寄譯署光緒二十一年五月初十日午刻

劉道含芳佳電。旅順商來民船述稱。日輪來往。無物不裝。即花盆等微物亦均掠去。惟既不明白交地。但恐日去之後。各局廠所剩之裝修。又被居民殘取。芳現密派蕭永義於月半後搭民船潛往。藏伏民間。俟日去後。各處暫雇在旅津民兩人看守。一面將情形派人搭船來稟云。已電飭照辦。

覆煙台劉道光緒二十一年五月初十日午刻

佳電悉。即照所擬妥愼辦理。宜多派妥人。勿惜小費。已轉電署。

寄譯署光緒二十一年五月十二日申刻

滬局沈道本日申刻電。頃洋報傳單。基隆已失。此戰華兵死者三百人云。

寄譯署光緒二十一年五月十二日酉刻

李經方自上海來電。本日申正平順回滬。臺事交接清楚。甚順手。餘詳續電云。請代奏。

寄譯署光緒二十一年五月十三日辰刻

李經方文電。商辦交接臺灣節略。佳已電自淡水發後。開赴基隆。申正抵基隆口外之海灣。名三貂澳。船泊定。樺山請初十已正相見。屆時往晤。樺山云。奉命來臺。以爲和約批准。交接甚易。乃伊藤接中國政府電告。

臺事棘手。始帶領水陸各軍到淡水後。派小兵輪欲進口知照華官。華兵開礮要擊。故來基隆。又爲華兵鎗礮轟擊。不得已暫住三貂澳。現陸軍一萬已登岸。日內可取基隆。經方答以奉命照約來此。將與貴委員商辦事件。臺灣如何交接。望先明告。樺山云。諸事棘手。交接甚難。俟我攻取基隆到臺北府後。再徐議交接。經方云。和約批准。伊藤自認中國已將臺灣治理事權交與日本。此來照約將堡壘、軍器、工廠、及屬公物件等交與貴委員耳。臺民已變。豈能登岸一一點交。我自馬關回。臥病已久。在滬調治。奉旨力疾前來。此處風濤險惡。不能起立。若候貴委員登岸到臺北府。不知何時。全臺地方甚大。民變非一日可平。恐非數年不能交接清楚。今兩國和好。須按照友誼和衷商辦。不可强我所難。伊云。雖然如此。交接事大。不能遷就。辯論至未初。經方昏眩。坐不能定。樺山云。請回船。我即來商議。經方爲多人扶回。樺山未正來拜。首云。和約批准。願兩國實心和好。永遠不改。答以誠然。伊云。既如此。何以淡水基隆中國兵丁皆放鎗礮要擊。此處復見有華官告示。令軍民人等抗拒。答以和約批准後。大皇帝既派我來臺。帶有全權交接臺灣。且特旨令文武各官陸續內渡。此爲兩國實行和好憑據。臺民不服生變。何事不爲。淡水開鎗。我未目見。不知虛實。但據貴委員之言。想必團練士兵所爲。風聞楊提督等已內渡。其餘文武各官。雖爲臺民刦留。未能遵旨。一律內渡。民不奉朝命。官久無權。告示皆臺民所爲。官豈能過問。辯詰數時。伊云。伊願抗拒各事。如貴委員所說。非官與兵所爲。經方復云。交接之事。究竟如何辦理。樺山云。早間所說。卽是辦法。經方云。固執過甚。似非和衷。樺山云。我甚和衷。但辦事不得不然。今見貴委員病狀頗連。若久留於此。萬有不測。我實疚心。但交接之事。貴委員如何辦法。經方答以照約辦理外無他法。樺山云。須有清單。經方云。非地方官。何從開清單。此時民變。將來平定後。衙署文卷何從查考。終無清單。和約內旣無清單字樣。何必多立名目。强我所難。伊云。清單任貴委員如何寫法。總須有此名目。方合款式。經方云。於清單內寫一臺灣全島。澎湖全島之各海口。並各府廳縣。所有堡壘、軍器、工廠、及屬公物件。伊云。太含糊。經方云。强我開清單。祇能如此。不然。卽請將清單二字删去。伊見方詞意甚決。始允照辦。樺山又云。由臺灣至福建之海線。係臺灣屬公物件。伊須照收。經方云。海線非岸上產業。何能交讓。況海線登岸。非兩國政府議明不能。我未奉命商辦此事。無此權力。且和約內未言及。伊云。旣然如此。祇好寫明臺灣至福建海線。應如何辦理之處。俟兩國政府隨後商定。彼此辯論。自未正至酉正始定議。樺山卽命其參贊先將漢文東文清稿交方閱看。其稿措詞尙合和約。因與福士達商酌。福云。此文據但照鈔和約。於和約外不增減一事。實爲簡明妥洽。非其意料所及。勸方卽刻署名蓋印。恐稍遲有變。另生枝節。亥正卽彼此署名蓋印。事畢。十一子刻開船。本日申正到滬。感受瘴癘。病益加劇。乞將問答節略核酌代奏。至交接文據。卽續鈔電。云請代奏。並交總署備案。

寄譯署光緒二十一年五月十三日巳刻

李經方電稱。交接臺灣文據。大清帝國大皇帝陛下。及大日本帝國大皇帝陛下。爲照在下之關所定和約第五款第二條交接臺灣一省。大清帝國大皇帝陛下簡派二品頂戴前出使大臣李經方。大日本帝國大皇帝陛下簡派臺灣總督海軍大將從二位勳一等子爵樺山資紀各爲全權委員。因兩全權委員會同於基隆。所辦事項如左。中日兩帝國全權委員交接光緒二十一年三月二十三日卽明治二十八年四月十七日在下之關兩帝國欽差全權大臣所定和約第二款中國永遠讓與日本之臺灣全島、及所有附屬各島嶼、並澎湖列島。卽在英國格林尼次東經百十九度起。以至百二十度止。及北緯二十三度起。至二十四度之間諸島嶼之管理主權。並別册所示各該地方所有堡壘、軍器、工廠及一切屬公物件。均皆清楚。爲此兩帝國全權委員。欲立文據。卽行署名蓋印。以昭確實。光緒二十一年五月初十日。明治二十八年六月二日訂於基隆。繕寫兩分。大清帝國欽差全權委員二品頂戴前出使大臣李經方。大日本帝國全權委員臺灣總督海軍大將從二位勳一等子爵樺山資紀。臺灣全島及所有附屬各島嶼、並澎湖列島所有堡壘、軍器、工廠、及屬公物件清單。一臺灣全島澎湖例島之各海口。並各府廳縣所有堡壘、軍器、工廠及屬公物件。一臺灣至福建海線。應如何辦理之處。俟兩國政府隨時商定云。乞代奏。又據電稱交接文據漢文東文各一分。擬派隨員齎送到津。求咨送總署備案。俟文到卽轉咨。

寄譯署光緒二十一年五月十三日戌刻

滬局電洋報傳單。今晨接臺北電。此處大爲震動。撫台已逃走。衙門並鄰近之房屋被燬。民與兵四處劫掠。西人幸尚無恙。滬尾亦亂云。

寄譯署光緒二十一年五月十四日酉刻

滬局電。頃接福州商局電。唐及大小官員十二夜赴滬尾。擬坐駕時船往申。被兵士扣留。日未進臺北城。大隊往攻滬尾。又聞駕時船被擊云。

寄伯行光緒二十一年五月十四日酉刻

總署電。本日奉旨。李鴻章三電均悉。臺事既經李經方與樺山交接清楚。立有文據。此後臺灣亂變情形。即與中國無涉。應由李鴻章電知伊藤。以爲了結此事之據。至海線如何辦理。應飭電局豫爲籌議。以備隨後商定。前派李鴻章王文韶爲全權大臣。與日使商辦事件。該使有無來津消息。並着探明電聞。欽此。擬俟林董至津告知。但林尚無起程確信。

寄譯署光緒二十一年五月十五日巳刻

滬電。閩局戌刻電。唐坐駕時至滬尾。礮臺攔截。德兵船開礮擊。得脫去。臺北焚藥局。斃百餘人。日尚未進臺北城云。

寄伯行光緒二十一年五月十五日午刻

頃接伊藤十四日申正來電。李中堂閣下。林董已於昨日乘本國兵船由橫濱起程赴任。本大臣求託閣下。於林大臣到津時。賜予優待幫助。庶於奉使本旨得有裨益。本大臣局勝心感預謝之至。當即電覆以西六月初六日即中五月十四日來電收到。林董大臣已起程赴任。到津時自必優待。遇事幫助。以敦友誼。而副尊屬。臺灣亂變情形。前已屢次電聞在案。李經方初九日到基隆海灣。與樺山提督會商。蒙其格外照料體諒。即日互立文據。將臺灣一切事宜照約交接清楚。以後治理地方之權。係貴國政府責任。應由樺山自行妥辦。即與中國無涉。想貴大臣必已聞知。至林董駐京。原爲辦理中國政府前電所陳各案。可先在津商辦。昨奉上諭。派李鴻章王文韶爲全權大臣。與日本使臣商辦事件。欽此。林大臣自不必先行進京。本大臣病假將滿。當會同署督王大臣遵旨款留。與之和衷妥商辦理。請貴大臣迅即電知林大臣遵照爲要云。已電署請代奏。

覆譯署光緒二十一年五月二十三日酉刻

日使林董本日申刻到津。派羅道豐祿往晤。據稱齎有國書。留津四五日即赴京。約二十四上午來謁。晤時商定再電聞。

寄譯署光緒二十一年五月二十四日辰刻

滬局養電。駕時昨夜到。停商局北棧江中。遣人到該船詢。據水手說。唐由此船來。昨夜即上岸。不知何往。至日之入臺。由土人引從基隆後荒僻之徑。搭橋渡一小河而進。又由某秀才等自基隆引到臺北。日兵僅二百名。先時兵勇搶掠。及日兵到。即不搶。駕時自淡水開駛。由撫署來銀三萬五千兩。爲大礮臺所見。即向駕時開礮。該船係掛德旗。改名益達。德商經理。德兵船遣人到礮臺詢以何故。礮臺答以三個月無餉。現忽有銀裝出。故擊之。德兵船即飭將銀送交礮臺。半途已搶失數千。旁有一土礮臺。仍未得銀。復向駕時連擊五礮。中二。傷數人。日送粵勇到廈。琛航裝往廣東云。

敬啟

「民國專題史」叢書，乃民國時期出版的著名學者、專家在某一專題領域的學術成果。所收圖書絶大部分著作權已進入公有領域，但仍有極少圖書著作權還在保護期内，需按相關要求支付著作權人或繼承人報酬。因未能全部聯系到相關著作權人，請見到此説明者及時與河南人民出版社聯系。

聯系人 楊光
聯系電話 0371-65788063
2016年3月28日